Aurora Bertrana

El inefable Philip

Traducción & Edición Crítica
Sílvia Roig

Copyright © 2018 Herederas de Aurora Bertrana.
Los derechos de esta obra han sido gestionados a través de la agencia de representación literaria de las herederas de Aurora Bertrana, Accent Llibres SL (info@elageminada.cat)
Ninguna parte de este libro debe reproducirse o transmitirse de ninguna forma ni por ningún medio, ya sea electrónico o mecánico, incluidas las fotocopias, grabaciones o cualquier sistema de recuperación de información sin el permiso por escrito del editor.

Spanish translation, foreword, bibliography & notes © Silvia Roig — BMCC-The City University of New York.
Of this edition © Stockcero 2023
1st. Stockcero edition: 2023

ISBN: 978-1-949938-18-0

Library of Congress Control Number: 2023930781

All rights reserved.
This book may not be reproduced, stored in a retrieval system, or transmitted, in whole or in part, in any form or by any means, electronic, mechanical, photocopying, recording, or otherwise, without written permission of Stockcero, Inc.

Set in Linotype Granjon font family typeface
Printed in the United States of America on acid-free paper.

Published by Stockcero, Inc.
3785 N.W. 82nd Avenue
Doral, FL 33166
USA
stockcero@stockcero.com

www.stockcero.com

Aurora Bertrana

El inefable Philip

Índice

Introducción vii
    Nota biográfica: Aurora Bertrana vii
    Cronología xi
    Obras publicadas y no publicadas de Aurora Bertrana xiii
    La burguesía catalana y los movimientos culturales en Catalunya a principios del Siglo XX xv
    Introducción a la lectura: *El inefable Philip* xxv
    Bibliografía de la introducción. xli

El inefable Philip

I 1
II 15
III 23
IV 31
V 37
VI 43
VII 49
VIII 59
IX 69
X 77
XI 87
XII 93
XIII 101
XIV 109
XV 121
XVI 127
XVII 141
XVIII 151

XIX 167
XX 179
XXI 187
XXII 199
XXIII 211
XXIV 217
XXV 225
Dosier Pedagógico
    Comprensión del texto y análisis literario..247
    Más allá del texto 255

Introducción

Nota biográfica: Aurora Bertrana

La escritora catalana Aurora Bertrana nació en el barrio Mercadal de Gerona el 29 de octubre de 1892. Desde pequeña tuvo un fuerte interés por la literatura. A los seis años escribió su primer poema en catalán y a los diez redactó un cuento sobre animales, el cual supuso su primera frustración debido a la severidad y al poco cuidado con que su padre juzgó su relato, calificándolo injustamente de malo y de haberlo copiado (*Memòries fins al 1935* 115). Sus padres, Neus Salazar y el reconocido escritor catalán Prudenci Bertrana (1867–1941)[1], orientaron su educación hacia la música. Querían evitar que su hija se dedicara a la literatura para que no sufriera tanto como él. La vida de Prudenci como escritor estuvo marcada por las dificultades económicas, las discrepancias con la crítica y los problemas por encontrar editores interesados en publicar sus obras; al menos hasta que consiguió hacerse un lugar destacado en el mundo literario. El hecho de ser mujer e hija de un reconocido escritor también eran motivos suficientes para que su familia intentara apartarla del mundo literario. Durante la época no estaba bien visto que la mujer se dedicara a escribir.

Bertrana empezó sus clases de cello en Gerona con Tomàs Sobrequés[2], uno de los mejores profesores en la provincia. Guiados por los consejos de Sobrequés los padres de Bertrana permitieron que a los 18 años, su hija se desplazara dos veces por semana a Barcelona para perfeccionar sus conocimientos musicales y aprovechar las grandes oportunidades de la gran ciudad. Esto supuso un gran escándalo para

---

1   Prudenci Bertrana fue un escritor catalán modernista de principios del siglo XX. Destacó por su estilo, su forma de pensar y por su actitud contraria a las propuestas filosóficas y estéticas de los noucentistes de la época. Desde 1968, en Cataluña existe un premio a la mejor novela que lleva su nombre, y es considerado uno de los más prestigiosos galardones literarios en prosa catalana. Logró hacerse un lugar destacado en el mundo de las letras con diferentes géneros: novelas, narrativa breve y teatro.
2   Tomàs Sobrequés Masbernat (Gerona, 1878 – 1945) fue un violonchelista, pedagogo musical y promotor de gran nombre e iniciativas musicales en Gerona durante la primera mitad del siglo XX.

la familia (Bonnín 51). La gente de Gerona no veía con buenos ojos que una adolescente viajara sola a la gran ciudad y que además sus padres lo consintieran. Afortunadamente estos prejuicios no fueron suficientes para impedir las aspiraciones de Bertrana, ya que al poco tiempo se instaló en la ciudad condal bajo la protección y tutela de la escritora y feminista Carme Karr (1865-1943) para continuar sus estudios en la Escuela Municipal de Música. En 1923 viajó a Ginebra y se inscribió en el Insituto Dalcroze donde tomó clases de música, pero abandonó sus estudios debido a las dificultades económicas y a las discrepancias con dicha institución. A pesar de su fracaso en el Instituto Dalcroze, sus experiencias en Suiza además de enriquecer su vida, marcaron a Bertrana para siempre, intensificando su personalidad independiente y cosmopolita, cada vez más alejada de las coordenadas de la burguesía catalana. En la ciudad helvética conoció a gente interesante. Empezó a publicar sus primeros textos en *La Veu de Catalunya*, los cuales tuvieron mucho éxito, y fundó la primera banda de jazz femenina en Europa.

El 30 de mayo de 1925 contrajo matrimonio en Barcelona con el ingeniero suizo Denys Choffat y al poco tiempo de estar casados viajaron a la Polinesia porque una empresa contrató a Choffat para edificar una central eléctrica en Tahití. Ambos vivieron 3 años en la isla y durante su estancia, Bertrana recorrió la Polinesia y escribió sobre sus vivencias en una serie de crónicas que publicó en la revista *D'Ací i d'Allà*. Cuando regresó a Cataluña en 1929 re-editó sus artículos y los publicó en forma de novela de viajes con el título *Paradisos oceànics* (1930). La obra fue todo un éxito y supuso su primer reconocimiento literario como escritora. Otras obras que publicó sobre la Polinesia son *Peikea: princesa caníbal i altres contes oceànics* (1934), *Ariatea* (1960) y *L'illa perduda* (1935), ésta última la escribió a medias con su padre.

Gran parte de la producción literaria de Bertrana se centra en el viaje o se relaciona con él. Después de viajar sola a Marruecos en 1935 Bertrana publicó *El Marroc sensual i fanàtic* (1936) donde explora la vida marroquí y se centra en la forma de vivir de las mujeres musulmanas en los pueblos y en las ciudades más importantes del norte de África. Sus obras «El pomell de violes» (1956), *La aldea sin hombres* (mn.)[3], *Tres presoners* (1957) y *La madrecita de los cerdos* (mn.) las escribió durante el

---

3   Todos los manuscritos de Bertrana pueden consultarse en la página web del Fons Bertrana de la Universidad de Gerona (UDG) www.dugifonsespecials.udg.edu.

exilio en Ginebra[4]. Los textos se basan en el drama personal de las mujeres de Etobon (en la Haute-Saône, Francia) y en la participación del colectivo femenino durante la II Guerra Mundial (1939-1945). La vivencia de la posguerra en Suiza y sus visitas a los campos de refugiados y prisioneros son el hilo temático en dichas obras. Estos temas posteriormente los amplia con todo detalle en el segundo volumen de sus memorias, *Memòries del 1935 fins al retorn a Catalunya* (1975).

Cuando Bertrana regresó a Barcelona en 1949, la autora se encontró con un ambiente hostil y represivo debido a la dictadura franquista (1939-1975). La situación de los escritores en general en España era lamentable, pero aún era peor para las mujeres, sobre todo en Cataluña. La autora sabía que su regreso a España no iba a ser fácil, pero decidió renunciar al medio intelectual y social que le ofrecía Suiza para estar cerca de la familia. Durante la posguerra, la profesionalización de las escritoras era prácticamente imposible y las posibilidades que tenían de publicar eran mínimas. Aún así, Bertrana nunca dejó de escribir y consiguió publicar, en catalán, *Camins de somni* (1955), *La nimfa d'argila* (1959), *Fracàs* (1966), *Vent de grop* (1967) y *La ciutat dels joves: reportatge fantasia* (1971). También escribió la novela *L'inefable Philip* que nunca se llegó a publicar, pero existe una versión digitalizada disponible online en el Fons Bertrana de la Universidad de Gerona y ahora, esta traducción al castellano que publico en esta edición.

Aurora Bertrana falleció el 3 de septiembre de 1975 en Berga y tras ella dejó una personalidad insólita en las letras catalanas y una obra con una gran riqueza intelectual. Su carácter cosmopolita y sus reflexiones alejadas de la moral más conservadora de la época además de escandalizar a la sociedad del momento muestran el compromiso social y cultural de la autora, y una visión de la vida muy propia alejada de ideologías. Su carácter independiente, su originalidad y habilidad de experimentar con diferentes géneros literarios (ensayo, crónica, novela, cuento, reportaje, autobiografía y *Bildungsroman*), hacen de Bertrana una escritora muy particular y avanzada para su época.

---

4   Dos años después de estallar la Guerra Civil en España (1936-1939) Bertrana se exilió a Ginebra. Temió por su vida porque durante la II Republica (1931-1936) la autora había participado en los proyectos políticos de la izquierda catalana y había colaborado como redactora en el semanario Campanya de ideología comunista.

Cronología

1892 Aurora Bertrana nace el 29 de octubre en el barrio Mercadal de Gerona.
1898 Escribe su primer poema en catalán.
1902 Escribe su primer cuento sobre animales.
1910 Se desplaza a Barcelona para estudiar música.
1923 Se traslada a Ginebra para seguir sus estudios de música.
1924-25 Se matricula en la facultad de Letras de la Universidad de Ginebra donde inicia sus estudios de literatura francesa. Funda la primera banda de jazz femenina (con la que obtiene dinero para pagar sus estudios).
1925 Se casa con el ingeniero Denys Choffat.
1926 Contratan a su marido para edificar una central eléctrica en Tahití y ambos se van a la Polinesia por 3 años. Publica artículos en diferentes periódicos sobre sus vivencias en las islas.
1929 Regresa a Barcelona y un año después publica el libro *Paradisos oceànics* (1930), basado en sus experiencias en la Polinesia. Con esta obra obtendrá su primer reconocimiento literario. Otras obras que escribió sobre su experiencia en las islas son: la colección de cuentos *Peikea, princesa caníbal y alres contes oceanics* (1934), *Fenua Tahiti* (1943) –en francés–, *La isla perdida* (1954) en colaboración con su padre y *Ariatea* (1960).
1931 Participa en la fundación del centro cultural *Lyceum Club* en Barcelona, del que Bertrana fue la primera presidenta.
1933 Forma parte de las listas de diputados a las cortes de ERC (Esquerra Republicana de Catalunya).
1935 Viaja a Marruecos. Su objetivo es conocer a la mujer musulmana.
1936 Publica la novela-reportaje *El Marroc sensual i fanàtic*.
1937 Publica *Edelweis* sobre la lucha entre el hombre y la fuerza de la naturaleza y la montaña.
1938 Exilia a Ginebra.
1945 Se traslada a Etobon (Haute Saône) para ayudar a reconstruir el pueblo después de la II Guerra Mundial. Conoce a las mujeres supervivientes a la masacre de la aldea.

1949 Obtiene el permiso para regresar a Barcelona. Escribe *La aldea sin hombres* (ms.), "El pomell de violes" (1956), *Tres presoners* (1957) y *La madrecita de los cerdos* (ms.), basadas en las historias que le contaron las mujeres de Etobon sobre la guerra. Otras obras que escribe son: *L'inefable Philip* (ms.) y *Fracàs* (1966) sobre la burguesía catalana del siglo XX, dos novelas Bildungsoman tituladas *Camins de somni* (1955) y *La nimfa d'argila* (1959), la colección de cuentos *Oviri i sis narracions més* (1965) y la novela utópica *La ciutat dels joves: reportatge fantasia* (1971).

1973 Publica el primer volumen de sus memorias: *Memòries fins al 1935*.

1974 Muere en Berga, en el Pre-Pirineo Catalán.

1975 Tras su muerte se publica el segundo volumen de sus memorias: *Memòries del 1935 fins al retorn a Catalunya*. En la obra Bertrana no incluyó sus vivencias del 1949 al 1974 porque según la autora durante esos años, grises y oscuros de la posguerra y el franquismo, no vivió más que en sus obras literarias.

Obras publicadas y no publicadas de Aurora Bertrana

Bertrana, Aurora. *Ariatea*. Barcelona: Albertí, 1960.

―――. *Camins de somni*. Barcelona: Albertí, 1955.

―――. «De la novela en general y de la autobiografía en particular» (ms.)

―――.. *Edelweis*. Barcelona: Mediterrània, 1937.

―――. «El feminisme ha mort. ¡Visca el feminisme!» *Tele-estel* (1969): 1.

―――. *El Marroc sensual i fanàtic*. Barcelona: L'Eixample, 1936.

―――. «El pomell de violes». *Els autors de l'ocell de paper*. Barcelona: Simpar, 1956.

―――. *Entre dos silencis*. Barcelona: Aymà, 1958.

―――. *En el centenari de Prudenci Bertrana*. Barcelona: Rafael Dalmau, 1968.

―――. «Feminitat i feminisme» (ms.) *DUGiFons Especial*. 6 octubre 2022. http://dugifonsespecials.udg.edu/handle/10256.2/6881/browse

―――. *Fenua Tahiti*. Paris: Delachaux, 1943.

―――. *Fracàs*. Barcelona: Alfaguara, 1966.

―――. «Homenatge Pòstum a Caterina Albert» (ms.) *DUGiFons Especial*. 8 octubre 2018. http://dugifonsespecials.udg.edu/handle/10256.2 /6881 /browse

―――. *Islas de ensueño*. Barcelona: Ediciones Populares Iberia, 1933.

―――. *La aldea sin hombres* (ms.) *DUGiFons Especial*. 8 octubre 2022. http://dugifonsespecials.udg.edu/handle/10256.2 /6881/browse

―――. *La ciutat dels joves: reportatge fantasia*. Barcelona: Pòrtic, 1971.

―――. *La madrecita de los cerdos* (ms.) *DUGiFons Especial*. 8 octubre 2022. http://dugifonsespecials.udg.edu/handle/10256.2/6881/browse

_____. *La nimfa d'argila*. Barcelona: Albertí, 1959.
_____. *L'illa perduda*. Barcelona: Llibreria Catalonia, 1935.
_____. *L'inefable Philip* (ms.) *DUGiFons Especial*. 8 octubre 2022. http://dugifonsespecials.udg.edu/handle/10256.2/6881/browse
_____.. *Matinales*. Neuchâtel: A la Raconniere, 1964.
_____. *Memòries del 1935 fins al retorn a Catalunya*. Barcelona: Pòrtic, 1975.
_____. *Memòries fins al 1935*. Barcelona: Pòrtic, 1973.
_____. *Oviri i sis narracions més*. Barcelona: Selecta, 1965.
_____. *Paradisos oceànics*. Barcelona: Proa, 1930.
_____. *Paraísos oceánicos: tres años entre los indígenas de la Polinesia*. Barcelona: La Tempestad, 2003.
_____. *Peikea, princesa caníbal, i altres contes oceànics*. Barcelona: Balagué, 1934.
_____. «Prudenci Bertrana en la intimitat». *En el centenari de Prudenci Bertrana*. Barcelona: Editorial Dalmau, 1968.
_____. «Retorn al país» (ms.) *DUGiFons Especial*. 8 octubre 2022. http://dugifonsespecials.udg.edu/handle/10256.2/6881/browse
_____. «Tercera part de les meves memòries» (ms.) *DUGiFons Especial*. 8 ocbubre 2022. http://dugifonsespecials.udg.edu/handle/10256.2/6881/browse
_____. *Tres presoners*. Barcelona: Albertí, 1957.
_____. *Un idilio caníbal y otras historias de audacia y de exotismo* (ms.) *DUGiFons Especial*. 8 octubre 2022. http://dugifonsespecials.udg.edu/handle/10256.2/6881/browse
_____. *Vent de grop*. Barcelona: Alfaguara, 1967.
_____. *Vértigo de horizontes*. Barcelona: Torrell de Reus, 1952.

La burguesía catalana y los movimientos culturales en Catalunya a principios del Siglo XX

Es importante contextualizar el marco histórico de principios del siglo XX y de los años treinta para comprender mejor la forma en que pudieron influir los movimientos culturales en Cataluña en la forma de pensar de Bertrana. Uno de los proyectos que marcará la sociedad catalana y el rol de la mujer en Cataluña con la entrada del nuevo siglo es el que los historiadores han denominado *El proyecto cultural noucentista*[5]. Se trata de un hecho que se da únicamente en Cataluña debido principalmente a la existencia de una clase política que desde 1898 apuesta por el catalanismo y por la re-generación del país catalán al margen de España (Panyella 276). Dicho movimiento ideológico no tiene correspondencia ideológica y estética ni correlato artístico y literario con el Novecentismo hispánico (por eso se debe utilizar el término en catalán para diferenciarlo del español) (290). El *Noucentisme* catalán está influido por corrientes filosóficas francesas que abogan por la modernización, la civilización del país y la consolidación de los valores nacionales propios de la identidad catalana («Les dones i el pensament conservador catala contemporani» Duplaá 180-83). A diferencia del resto del territorio español, en el caso de Cataluña el componente nacionalista pujaba más fuerte que los anhelos europeizantes y cosmopolitas que defendían los críticos y filósofos españoles como Ortega y Gasset (1883-1955), ya que el *Noucentisme* catalán pretendía instaurar un modelo concreto de sociedad. Los intelectuales catalanes ambicionaban «normalizar» Cataluña, para ordenar lo ya existente y para crear una sociedad ideal a partir de las «aspiracions hegemòniques dels nuclis més actius de la burgesia catalana» (Panyella 276)[6]. El fenómeno *nou-*

---

[5] Se suele situar el inicio del Noucentisme en el año 1906, coincidiendo con una serie de sucesos importantes relacionados con el movimiento, aunque la crítica no se pone de acuerdo ni con las fechas ni con la definición del Noucentisme (Panyella 270-303). Algunos hechos destacables durante la época son: la aparición del Glorari (1906-1920) de Eugeni d'Ors (1881-1954) en La Veu de Catalunya, la publicación de Els fruits saborosos (1906) de Josep Carner (1884-1970) y La nacionalitat catalana (1906) de Enric Prat de la Riba (1870-1917). La publicación de las Normas ortográficas en 1913 de Pompeu Fabra (1868-1948) y en 1914 la instauración de la Mancomunitat de Cataluña presidida por Prat de la Riba son otros acontecimientos significativos que representan el esplendor alcanzado del Noucentisme en Cataluña entre 1911 y 1916.

[6] aspiraciones hegemónicas de los núcleos más activos de la burguesía catalana.

centista se proponía materializar los intereses de la clase burguesa en un plan ideal en el que se pretendían encarrilar iniciativas en marcha, codificar el idioma, crear instituciones sociales y culturales, modificar los desvaríos originados en el Modernismo[7], y rechazar todo lo que tuviera que ver con el siglo XIX (276). Los *noucentistes* catalanes adoptaron una actitud dominante e imperialista, ya que pretendían imponerse como modelo al resto del territorio español[8]. Estaban convencidos de que la única manera de modernizar España era catalanizándola.

El pueblo catalán se unió a principios del siglo XX para llevar a cabo en profundidad una acción reformadora, dando a Cataluña una nueva orientación en el orden político-social dentro del marco legal y cultural como consecuencia de la consolidación e institucionalización del catalanismo en el país. Todo esto fue posible gracias a la intervención de la burguesía en los asuntos políticos e intelectuales durante el *Noucentisme*. Más adelante, con la implantación de la dictadura de Primo de Rivera (1923-1930), se suspendieron los proyectos innovadores de los *noucentistes* iniciados en 1906 y poco a poco se fueron diluyendo sus iniciativas. No obstante, algunos de los aspectos ideológicos perduraron a lo largo del primer tercio del siglo XX, aunque con distinto grado de intensidad, pero volvieron a resurgir con fuerza durante la segunda República (Panyella 273). La influencia de dicho movimiento fue tan grande que según afirman algunos críticos, Cataluña ha vivido décadas de la herencia *Noucentista* (Resina 537).

Bertrana se educó en este ambiente reformador y patriótico catalán y sin duda los cambios socio-culturales y políticos tuvieron un impacto muy importante en su vida y en su obra. Las críticas y denuncias sobre el atraso y la miseria del pueblo español en comparación con los países

---

[7] Se suele situar el Modernismo catalán entre 1890 y 1910.

[8] Utilizo el término «imperialista» en el sentido de responsabilidad y acción reformadora del Estado según la ideología noucentista. Para los intelectuales catalanes Imperialismo, Arbitrarismo, Clasicismo y Civilidad son las cuatro palabras clave y definitorias del Noucentisme (Panyella 272). Imperialismo se refiere al nuevo sistema político-social de la sociedad catalana que querían imponer. Arbitrarismo es un término que Eugeni d'Ors toma de los autores modernistas Gabriel Alomar Villalonga (1873-1941) y Raimon Casellas Dou (1855-1910) para darle una dimensión ética aplicable a muchos aspectos de la vida social, pero en particular Ors le dio el significado de voluntad transformadora de los humanos para modificar la realidad según sus necesidades. El concepto de Clasicismo respondía al deseo de los noucentistes de crear una civilización perfecta y ordenada inspirada en el mito de la ciudad griega clásica; y Civilidad son las pautas de comportamiento que los noucentistes deseaban instaurar en Cataluña para facilitar la armonía entre la cultura y la civilización y neutralizar la conflictividad social.

europeos, y la insistencia por preservar unas señas de identidad catalana, son reveladoras de la influencia que ejercieron los mencionados movimientos culturales del momento en la forma de pensar de Bertrana. Tanto sus obras de ficción como sus novelas-reportajes y sus artículos periodísticos estuvieron marcados por los anhelos de transformación social que proponían los intelectuales catalanes durante el *Noucentisme* y más adelante en la II República. No obstante las ideas *noucentistes* con respecto a la mujer chocaban con la forma de ser y pensar de Bertrana.

Los *noucentistes* situaban a la mujer dentro del mundo real para destacar su feminidad, enaltecer su capacidad humanitaria y su conciencia de solidaridad social basándose en las creencias tradicionales. La mujer representaba un elemento cultural insustituible para hacer realidad sus proyectos porque para los *noucentistes* nadie mejor que ella podía ser la encargada de confraternizar, equilibrar, dar forma y transmitir a las futuras generaciones las pautas a seguir según las normas y criterios en sus proyectos. En su rol de esposas y madres transmisoras de los valores de civilidad, lo que potenciaban era su función tradicional como reproductora de la especie para transmitir la esencia de la raza catalana[9], y ya fuera como componente estético o como compañera en las relaciones y proyectos socio-culturales, se contaba con ella y se le asignaba una labor colectiva que llevar a cabo en nombre de la patria («Les dones i el pensament conservador catala contemporani» Duplaá 118). A diferencia de los modernistas, los *noucentistes* no actuaban de forma individualista porque tenían conciencia de grupo (Panyella 287). Esto también explica por qué incluyeron a mujeres como Bertrana en sus proyectos.

Eugeni d'Ors fue quien propuso el modelo de mujer tradicional en su obra *La Ben plantada* (1911) donde integra la figura femenina en un cosmos convencional y androcéntrico en el que se destaca la pasividad, el instinto, el sacrificio y el amor maternal. Estos eran los atributos que para Ors y los *noucentistes* debía tener la mujer: «[la dona ideal] no serà la més original, la més individualizada enfront de les altres, ans al contrari. Serà la que sigui síntesi i compendi de les qualitats del conjunt, per tant la que les representi a totes i a cap» (Ors 39)[10]. Como bien ob-

---

9 Utilizo el término «raza» con la intención de reproducir la forma en que se expresaban los noucentistes durante la época para hablar de la identidad catalana. En el prólogo de la edición del 25 aniversario de La Ben plantada (1937) Ors define la raza como «una espiritual tradició, una síntesi de la cultura» [una espiritual tradición, una síntesis de la cultura] (10). Ors encuentra las raíces de la tradición y la cultura catalana en el entorno mediterráneo, en la grandeza de la antigüedad clásica por excelencia (Martín Marty 26).

10 [la mujer ideal] no será la más original, la más individualizada frente a las otras, al con-

serva Maria Aurèlia Capmany, desde esta perspectiva la mujer como individuo desaparece y se concreta a partir de las cualidades negativas que surgen por oposición a los elementos positivos del hombre: actividad, dominio de la razón, creatividad y voz de mando (*La dona a Catalunya* 125). Este modelo de mujer impuesto por los intelectuales catalanes paralizó los proyectos de emancipación que feministas como Carme Karr, Dolors Monserdà, Maria Domènech, Caterina Albert, Francesca de Bonnemaison Farriols (1872-1949) y Agnès Armengol de Badía (1852-1932) habían iniciado durante las primeras décadas del siglo XX[11], haciendo que la mujer volviera a convertirse en un ser pasivo, asexual, impávido, acultural y mudo (Julià 65)[12]. El feminismo que promovían dichas autoras no era sufragista y político, pero tenía un papel activo en la lucha por los derechos de las mujeres en los ámbitos educativos, culturales y laborales. Las autoras reivindicaban la participación del colectivo femenino en la esfera pública y exigían romper con el aislamiento social y la marginación de la mujer en el hogar sin formar parte de los acontecimientos culturales (Nash «Feminisme català i presa de consciència de les dones» 1). En este sentido, el feminismo de Monserdà y sus seguidoras debe entenderse como un feminismo social más enfocado en la renegociación de los espacios públicos y en la inclusión de la mujer en los asuntos culturales que en la lucha por la independencia femenina[13].

---

trario. Será la que sea síntesis y compendio de las cualidades del conjunto, por lo tanto la que las represente a todas y a ninguna.

[11] Otras feministas catalanas importantes de principios del siglo XX en el ámbito de la cultura y el arte son Margarida Xirgu (1888-1969), Lluïsa Vidal (1876-1918), Pepita Teixidor (1875-1914) y Lola Anglada (1893-1984); en la pedagogía, Rosa Sensat (1873-1961) y Leonor Serrano (1890-1942); y en el movimiento obrero destaca la fitura de Teresa Claramunt (1862-1931) (Nash «Feminisme català i presa de consciència de les dones» 3). Leonor Serrano nació en Calatrava, la provincia de Ciudad Real, pero pasó parte de su juventud en Cataluña donde tuvo un papel muy importante trabajando de jurista para el Congreso Jurídico catalán de Barcelona durante los años treinta. En 1939 debido a la fuerte represión franquista en Cataluña decidió trasladarse a Madrid con su familia.

[12] La estética de La Ben plantada aparece en las obras y las conferencias de otros autores noucentistes como por ejemplo Josep Carner en Fruits saborosos (1906) donde la mujer/madre, patria/tierra son conceptos relacionados por su función reproductora (frutos/hijos), y en el discurso de Jaume Bofill i Mates en «D'espiritualitat femenina» donde el autor recuerda en su charla a las mujeres que acudieron al Institut de Cultura i Biblioteca Popular de Barcelona que «la dona catalana és humil [,] casolana [,] casta, neta, endreçada, amorosa, assenyada, abnegada [i] pietosa» [la mujer catalana es humilde [,] casera [,] casta, limpia, ordenada, amorosa, juiciosa, abnegada [y] piadosa] (Julià 100). En estas conferencias Bofill i Mates recordaba al público femenino el instinto maternal que según él, tienen todas las mujeres al nacer.

[13] Como bien observa Nash en «Feminisme català i presa de consciència de les dones», además de los impedimentos que encontraron con los proyectos noucentistes, las femi-

Asimismo, en Cataluña el movimiento *noucentista* y el fervor patriótico se impusieron con fuerza en la sociedad catalana de principios del siglo XX e influyeron en algunas autoras. Caterina Albert, una escritora que siempre había sido tan crítica con el machismo y la dominación masculina en sus obras, y había defendido como nadie la emancipación de la mujer, la educación y la profesionalización femenina, por no ir en contra de los ideales catalananistas, se inscribió durante las primeras décadas del siglo XX al programa propuesto por los *noucentistes*, haciendo declaraciones bastante contradictorias con su forma de pensar y a favor del modelo de mujer tradicional propuesto por los intelectuales catalanistas como en el discurso de las conferencias «De civisme i civilitat» en 1917:

> les dones que pensem i treballem, les que podríem dir avançades del feminisme, contràriament a lo que fan ses companyes d'arreu del món, no són hostils a l'home. Al contrari, no he parlat amb una sola d'aquestes dones [feministes catalanes], que no em fes lloances de l'home com a marit, com a fill, com a amic, com a company, i totes s'han declarat devotes de la llar. (Català 1697)[14]

La experiencia de Catarina Albert sirve para explicar la situación en que se encontró Bertrana después de unos años, cuando formó parte del partido de ERC en (1933-1934). Durante la II República, hizo unas declaraciones incongruentes con su forma de pensar y sus principios. Se manifestó a favor del modelo tradicional de mujer que ella siempre había criticado y rechazado:

> L'home i la dona dintre de la societat, són fets per a completarse, no per a igualarse [...] Des del punt de vista natural, solament la dona i l'home junts constitueixen l'ésser humà. L'ideal és que l'home i la dona estiguin exactament al mateix nivell social. Ço que no vol dir

---

nistas tuvieron dificultades para llevar a cabo sus propósitos debido al sistema político del Estado español de la Restauración de finales del siglo XIX. Las políticas y los planteamientos del gobierno no fueron propicios para la emergencia de un feminismo liberal de signo político que permitiera orientar las acciones de las mujeres hacia el sufragio y hacia los derechos del colectivo femenino como ciudadanas igual que los hombres. Hasta que la constitución democrática de la Segunda República introdujo el principio de igualdad política entre los hombres y las mujeres, la legislación española presentaba una evidente discriminación contra la mujer con respecto al colectivo femenino, sobre todo hacia la mujer casada, que estaba prácticamente bajo la total custodia del marido y su obligación era estar en casa cuidando de los hijos y del esposo (1).

14 Las mujeres que pensamos y trabajamos, las que podríamos decir avanzadas del feminismo, contrariamente a lo que hacen sus compañeras de todo el mundo, no son hostiles al hombre. Al contrario, no he hablado con una sola de estas mujeres [feministas catalanas], que no me hiciera alabanzas del hombre como marido, como hijo, como amigo, como compañero, y todas se han declarado devotas del hogar.

> que tinguin els mateixos drets sinó el mateix nombre de drets, cada u els que li pertoquin. (Real Mercadal *Aurora Bertrana, periodista dels anys vint i trenta. Selecció de textos* 109) [15]

En el mismo artículo publicado el 24 de diciembre de 1933 en *La Humanitat* la autora también afirma que el deber de la mujer es colaborar con el hombre, conseguir la armonía en el hogar y compaginar la educación y la profesionalización femenina con las responsabilidades domésticas para conseguir la estabilidad familiar y el equilibrio social. Durante los años treinta volvió a surgir un discurso machista que reclamaba el apoyo incondicional de la mujer, el retorno del colectivo femenino a la primitiva feminidad, el sometimiento al marido para supuestamente encontrar el perfecto equilibrio entre la voluntad de su persona y la esencia inmutable de su «yo» femenino. Se hacía creer a las mujeres que de este modo obtendrían la armonía conyugal y por consiguiente la felicidad y el equilibrio social. Como bien observa Nash en «Política, condició social i mobilització femenina», la mujer fue admitida en la política catalana e incluso promovida pero «les dones no havien de pretendre imitar els homes ni desplaçar-los, sino mantenir les qualitats pròpies de dona [,] portadora d'una «moralitat purificadora» [amb] una abnegada dedicació a la humanitat pròpia d'una «Germana de la Caritat»» (247)[16]. Los comentarios de Bertrana en el artículo que mencioné anteriormente son incoherentes con sus ideas y su forma de ser y seguramente la autora se arrepintió mucho de haber hecho estas declaraciones durante su militancia en el partido republicano. Como le ocurrió a Caterina Albert, la fidelidad a la cultura, el compromiso político con la sociedad catalana y el programa electoral hicieron que Bertrana fuera en contra de sus propios principios y de su forma de pensar. Con sus declaraciones traicionaba la lucha por la emancipación femenina y los proyectos progresistas llevados a cabo por el movimiento de liberación de la mujer.

Los comentarios de Caterina Albert y Aurora Bertrana ponen de

---

15   El hombre y la mujer dentro de la sociedad, están hechos para completarse, no para igualarse... Desde el punto de vista natural, solamente la mujer y el hombre juntos constituyen el ser humano. Lo ideal es que el hombre y la mujer estén exactamente en el mismo nivel social. Lo que no quiere decir que tengan los mismos derechos sino el mismo número de derechos, cada uno los que le correspondan.

16   las mujeres no debían pretender imitar a los hombres ni desplazarlos, sino mantener las cualidades propias de mujer [,] portadora de una «moralidad purificadora» [con] una abnegada dedicación a la humanidad propia de una «Hermana de la Caridad »

relieve el conflicto de las autoras por encontrar la manera de armonizar sus reivindicaciones por la igualdad y los derechos de la mujer con sus ideales catalanistas. Ambas situaciones señalan el dilema interno de las feministas catalanas en un mundo dominado por los hombres, en el que a veces para conseguir sus propósitos se han visto obligadas a ceder y a traicionarse a sí mismas. Lo peor es que, en la mayoría de los casos, como les ocurrió a Caterina Albert y a Bertrana, las mujeres suelen ceder sin conseguir nada a cambio. Bertrana se afilió a ERC con la intención de encontrar apoyo para desarrollar su proyecto de la Universidad Obrera Femenina: «la meva dèria de fundar una Universitat Obrera Femenina m'empenyia a cercar el puntal d'un partit polític, a encasellar-m'hi. Sense aquest puntal [,] no podia ni somiar a tirar endavant el meu projecte» (*Memòries fins al 1935* 759)[17]. En el *Lyceum Club* se dio cuenta de que nunca podría desarrollar su proyecto porque, como ya mencioné, el club cada vez se orientaba más a cubrir las necesidades de las mujeres burguesas y a organizar tertulias y actividades de poca trascendencia cultural e intelectual para las élites. Por eso aceptó la oferta de sus amigos republicanos. No obstante, en ERC tampoco obtuvo ningún tipo de ayuda. Los grupos femeninos que formaban parte de los partidos de izquierda, igual que los que militaban en la derecha estaban totalmente subordinados a las decisiones de los hombres dirigentes del partido. Ellos limitaban la dependencia a las mujeres respecto a las directrices políticas y continuamente marginaban, ignoraban o daban muy poca importancia a las opiniones, y a los asuntos políticos que planteaban las mujeres (Nash «Política, condició social i mobilització femenina» 247).

Bertrana fue víctima de las estrategias partidistas de la izquierda catalana para influir en el voto femenino. Las mujeres en los partidos básicamente realizaban tareas subalternas. Según Bertrana su papel en los coloquios y actos electorales «es limitava a llegir una o dues quartilles, o a pronunciar unes paraules» que casi siempre se referían a temas culturales muy generales (*Memòries fins al 1935* 762)[18]. En sus memorias la autora confiesa arrepentirse de haberse afiliado a ERC porque se dio cuenta de que era un partido «de burgesos i menestrals» con una ideología que limitaba sus intereses personales y contaron con

---

17 mi empeño de fundar una Universidad Obrera Femenina me empujaba a buscar el puntal de un partido político, a encasillarme en él. Sin este puntal [,] no podía ni soñar a llevar a cabo mi proyecto.

18 se limitaba a leer una o dos cuartillas, o pronunciar unas palabras.

ella solo para utilizar su conocida imagen de mujer intelectual catalana[19]:

> aquests grups anaven limitant geogràficament l'àrea d'acció que m'interessava. Els meus sentiments, ja sia per l'herència castellana tan directa, [o] pel meu consubstancial internacionalisme, reforçat pels nou anys de convivència amb altres pobles, em privaven d'acceptar aquesta limitació. La gent i els problemes socials que a mi m'interessaven sentimentalment no es podien deturar a les fronteres de Catalunya, ni d'Espanya, àdhuc d'Europa: abastaven tot el món. *(Memòries fins al 1935* 759)[20]

La autora era catalanista pero no independentista. Las ideas de ERC la alejaban de lo que para ella era la verdadera lucha social: la igualdad entre los hombres y las mujeres, y la eliminación de las fronteras. Después de su experiencia como candidata en ERC, Bertrana rehusó afiliarse de nuevo a ningún partido político, ya que nunca más estuvo dispuesta a ceder su libertad y sus ideales a cualquier precio, ni a dejarse engañar por las artimañas de los políticos. La autora comprendió que no se puede ceder la forma de ser y de pensar de uno mismo ante la estrategia electoral o de cualquier otro tipo. Asimismo, después de esta y otras experiencias Bertrana se proclamó, en su vida y en su obra, antiburguesa, anticlerical y anti-ideologías.

Bertrana no acostumbraba a definirse a sí misma como feminista y si alguien se lo preguntaba ella siempre decía que no (Bonnín 223). Por una parte, esto subraya su desconfianza hacia las ideologías y por otra parte, señala la hostilidad que existía durante la época hacia las mujeres que se consideraban feministas. En Cataluña las llamaban «homenívoles» o marimachos en español, y «petitburgeses» o pequeñas burguesas en español en un tono despectivo (Charlon y Canal 71). Ber-

---

19 El hecho de que ERC le propusiera formar parte de las listas electorales como candidata del partido es indicativo del prestigio que tenía Bertrana durante la época. También demuestra el compromiso social y cultural de la autora con el país y con la mujer, ya que su intención era conseguir ayuda política para sus proyectos para mejorar la educación de la mujer. Dentro del partido había otras mujeres que habían militado ERC desde hacía muchos años y esperaban ser elegidas para candidatas algún día, pero no fue así y eso, según cuenta Bertrana en las memorias, molestó mucho a más de una (Memòries fins al 1935 763).

20 Estos grupos iban limitando geográficamente el área de acción que me interesaba. Mis sentimientos, ya fuera por la herencia castellana tan directa, [o] por mi consubstancial internacionalismo, reforzado por los nueve años de convivencia con otros pueblos, me privaban de aceptar esta limitación. La gente y los problemas sociales que a mí me interesaban sentimentalmente no se podían detener a las fronteras de Cataluña, ni de España, ni de Europa: abarcaban todo el mundo.

trana no teorizó sobre el tema como lo hizo Carme Karr, Federica Montseny o Maria Aurèlia Capmany, pero vivió, escribió y participó en los acontecimientos sociales y en la reivindicación por los derechos de la mujer mucho más que cualquiera de las autoras teóricas del momento. Ella se definía a sí misma como una humilde cooperadora del movimiento social femenino catalán: «jo m'he decidit a cooperar humilment en el moviment social femení a casa nostra» (Bertrana «Feminitat i feminisme» 2)[21].

---

21 yo he decidido cooperar humildemente con el movimiento social femenino en nuestra casa.

Introducción a la lectura: El inefable Philip

En *El inefable Philip* Bertrana narra la historia de Anna, una mujer burguesa obsesionada con Philip, un hombre de una belleza extraordinaria, hijo de un fabricante de hilos y de origen inglés. Anna sacrifica su vida para estar al lado de Philip y casarse con él a pesar de su advertencia de que nunca podrá hacer feliz a una mujer, porque a Philip no le atraen las mujeres. Anna no parece entender lo que esta revelación significa (o prefiere no comprenderlo porque de haberlo entendido no habría alcanzado su sueño de casarse con tal divinidad). Anna cree que a través de sus encantos y complacerle en todo hará cambiar de opinión a su esposo. No obstante, sus intentos son inútiles. Philip se siente atraído por los hombres y por nada en el mundo renunciaría a su libertad y al placer de sus «caprichos» o «amigos» que va encontrando por el camino.

Además del fracaso matrimonial, Anna descubre junto a Philip otras formas alternativas de vivir la vida y el mundo de la pareja. Sin embargo, a Anna le es imposible adaptarse a la vida moderna y bohemia que le proponen Philip y sus amigos, en parte, porque la protagonista ha sido educada en un ambiente tradicional en el que el objetivo de la mujer es casarse, tener hijos y cuidar del marido. Por eso al final, cuando Philip muere en un hospital después de sufrir un accidente de tráfico, Anna decide casarse con su fiel pretendiente y amigo de toda la vida Agustí Bruguera.

El punto de vista narrativo en *El inefable Philip* es tercera persona y la obra se divide en diferentes capítulos numerados del I al XXV. En el texto no se indican fechas concretas, a excepción del inicio de la obra cuando el narrador explica que Anna y Philip están de viaje de novios y al despertar Anna recuerda que justo este día, el 14 de octubre de 1934, hace un mes que se casaron. Por la forma en que se desarrollan los hechos se intuye que la obra termina entre 1939 y 1940 cuando Anna decide regresar a Barcelona, después de la Guerra Civil y antes de la II Guerra Mundial. En *El inefable Philip* la autora critica la vida holgada y despreocupada de los burgueses, la dependencia económica de la mujer y de los hombres como Philip y sus amigos que prefieren vivir del dinero de los demás sin trabajar ni producir nada. En la obra Bertrana trata temas prohibidos durante la época, como la homosexualidad y el lesbianismo, la infidelidad y el divorcio. También cuestiona los valores tradicionales y muestra desconfianza hacia las nuevas formas de vivir más modernas y liberales.

Todos estos temas causaron serios problemas a la autora cuando quiso publicar la novela. Algunos se sintieron incómodos con la idea de hacer pública la vida de los ricos y dar a conocer sus vicios[22]:

> La meva obra *L'inefable Philip* –tot i escrivint Philip en anglès–, que vaig presentar al «Sant Jordi» essent president del jurat en Ramon Folch i Camarasa i secretari en Joan Triadú, no va ésser ni esmentada a l'hora de les votacions. Suposo que no per incorrecció del llenguatge i, encara menys per manca d'interès narratiu sinó per la amoralitat del tema. La mateixa novel.la tampoc no va ésser acceptada per un editor barceloní, el qual em va confessar que l'estil de l'obra «no era prou escabrós» [...] Aquí, a casa nostra, hi passen coses tan anormals i gruixudes com arreu del món. Les «coses» no estan prohibides, simplement, no cal escriure-les ni parlar-ne. De parlar-ne ens en fem uns tips imponents. Encara més: aquests farts auditius de coses escabroses, brutes i gruixudes constitueixen un dels goigs més suculents de la vida nacional. Cal, però, que la gent no escolti, cal murmurar-ho a cau d'orella en una tertúlia de cafè o a l'Ateneu Barcelonès, lloc propici a tota llei de xafarderies[23]. (Memòries del 1935 fins al retorn 365-66)

Unos editores rechazaron el manuscrito por considerarlo un escándalo, otros como Joan Oliver, el director y editor catalán de *El club dels novel.listes* consideraron que el tratamiento del tema no era suficientemente erótico y que las referencias sexuales tenían que ser más explícitas y concretas (Bonnín 211). Indignada por las conjeturas de los editores y el menosprecio de los miembros del jurado del premio Sant Jordi, Bertrana dedicó unas palabras al lector, con un tono irónico, en

---

22   Quizás este fue uno de los motivos por los que Bertrana decidió cambiar el título original de la novela *Cendres* por *L'inefable Philip*.

23   Mi obra L'inefable Philip –aunque escribí Philip en inglés–, que presenté en el «Sant Jordi» siendo presidente del jurado Ramon Folch i Camarasa y el secretario Joan Triadú, no fue ni mencionada a la hora de las votaciones. Supongo que no por incorrección del lenguaje y, aún menos por falta de interés narrativo, sino por la amoralidad del tema. La misma novela tampoco fue aceptada por un editor barcelonés, el cual me confesó que el estilo de la obra «no era lo suficientemente escabroso» [...] Aquí, en nuestro país, pasan cosas tan anormales y tremendas como en todo el mundo. Las «cosas» no están prohibidas, simplemente, no hay que escribirlas ni hablar de ellas. De hablar hablamos muchísimo. Es más: estos empachos auditivos de cosas escabrosas, sucias y groseras constituyen uno de los gozos más suculentos de la vida nacional. Es necesario, sin embargo, que la gente no escuche, hay que murmurarlo al oído en una tertulia de café o en el Ateneo Barcelonés, lugar propicio a toda ley de chismes.

el prólogo de su siguiente novela *Vent de grop* (1976) donde afirma haber aprendido «la lección»:

> Escarmentada pel poc èxit d'una de les meves darreres obres, no publicada per un excés d'escrúpol, potser moral, potser comercial, de certs editors, i com a conseqüència d'aquell fracàs alliçonador, he escrit aquesta novel.la que podríem qualificar de rosa. Enceteu-la sense por. Res no ferirà ni el vostre pudor ni la vostra innocència. No hi figuren ni cornuts, ni invertits ni incestuosos. L'única francesilla que m'he permès amb la moral és d'apariar dos enamorats sense fer-los passar per la sagristia24. (*Vent de grop* 12)

En sus memorias la autora explica que la fuente de inspiración para escribir *El inefable Philip* fue su amigo Raoul Baby-Lisberg, un aristócrata ginebrino a quien Bertrana describe como un ser excepcional por su belleza y su forma de ser diplomática y servicial con los amigos (*Memòries fins al retorn a Catalunya* 366). Bertrana conoció a Raoul durante su exilio en Ginebra entre 1938 y 1949. Según la autora, la familia de Raoul era muy conocida en la ciudad helvética. Una de las calles lleva su apellido *rue Baby-Lisberg* en conmemoración a uno de los antepasados de Raoul. De forma parecida a Philip, a Raoul le gustaba el arte y la pintura y era amante de las fiestas y la farándula. Prefería tener relaciones con los hombres y sentía una especial debilidad por los muchachos más jóvenes. Todas estas características se ven reflejadas en *El inefable Philip* a través de Philip y sus amigos. Otras personas interesantes que Bertrana conoció en Ginebra y que aparecen como personajes en *El inefable Philip*, pero con otros nombres son: Gal.la Tomatxeuska, una princesa rusa hija del príncipe Borislouvitx arruinado a causa de la Revolución Rusa (1917); los pintores franceses Jean van Berchem y Guy de Ingouville, también descendientes de familias nobles, el primero de Maria Tudor (1516-1558), reina de Inglaterra, y el segundo de Guillermo el Conquistador (1028-1087). El apartamento-taller en la calle Winkelried de Jean y Guy donde Bertrana vivió por un tiempo también aparece en la novela con una descripción del lugar casi idéntica. En la novela, Anna se exilia a Ginebra durante unos años debido a la Guerra Civil y en el capítulo XXI se encuentra con su

---

24 Escarmentada por el poco éxito de una de mis últimas obras, no publicada por un exceso de escrúpulo, quizás moral, quizás comercial, de ciertos editores, y como consecuencia de ese fracaso aleccionador, he escrito esta novela que podríamos calificar de rosa. Empiécenla sin miedo. Nada herirá ni su pudor ni su inocencia. No figuran ni cornudos, ni invertidos ni incestuosos. La única francesilla que me he permitido con la moral es la de aparear dos enamorados sin hacerlos pasar por la sacristía.

marido Philip en un estudio medio en ruinas de la avenida Winkelried. Este piso es el taller de unos amigos de Philip y lo utilizan para celebrar fiestas y pintar sus cuadros, como Jean y Guy en la vida real, pero también para alojar a los amigos que necesitan un lugar donde vivir.

Al principio de la novela, Bertrana ubica a los protagonistas de *El inefable Philip* en la Diagonal de Barcelona, un lugar importante por su conexión con la burguesía catalana. Bertrana conocía muy bien esta zona, ya que ella y su familia vivieron allí por mucho tiempo. La Diagonal era, y sigue siendo hoy, una de las avenidas más importantes de la ciudad. Fue diseñada por Ildefons Cerdà (1815-1876) a finales del siglo XIX como parte del proyecto de modernización de Barcelona promovido por la clase burguesa de la época. Su construcción coincidió con el renacimiento del nacionalismo catalán y con la urbanización de los edificios modernistas que todavía hoy reflejan la conciencia burguesa que iba dominando Barcelona. Bertrana y su familia vivieron en la zona de la Diagonal por un tiempo, concretamente en la calle Llúria del Eixample[25], tal como indica la autora en la firma del manuscrito de *El inefable Philip*, y más tarde la autora se trasladó al piso 313 de la avenida Diagonal. A pesar de vivir en esta área, Bertrana nunca se sintió identificada con los burgueses, sino todo lo contrario:

> cada vegada que m'he trobat amb [els burgesos] he reaccionat de la mateixa manera perillosa. He sentit la mateixa hostilitat contra la societat burgesa, egoista, hipòcrita, orgullosa i suficient. Res m'ha impulsat a adaptar-m'hi ni a conquistar-la, sinó a fugir-ne fins a establir la distància necessària per a perdre'n la visió, l'eco, la ferum[26].
> (*Memòries fins al 1935* 192)

El mundo burgués era demasiado opuesto a Bertrana y a su forma de pensar. Ella se educó en una familia burguesa venida a menos, de costumbres sencillas y provincianas, de padre catalán y de madre castellana. En sus memorias la Aurora se define a sí misma como un producto híbrido: «de burgès-terrassà i d'hidalgo castellà, convertida pel voler de Déu, en artista» (193)[27].

---

25 La Diagonal atraviesa l'Eixample, la cual también fue ideada por el ingeniero y urbanista Ildefons Cerdà. L'Eixample se construyó en los años de la industrialización de Cataluña, a finales del siglo XIX y comienzos del XX. Es el lugar donde nace la Barcelona moderna y contemporánea que conocemos hoy.

26 cada vez que me he encontrado con [los burgueses] he reaccionado de la misma manera peligrosa. He oído la misma hostilidad contra la sociedad burguesa, egoísta, hipócrita, orgullosa y suficiente. Nada me ha impulsado a adaptarme ni a conquistarla, sino a huir hasta establecer la distancia necesaria para perder la visión, el eco, el hedor.

27 de burgués-rural y de hidalgo castellano, convertido por voluntad de Dios, en artista.

En *El inefable Philip* los lugares y los acontecimientos se describen con todo tipo de detalles haciendo que la historia se sienta más verídica y real. Los datos autobiográficos reconocidos por la autora y los lectores de las memorias no sólo aparecen en *El inefable Philip* también son visibles en todas sus obras. Bertrana llevó a la ficción episodios de su propia vida y los combinó con los acontecimientos ficticios que escribe en sus novelas. Esta fusión entre la ficción y la realidad, la cual identifico como una de las características de su narrativa[28], subraya que para Bertrana, entre los recursos narrativos y la experiencia cotidiana no existen fronteras que dividan la ficción de la realidad ni hay barreras que limiten el argumento y las reflexiones sociales en sus textos. Aquí quiero puntualizar que esta forma de utilizar los datos autobiográficos en las novelas no es exclusiva de las mujeres escritoras, ya que la memoria entendida como una proyección semi-autobiográfica es observable en muchas obras de escritores masculinos, de los cuales destaco a Narcís Oller (1846-1939), Josep M. de Segarra (1894-1961), Josep Pla (1897-1981), Joan Sales (1912-1983) y Pere Calders (1912-1994) y escritoras como Teresa Vernet (1907-1974), Mercè Rodoreda (1908-1983), Esther Tusquets (1936-2012) y Montserrat Roig (1946-1991), por citar algunos ejemplos de autores catalanes. Como bien observa Francisco Javier Higuero en *La memoria del narrador: intertextualidad anamnética* (1993), los escritores utilizan la memoria, formada por lo vivido y lo leído, como motor principal de la acción para narrar sus obras (34). Todo escritor está situado en una cultura, forma parte de ella y sus memorias se entrelazan con la de muchas otras personas, hecha de experiencias y de sueños. Los recuerdos de Bertrana brotan en sus textos de lo vivido en la infancia, la adolescencia y la juventud, y de las lecturas hechas a través de los años. De forma consciente y/o inconsciente, Bertrana utiliza sus propias experiencias y fragmentos de los recuerdos más importantes que han marcado su vida y los adapta a las características de los protagonistas según las necesidades y la voluntad del momento en que escribe. En cierto modo se puede decir que en sus obras la autora cuenta una verdad a medias o que explica una anécdota más auténtica que la real.

En *El inefable Philip* las vivencias de Anna se conectan con las experiencias de la escritora, hasta el punto en que todas ellas se podrían

---

28 En mi libro Aurora Bertrana, innovación literaria y subversión de género (2016) profundizo sobre este tema y la narrativa de Bertrana.

entender como múltiples facetas de una misma mujer. La narración sobre las experiencias de Bertrana y sobre la situación de la protagonista en la obra hace que el texto se convierta en una novela de mil pliegues, en la que se encuentran facetas de inestimable interés para conocer y comprender el pensamiento, la situación y la evolución histórica de la sociedad catalana, y en particular de las mujeres catalanas burgueses, de la época en que Bertrana escribe la novela. La vida que experimenta Anna después de unos años de estar casada con Philip y las reflexiones en la obra a través de la voz narrativa y de la protagonista son una refracción del pensamiento de Bertrana. Así por ejemplo, en *El inefable Philip*, la voz narrativa se hace preguntas profundas sobre dónde están los límites entre la amistad y el amor, si debería ser aceptada la infidelidad como una solución al fracaso matrimonial, si existe una pareja ideal, si las formas alternativas de vivir en pareja son la solución para vivir de manera más justa y libre, si es posible encontrar el balance entre el chaos y el orden, lo tradicional y lo moderno, lo racional y lo sentimental. A lo largo de la obra Anna experimenta momentos muy difíciles como la guerra y el exilio y vive situaciones nuevas e inesperadas al lado de Philip que le ayudan a madurar y a tomar decisiones importantes que determinarán su vida.

A pesar de que Anna es una mujer instruida y con recursos, después de cursar sus estudios en el extranjero, su único deseo es casarse con Philip. De este modo Anna cumple su sueño de casarse con un hombre bello y burgués como en los libros de leyendas, y a su vez, escapa de la incertidumbre de tener que quedarse soltera, con todo lo negativo que eso conlleva. Los discursos de feminidad y los valores tradicionales inculcados durante tantos años desde la primera infancia hace que mujeres como Anna aborrezcan la soltería y vean a la mujer solitaria como a una fracasada. Estos sentimientos eran compartidos por hombres y mujeres en la sociedad burguesa que proyecta Bertrana en *El inefable Philip*. Anna explica que los hombres no respetan tanto a las mujeres solteras como a las casadas, y acostumbran a menospreciar a las novias o esposas que han sido abandonadas por su pareja: «[Ellos] hacen todo aquello que se suele hacer con una mujer abandonada, joven y no del todo repulsiva [...] esperan convertirse en [sus] amantes» (110). Según Anna, los hombres suelen llevar a las mujeres a dar una «vueltecita» en coche hasta llegar a un lugar solitario. Luego paran el auto e intentan abusar de ellas sexualmente, tocándolas y besándolas groseramente. Si las mujeres no lo aceptan, ellos se enojan y «le echa[n] en cara [a la muchacha] el gasto de gasolina y el tiempo que les había hecho perder» (110).

En Cataluña, a diferencia de otras regiones de España, la mujer tuvo ciertos privilegios educativos antes del franquismo que muchas mujeres españolas no podían ni soñar. Después de las sucesivas crisis económicas del siglo XIX, la burguesía catalana se dio cuenta de que la mujer de clase obrera podía trabajar, contribuir a mejorar la industria y sobrevivir con su propio dinero. De esta forma, los padres no tendrían que preocuparse de reunir suficiente capital para la dote, de casarlas o enviarlas a un convento. La Mancomunitat de Catalunya inauguró diferentes instituciones en Barcelona para instruir a la mujer obrera en un oficio. Ejemplos de estas instituciones son: *Biblioteca per a Obreres* en 1909 (más tarde conocido como *Institut de Cultura i Biblioteca Popular per a la dona*), *Escola de Bibliotecaries* en 1916, *Escola d'Infermeres* en 1919 y en 1922 el *Institut de Cultura i Biblioteca Popular per a la Dona*. Aurora Bertrana también promovió la educación de las mujeres de clase trabajadora durante la II República cuando dirigió y colaboró en el Lyceum Club, una asociación que ofrecía actividades culturales orientadas a promocionar la educación femenina en Cataluña[29]. Todas estas instituciones orientaban a la mujer trabajadora a un tipo de trabajo relacionado con sus funciones de madre y esposa y facilitaba el acceso de la mujer burguesa a la cultura. En este sentido, estas instituciones tuvieron un papel importante y positivo para la mujer, tanto de clase obrera como de clase media. Además de acercar el mundo laboral a las obreras y facilitar una ocupación cultural a las burguesas, las mujeres barcelonesas en general adquirieron, gracias a estas instituciones, una facultad de autodeterminación que configuraba un cierto tipo de mujer casi igual al europeo. Como muy bien explica María Aurèlia Capmany en su obra *La dona a Catalunya*:

> El propòsit de l'Institut de Cultura era més ambiciós. El que va significar per a la nostra ciutat aquesta institució no ha estat dit encara. He interrogat a dones que havien estat educades a «la Cultura», com se n'havia dit sempre a la ciutat, i en totes elles he trobat la mateixa resposta. Eren totes elles dones de la classe mitja, però d'estadis ben diversos dins aquesta àmplia denominació. Els diversos comentaris podrien ser resumits dient que, en entrar en aquella casa del

---

29 Ver la introducción de mi libro Aurora Bertrana, innovación literaria y subversión de género para más información.

carrer més Baix de Sant Pere, havien trobat coneixements, consciència de la pròpia dignitat, un aprenentatge útil [y] una confiança en elles mateixes. (108)30

La evolución política, social y cultural del país catalán durante la II República facilitó progresivamente que las mujeres, principalmente solteras, ingresaran al mundo de la cultura y se matricularan en la universidad, pero estos proyectos se vieron truncados en 1939 con el franquismo.

En *El inefable Philip* Bertrana señala la educación privilegiada que adquirieron algunas mujeres como Anna y critica con firmeza la penosa situación en la que se encuentra la mujer de clase media después de casarse. A pesar de que Anna es una mujer instruida, con más estudios que Philip y experiencia viviendo en el extranjero, normalmente cuando Philip habla sobre cualquier tema, Anna calla y accede pasivamente a los intereses y a los deseos de su marido. Anna estudió en Lausanne y en Cambridge, mientras que Philip apenas se toma en serio o asiste con regularidad a las clases del primer año de medicina. En la novela, Anna se convierte en un ente silencioso y en sujeto pasivo por voluntad propia. Philip nunca le pide que adopte ese papel. Todo lo contrario. Él la estimula e incita a vivir una vida independiente. Le invita a dejarse llevar por el deseo y el placer, como él. Pero Anna cree que a través de la comprensión, el sacrificio y la modestia hacia los deseos de Philip, conseguirá la aceptación y atención de su esposo. Estos valores tradicionalmente asociados a la feminidad eran los esperados en las mujeres burguesas de la época. Las mujeres como Anna, que han interiorizado estos conceptos de feminidad, en su personalidad casi siempre desempeñan un papel importante en la escasa autoestima, la fe en una recompensa (terrenal o celestial), el miedo a los conflictos y la esperanza de que algún día obtendrán protección y gestos de aprecio por parte de su marido. No obstante, la postura sumisa de Anna en la novela sólo hace que Philip sea cada vez más distante y mezquino con ella.

---

30   El propósito del Institut de Cultura era más ambicioso. Lo que significó para nuestra ciudad esta institución no ha sido dicho todavía. He interrogado a mujeres que habían sido educadas en «la Cultura», como se había dicho siempre en la ciudad, y en todas ellas he encontrado la misma respuesta. Eran todas ellas mujeres de la clase media, pero de estadios bien diversos dentro de esta amplia denominación. Los diversos comentarios podrían ser resumidos diciendo que, al entrar en aquella casa de la calle más Baix de Sant Pere, habían encontrado conocimientos, conciencia de la propia dignidad, un aprendizaje útil [y] una confianza en sí mismas.

Bertrana emite juicios sobre la actitud sumisa de la mujer y critica el ideal de feminidad promocionado durante la época. La burguesía catalana y el gobierno catalán, no sólo privaron a la mujer de toda personalidad jurídica, sino que construyó un mito de feminidad para su uso propio. Este ideal inspirado en la protagonista de *La Ben plantada* (1911) de Eugeni d'Ors (1881-1954), venía a ser una idea (de nación catalanista) hecha cuerpo (de mujer) para ser utilizada como imagen publicitaria de los proyectos culturales de los grupos ilustrados novecentistas. La feminidad de Teresa, la protagonista de *La Ben plantada* era un ejemplo de discreción, dulzura, belleza, sensibilidad, equilibrio y elegancia. Además de ser una compañera bondadosa, era una buena madre y esposa. En *La Ben plantada* todo era arbitrarismo, dominio voluntarioso sobre los elementos naturales, sacrificio por la familia y la patria, y ejemplar sentido del orden, la civilidad, la mesura y la proporción (Capmany 61). De esta manera, en Cataluña, a principios del siglo XX, se impuso un modelo de mujer que combinaba el ángel del hogar de la Renaixença catalana del siglo XIX (en que la mujer/madre dentro de la casa se convirtía en la mujer/patria dentro de la nación) y el símbolo de la continuidad y la tradición a través de la figura de *La Ben plantada* promovido por el movimiento novecentista del gobierno catalán (Dupláa 176). Este modelo, que excluía a las mujeres de clases obreras, era el que las mujeres burguesas debían seguir. La función social que tenían era la de participar en su papel de esposas y madres transmisoras de los valores de civilidad y cultura que comportaba la nueva mentalidad burguesa del siglo XX. Asimismo se reforzaba su función biológica y reproductora para asegurar los valores y la esencia de la nación catalana. Con todo, tal como observa Capmany en *La dona a Catalunya*, como en años anteriores «l'afiançament d'una nova classe que creu expressar-se en la proclamació dels drets de l'home expoliarà la dona de tots els seus drets. I naturalment, sense drets, els seus deures es convertiran en pures obligacions» (61)[31].

Esta voluntad masculina de poseer el cuerpo de la mujer es la que aparece en *El inefable Philip*. Anna, después de casarse, se viste con una mezcla de respetabilidad y recato, y se comporta con la pausa y la moderación propias de las personas que han encontrado ya su lugar defi-

---

31 el afianzamiento de una nueva clase que cree expresarse en la proclamación de los derechos del hombre expoliará a la mujer de todos sus derechos. Y naturalmente, sin derechos, sus deberes se convertirán en puras obligaciones.

nitivo al lado de un marido. Aparte de atender las tareas del servicio, ir de compras y cuidar de su físico, no tienen otra diversión, opinión o vida intelectual que no sea la del marido. La protagonista no sólo ha de demostrar su dimensión espiritual y moral ejerciendo su rol de esposa virtuosa, también debe reflejar sus habilidades transformando su espiritualidad y su moralidad en algo bello a través de su cuerpo. Anna dedica gran parte de su tiempo a resaltar su belleza y su feminidad con los vestidos, los perfumes y los cuidados diarios. Así, la protagonista además de ostentar e inspirar virtud, se convierte en portadora del alma social de la burguesía y en el símbolo que refleja el estatus social del marido.

El cuidado físico sirve a Anna para atraer la atención de los hombres y sentirse segura frente a los demás cuando asiste a fiestas o eventos con Philip y sus amigos. Pero estos sentimientos sólo son un espejismo que se disipan cuando su relación con Philip se sitúa en el terreno de la realidad, es decir, en la vida diaria. En el capítulo VI Anna, Philip y sus amigos asisten a un concierto en el Café de la Luna cuando un embelesado admirador fija su mirada en Anna. Ella se siente alagada y le corresponde con la esperanza de despertar en Philip una chispa de celosía (44). Cuando Philip se da cuenta, el protagonista rodea con el brazo a su esposa y se muestra afectuoso. Sin embargo tan pronto como salen del local y el admirador desconocido ya no les puede ver, Philip vuelve a mostrarse frío y distante con su esposa. Los trucos de belleza crean espejismos y ofrecen un «objeto» imaginario que en realidad no existe y el darse cuenta de ello crea una fuerte frustración, como en el caso de la protagonista. Philip admira la belleza y el estilo sofisticado de Anna, se muestra afectuoso y le dedica algún piropo cuando salen con los amigos, pero el atractivo sólo le sirve a la protagonista para atraer la atención de su esposo delante de los demás. En el trato cotidiano la belleza de Anna no ayuda a mejorar la relación superficial que tienen ella y su esposo.

Anna intenta adaptarse al grupo de amigos de Philip, a sus salidas nocturnas hasta la madrugada y a su forma de ser liberal e independiente, pero todo lo que hace es inútil: Philip no va a cambiar y no va a mantener relaciones sexuales con ella porque a él no le atraen las mujeres. En momentos de desesperación, Anna pide consejo a Briget, una mujer lesbiana, artista, de nacionalidad inglesa y amiga de Philip. Para remediar el drama, Briget le recomienda que se busque a un amante. Según Briget es una solución y muy común: «centenares y miles de parejas viven separadas sexualmente y unidas social y económicamente» (91). Esta es una posibilidad que Briget propone a Anna si no quiere afrontar la idea de divorciarse. La protagonista inglesa no cree en el matrimonio. Para ella sólo se trata de un contrato y un proceso legal que otorga derechos a unos y obligaciones a otros. Briget también considera que aunque la ley y la religión hayan establecido que el matrimonio es heterosexual y para toda la vida, los hombres y las mujeres pueden encontrar otras formas alternativas de vivir en pareja. Por ejemplo, en un caso como el de Anna, donde no hay atracción sexual, la solución es sin duda la infidelidad por ambas partes. La pintora inglesa le aconseja a Anna que no se torture más persiguiendo a Philip, y que se haga a la idea de que su situación con Philip no va a cambiar. Él es homosexual y jamás podrá tener una relación sexual con ella aunque se haya casado con él y ella intente seducirle. Por eso Briget la anima a que, si el divorcio no lo cuenta como una opción, viva su vida por separado, aceptando la homosexualidad de su esposo y buscándose a otro hombre que le dé placer sexual y le haga feliz: «Búscate fríamente a un hombre joven y sano. Líbrate con convicción [,] como si fuera la última palabra de la terapéutica sexual. Y, poco a poco, encontrarás consuelo [,] un consuelo positivo. Porque tú eres una mujer normal, indiscutiblemente normal» (103).

Estas ideas son apoyadas por Philip cuando le recrimina a Anna que las mujeres burguesas son unas coquetas y unas falsas incapaces de entender la feminidad de Briget: «Briget es bastante femenina en el fondo, pero su educación nórdica domina su feminidad. Tiene el alma limpia y pura, franca i directa. No va a la conquista del hombre. No es capaz de seducciones forzadas ni de coqueterías» (55). Bertrana subraya que las mujeres entienden el mundo de una forma distinta al hombre, viven bajo otro código ético y les es imposible participar de los discursos que configuran al hombre, pero sobre todo destaca que Philip ve las cosas de forma distinta porque ha tenido más contacto con un mundo bohemio y vive en una zona límite transgresiva, ya que aunque no sea heterosexual tiene más libertades que la mujer porque es un hombre. El hecho de que sean Philip, un homosexual, y Briget, una lesbiana, los que critican las relaciones de pareja tradicionales y el comportamiento conservador de la mujer hace que esta novela sea más transgresora e inaceptable en el momento en que Bertrana intentó publicar la obra.

Briget y Philip entienden la sexualidad y la vida de pareja desde una forma de pensar muy distinta y avanzada para la época. A través de ambos personajes Bertrana hace hincapié en el atraso de España y la colisión de un mundo tradicional que se tambalea con la llegada de costumbres y formas de pensar más modernas con modelos alternativos y liberales, pero no necesariamente más éticos y justos. Como se ve en la obra ni Philip ni Briget alcanzan una vida plena, más bien siguen una vida caótica llena de vicio, diversión y miseria; y en el caso de Philip, su trayectoria le lleva a la muerte. En la obra no se celebran las formas alternativas que se presentan ni se proyectan como una solución posible para vivir en la igualdad y la libertad.

Bertrana es pesimista en cuanto a las relaciones de pareja alternativas: homosexuales y lésbicas. A lo largo de la obra, el carácter dominante y narcisista de Philip es más intenso y mezquino. Las acciones del protagonista hacia Anna parecen ir destinadas a hacer que su esposa le aborrezca y le deje por otro. Los personajes homosexuales en *El inefable Philip* viven una sexualidad moldeada bajo la dominación y las condiciones de desigualdad. El comportamiento de Philip se rige por los intereses personales y el placer. El sentimiento es posible, pero las relaciones saludables basadas en la igualdad no. Esto lo vemos en las relaciones que mantiene el protagonista con otros hombres (y también en las de otros personajes homosexuales como Raoul y sus amantes). Philip le ha destrozado la vida a Esteve, un joven pescador que conoció mientras veraneaban en la playa de la Costa Brava. Esteve se enamoró locamente de él y ambos vivieron una aventura muy intensa y apasionada durante el verano, pero al terminar las vacaciones Philip regresó a Barcelona y se olvidó completamente de él. En la novela, cuando Philip consigue lo que quiere de sus amantes o amigos (sexo y a veces también dinero) empieza a aborrecerles, y sin remordimientos, les abandona. Después de varios meses sin recibir noticias de Philip, el joven pescador piensa incluso en suicidarse: «Cuando vi que ya no se acordaba de mi, que no me escribía como me había prometido ni contestaba una sola de mis cartas, estuve a punto de tirarme del Cap de Sant Sebastià» (125). Esteve ya no confía ni en los hombres ni en las mujeres y el mundo le da asco. En la novela el sentimiento de frustración y la idea de «fracaso» en las relaciones de pareja se extiende a los heterosexuales y a los homosexuales. Según se ve en el trato de Philip con sus amantes, la autora presenta al hombre homosexual como a un ser de múltiples facetas, como a un individuo que ama y a la vez falla. Después de haber sido rechazados y humillados por Philip, tanto Anna como Esteve siguen estando locamente enamorados de él. En las relaciones no heterosexuales cambian las formas pero la situación de dominación y narcisismo siguen siendo muy parecidas. Bertrana sugiere que no importa la orientación sexual o la identidad de género, únicamente un cambio de mentalidad y de comportamiento, en los hombres y en las mujeres, podrá mejorar las relaciones humanas.

Al final de la novela, Anna se da cuenta que las relaciones de Philip son un infierno, todas terminan en violencia. El individuo no cuenta, es un elemento más en el mundo superficial, materialista y narcisista del protagonista. Quizás por eso, después de que Philip muera Anna decide regresar a Barcelona y casarse con Agustí Bruguera, su pretendiente y amigo fiel de toda la vida. El final de la obra señala que la supuesta «liberación» e «independencia» de la mujer o las «formas alternativas» de vida todavía dejan mucho que desear. La felicidad no se obtiene necesariamente a través del matrimonio convencional, pero si el compromiso es verdadero por ambas partes y la unión está basada en los valores y principios morales de gran virtud como la honestidad, el amor y el respeto el matrimonio con una persona con integridad que siga esos principios, puede tener su utilidad.

Junto a Agustí, Anna tendrá la posibilidad de poner en orden su vida e iniciar una relación basada en el respeto, el cariño, la lealtad y la honestidad. Agustí es un hombre bueno, trabajador, noble, valiente y fiel, que daría su vida por ella. Asi lo demuestra cuando en repetidas ocasiones está a su lado durante su fracaso matrimonial, el caos de la guerra y el exilio. Agustí cuidó de Anna mientras ella todavía estaba en Barcelona al estallar la Guerra Civil. Organizó los viajes de la protagonista y sus padres a Ginebra para ponerles a salvo. Mientras ellos viven en el extranjero, Agustí sigue en Barcelona para vigilar las propiedades de la familia y la fábrica. Además de la nobleza de Agustí, Anna ha observado valores y principios ejemplares en sus padres y en el matrimonio Thorens (la pareja que les da asilo en Ginebra). Ambos matrimonios disfrutan de la vida juntos, se respetan y cuentan con el apoyo del otro, especialmente en los momentos más penosos y difíciles de la vida. Anna no está necesariamente enamorada de Agustí, pero con él podrá intentar una relación parecida, sustentada en los valores esenciales para el entendimiento mutuo, y ser feliz.

La decisión de Anna de regresar a Barcelona para casarse y tener hijos con Agustí es conservadora y tradicional. Al lado de Philip, Anna transgrede las normas sociales y va más allá de lo permitido en una mujer catalana del siglo XX, pero decide volver a adoptar el rol tradicional de madre y esposa esperado en la mujer de la época. En este sentido, la novela ofrece un final pesimista y contradictorio. Mediante la trayectoria recurrente de personajes como Anna en *El inefable Philip* que experimentan formas alternativas de vivir pero acaban regresando al lugar de donde salieron físicamente y/o moralmente Bertrana cuestiona nuevas formas de vivir y a la vez proyecta el sentimiento de resignación y frustración que sintió al volver a la península y observar la pérdida de todas las libertades y los derechos logrados antes de la guerra. La idea de regresar al punto de partida y a lo conocido –si bien penoso– es la que permite unir la vivencia de Bertrana con la de Anna. Autora y protagonista salieron de su entorno tradicional, pero nunca lo abandonaron del todo. Bertrana decidió regresar a Barcelona en 1949 (después de obtener el permiso legal de España) para reunirse con su familia. Sintió la necesidad (u obligación) de volver al lado de su madre y su tía después de que su padre hubiera fallecido en 1941. El regreso al país representó un fracaso para la autora a nivel personal y profesional. Las mujeres como Bertrana, que habían adquirido un cierto nivel de instrucción y de libertad durante la II República, con el franquismo vieron cómo se les cerraron todas las oportunidades de desarrollar una carrera profesional satisfactoria; y además, observaron que sus experiencias vividas durante la época republicana no les permitían sentirse identificadas con el ideal de mujer que proponía el Régimen franquista (Nichols 27).

En Ginebra, Bertrana hubiera tenido más posibilidades de desarrollarse profesional e intelectualmente. En sus memorias, la autora explica este dilema y la sensación extraña que tuvo al llegar a la estación de Barcelona, donde además de observar la rigidez del nuevo Estado, fue víctima de una estafa, lo que hizo que definitivamente Aurora se diera cuenta de que ya no estaba en la apacible Ginebra:

> La meva entrada al territori governat pel general Franco representava un acte transcendental en la meva vida i una gran renúncia a l'ambient intel·lectual i moral on jo em movia des de l'estiu del 1938 [...] Per a mi –puc dir-ho ara que totes dues [la mare i la tieta] són mortes–, el preu pagat per aquests anys de felicitat familiar, era un preu molt alt que elles mereixien i que jo pagava amb goig: el

de la meva renúncia al medi intel·lectual i social d'Europa. [A l'estació de Barcelona] Vaig agafar un taxi i el taxista, que vaig pagar amb un bitllet de cent pessetes, em va tornar el canvi en bitllets de la República, és a dir, amb moneda falsa [...] Feia una colla d'anys que no havia estat víctima de cap estafa [, això] em va acabar de convèncer que ja no vivia a Suïssa. (*Memòries del 1935 fins al retorn* 533-34)32

El inefable Philip además de ser un material de gran valor para el estudio de la mujer y la burguesía catalana, es un documento de interés con relación a los hechos históricos ocurridos durante la Guerra Civil en Cataluña. A través de la experiencia de Anna, Bertrana expone los horrores del conflicto que ella misma vivió en Barcelona al estallar la guerra hasta que consiguió salir del país y viajar a Ginebra en 1938. La autora critica el pillaje y la crueldad de los obreros hacia sus amos, y la apropiación de las instituciones del gobierno por parte de los grupos y sindicatos anarquistas y comunistas. La voz narrativa explica que: «la C.N.T, el P.O.U.M. y la F.A.I . eran los amos de la situación. En los pueblos alejados de Barcelona el gobierno de Cataluña ya no mandaba. Nadie acataba la bandera catalana ni la de la república. Las banderas que prevalecían, las que ondeaban en la mayoría de los coches, eran la roja y negra de los anarquistas o la roja, con la hoz y el martillo, de los comunistas» (131). La II República había ganado las elecciones, pero al estallar la guerra ni catalanidad ni república, todo se fue al traste, los anarquistas y comunistas se hicieron los amos de todo. Estos grupos se infiltraron en los partidos de la República y tomaron el mando de las milicias en todo el territorio catalán. La mayoría de los anarquistas y comunistas venían de fuera de Catalunya y actuaba de forma paralela a la República. En *El inefable Philip* Bertrana señala esta situación y la influencia foránea escribiendo los diálogos de los milicianos en castellano. Bertrana muestra el lado oscuro de la revolución social en Cataluña, de forma parecida a George Orwell en *Homage to Catalonia* (1952) donde el autor también revela la guerra civil que se dio dentro de la Guerra Civil española que él mismo observó luchando desde las

---

32 Mi entrada en el territorio gobernado por el general Franco representaba un acto trascendental en mi vida y una gran renuncia al ambiente intelectual y moral donde yo me movía desde el verano de 1938 [...] Para mí –puedo decirlo ahora que las dos [mi madre y mi tía] están muertas–, el precio pagado por estos años de felicidad familiar, era un precio muy alto que ellas merecían y que yo pagaba con gozo: el de mi renuncia al medio intelectual y social de Europa. [En la estación de Barcelona] cogí un taxi y el taxista, a quien pagué con un billete de cien pesetas, me devolvió el cambio en billetes de la República, es decir, con moneda falsa [...] Hacía muchos años que no había sido víctima de ninguna estafa [esto] me acabó de convencer de que ya no vivía en Suiza.

trincheras y las calles de Barcelona. Bertrana y Orwell denuncian el caos, el abuso y la violencia por parte de los anarquistas y comunistas, ofreciendo así una versión más sincera y real del conflicto. Ambos autores narran episodios de la guerra que la Historia ha hecho imprecisos o ha idealizado a favor del lado revolucionario.

En *El inefable Philip* Bertrana recupera parte de la historia nacional de Cataluña mediante la conexión entre el contexto histórico y las vivencias femeninas de la burguesía. La historia que narra muestra los acontecimientos públicos desde el ámbito privado, y el acontecer cotidiano a partir de las relaciones personales que tienen lugar en el espacio íntimo del hogar. De esta forma, Bertrana integra la subjetividad femenina en una narración histórica y rompe con los esquemas tradicionales. La autora expresa su propia visión del mundo y su forma de comprender el entorno en el que vive, transmite a sus lectores las tensiones y las preocupaciones centrales que tiene en su mente y que están estrechamente vinculadas a la condición social de la mujer. Analiza las causas sociales, familiares, culturales y personales que llevan a los individuos a actuar de una forma particular frente a una situación personal, a menudo sexual y amorosa. De este modo, pone en funcionamiento el sistema de valores tradicionales y los modelos convencionales de una época y una clase social para contraponerlos a otras formas de vivir alternativas más avanzadas y parecidas a las costumbres europeas. Como en la vida misma a menudo los personajes en sus novelas son contradictorios y la postura de Bertrana no es siempre del todo clara, dejando un espacio más amplio para que los lectores de sus novelas reflexionen y profundicen sin dejarse llevar por ideologías.

SILVIA ROIG
BMCC-The City University of New York

BIBLIOGRAFÍA DE LA INTRODUCCIÓN.

Bertrana, Aurora. *Ariatea*. Barcelona: Albertí, 1960.

_____. *Camins de somni*. Barcelona: Albertí, 1955.

_____. *El Marroc sensual i fanatic*. Barcelona: L'Eixample, 1936.

_____. *Edelweis*. Barcelona: Mediterrània, 1937.

_____. «El pomell de violes». *Els autors de l'ocell de paper*. Barcelona: Simpar, 1956.

_____. *Entre dos silencis*. Barcelona: Aymà, 1958.

_____. «Feminitat i feminisme» (ms.) *DUGiFons Especial*. 7 agosto 2013. http://dugifonsespecials.udg.edu/handle/10256.2/6881/browse

_____. *Fenua Tahiti*. Paris: Delachaux, 1943.

_____. *Fracàs*. Barcelona: Alfaguara, 1966.

_____. *La aldea sin hombres* (ms.) DUGiFons Especial. 9 octubre 2022. http://dugifonsespecials.udg.edu/handle/10256.2/6881/browse

_____. *La ciutat dels joves: reportatge fantasia*. Barcelona: Pòrtic, 1971.

_____. *La madrecita de los cerdos* (ms.) DUGiFons Especial. 9 octubre 2022. http://dugifonsespecials.udg.edu/handle/10256.2/6881/browse

_____. *La nimfa d'argila*. Barcelona: Albertí, 1959.

_____. *L'inefable Philip* (ms.) DUGiFons Especial. 9 octubre 2022. http://dugifonsespecials.udg.edu/handle/10256.2/6881/browse

_____. *Memòries del 1935 fins al retorn a Catalunya*. Barcelona: Pòrtic, 1975.

_____. *Memòries fins al 1935*. Barcelona: Pòrtic, 1973.

_____. *Oviri i sis narracions més*. Barcelona: Selecta, 1965.

_____. *Paradisos oceànics*. Barcelona: Proa, 1930.

_____. *Peikea, princesa caníbal, i altres contes oceànics*. Barcelona: Balagué, 1934.

_____. *Tres presoners*. Barcelona: Albertí, 1957.

———. *Vent de grop*. Barcelona: Alfaguara, 1967.
Bertrana, Prudenci y Aurora Bertrana. *L'illa perduda*. Barcelona: Llibreria Catalònia, 1935.
Bonnin Socials, Catalina. *Aurora Bertrana, l'aventura d'una vida*. Gerona: Diputacion de Gerona, 2003.
Capmany, Maria Aurelia. *La dona a Catalunya*. Barcelona: Edicions 62, 1979.
Carner, Josep. *Els fruits saborosos*. Barcelona: Edicions 62, 1984.
Català, Víctor. «De civisme i civilitat». *Obres completes*. 1689–1705.
Charlon, Anne y Pilar Canal. *La condicio de la dona en la narrativa femenina catalana*. Barcelona: Edicions 62, 1990
Duplaa, Cristina. «Les dones i el pensament conservador catala contemporani». *Mes enlla del silenci: les dones a la historia de Catalunya*. Ed. Mary Nash. Barcelona: Generalitat de Cataluna CIP, 1988. 173–190.
Higuero, Francisco Javier. *La memoria del narrador: intertextualidad anamnética*
en los relatos breves de Jiménez Lozano. Valladolid: Ámbito, 1993.
Julia, Lluisa, "Maria Antonia Salva i les seves contemporanies". *Escriptores: de Caterina Albert als nostres dies*. Barcelona: Fundacio Lluis Carulla, 2005. 45–67.
Martin Marty, Laia. *Aproximacio a la imatge literaria de la dona al noucentisme catala*. Barcelona: Rafael Dalmau, 1984.
Nash, Mary. «Feminisme catala i presa de consciencia de les dones». *Revista Literatures* 5 (1997–2008): 1–7.
———. «Politica, condicio social i mobilitzacio femenina: les dones a la Segona Republica i a la Guerra Civil». *Mes enlla del silenci: les dones a la historia de Catalunya*. Barcelona: Comissio interdepertamental de promocio de la dona, 1988. 243–282.
Nichols, Geraldine. *Des/cifrar la diferencia: narrativa femenina de la Espana contemporanea*. Madrid: Siglo Veintiuno de Espana Editores, 1992.
Ors, Eugeni d'. *Glosari*. Barcelona: Selecta, 1950.
———. *La Ben plantada*. Barcelona: Edicions 62, 1980.
Orwell, George. *Homage To Catalonia*. New York: Harcourt, Brace and World, 1952.

Panyella, Vinyet. «El noucentisme». Dir. Enric Bou. *Panorama crític de la literatura catalana. Segle XX. Del modernisme a l'avantguarda*. Barcelona: Vicens Vives, 2010. 270–303.
Prat de la Riba, Enric. *La nacionalitat catalana*. Barcelona: Edicions 62, 1978.
Real Mercadal, Neus. *Aurora Bertrana, periodista dels anys vint i trenta*. Girona: CCG i Fundacio Valvi, 2007.
Resina, Joan Ramon. «Noucentisme». *The Cambridge History of Spanish Literature*. Cambridge: Cambridge University Press, 2004. 532–537.
Roig, Sílvia. *Aurora Bertrana. Innovación literaria y subversión de género*. Woodbridge: Tamesis, 2016.

El inefable Philip

I

Son las diez de la mañana. Philip duerme abrazado al cojín con un gesto de abandono absoluto, casi infantil. Respira acompasadamente con la boca entreabierta. La rubia y abundante cabellera le cubre una parte del rostro.

Anna se incorpora en la cama, se apoya en el codo, le contempla, le escucha respirar. Recuerda que hoy, el día 14 de octubre del año 1934, justo hace un mes que se casaron. Suspira profundamente y vuelve a acostarse.

Emprendieron el viaje de novios el día siguiente de la boda. Habían vuelto ayer por la noche. ¡Y cuántas ciudades y cuántos museos han visitado durante estas semanas!

Philip guiaba el coche sin esfuerzos: ¡los quilómetros no le asustaban! El caso era recorrer la etapa fijada en el mínimo de tiempo. Llegar, buscar un hotel, bañarse rápido, pedir la dirección del o de los museos y precipitarse.

Han visitado los mejores de Europa, algunos, dos o tres veces. Generalmente estaban cuatro o cinco días en la misma población, únicamente para visitar las pinacotecas y las galerías de arte que hay. En Londres se quedaron toda una semana.

A ella le habría gustado visitar también algún museo de historia, de antropología, de curiosidades... pero Philip los consideraba una pérdida de tiempo. Sólo se interesaba por la pintura, y, después de verla, en seguida, buscaba un buen restaurante, examinaba minuciosamente la carta, escogía la marca y el año del vino. Por pura cortesía lo consultaba con ella.

—¿Te parece bien?

Ella siempre decía que sí.

Una vez terminados de comer y beber empezaban los comentarios sobre las pinturas vistas en la mañana. Philip se entregaba con pasión. Y seguidamente tenían que decidir las que verían aquella misma tarde. Por la noche volvían al hotel con las piernas agotadas de recorrer salas y más salas, la cabeza con migraña de tanto alzar y bajar la vista. Reempezaba el rito gastronómico: examen minucioso de la carta, consultas con el maître[33], cata y comentarios del vino, un café con un par de aspirinas, –sin aspirinas, Philip no habría podido disfrutar de la vida–.

Los primeros días del viaje, Anna pensaba que después de cenar, cansados como estaban de todo un día de ajetreo, se irían directos a la cama. Pero Philip en Barcelona, se lo había confesado enseguida, no se iba a dormir hasta las tres o las cuatro de la madrugada, no habría podido dormir tan pronto. Era necesario ir a un teatro o cine cualquiera, sólo para matar el tiempo. Alguna vez la representación o el film eran hablados en suizo-alemán, flamenco u holandés. Ni ella ni él no entendían ni jota. ¡No importaba! El caso era ir a la cama lo más tarde posible.

Llegaban al hotel más muertos que vivos. Philip no tardaba ni dos minutos en dormirse.

En las ciudades que habían visitado: París, Londres, Bruselas, Zúrich, Génova, Venecia, Roma... había, naturalmente, paseos, monumentos históricos, y también escaparates con vestidos, sombreros, zapatos, joyas... Anna lo veía todo de soslayo con un poco de tristeza. No tenían nunca tiempo de pararse, ni tan sólo un momento.

Al despertarse cada mañana, Philip parecía recordar de golpe algún deber ineludible. Saltaba de la cama como poseído, se bañaba, se afeitaba de prisa, consultaba con frecuencia el reloj de pulsera. Este u otro museo abría a las ocho de la mañana. Ya habían perdido más de una hora. Anna habría querido retenerle en la cama con la esperanza de gandulear un rato al lado de él. Rogaba con timidez:

—No nos levantemos todavía, Philip.

Él le miraba con severidad.

—Ya tendremos tiempo de descansar cuando estemos en Barcelona. Ahora es necesario aprovechar hasta el más breve de los instantes. Quién sabe cuando volveremos a ver estas maravillas. Probablemente, nunca más.

Anna callaba, humilladamente. Se acusaba ella misma de egoísta, de prosaica, de sensual. Resultaba vergonzoso, para ella, que fuera él, el hombre, quien descuidaba los gozos vulgares para entregarse en cuerpo y alma a las sublimidades del espíritu.

Anna volvía a incorporarse. Quiere observar si la respiración de

---

33   Jefe de comedor en un restaurante.

Philip acusa algún indicio de desvelo. A un hombre no se le conoce nunca hasta que empiezas a vivir con él en la intimidad, descubre. Duda estar preparada a convivir con un ser tan fuera de serie como Philip. ¿Podrá comprender y compartir aquel afán de altísima emoción artística combinado con aquel otro afán, casi inmoderado, de comer, beber y fumar mucho y bien?

Mientras espera que su marido despierte, Anna revive el día de las nupcias. Es extraño que las muchachas crean de buena fe en la absoluta bienaventuranza de aquel día: soportar que manos extrañas te vistan, te cofien[34], te adornen delante del espejo prodigándote muchos halagos que suenan a falso: *monísima*, *irresistible*, *estupenda*... la larga ceremonia nupcial a la Mercè... –Philip se ha convertido al catolicismo para poder casarse con ella. *Convertido* es una palabra que hace sonreír a Anna. Ella no ignora la ausencia total de sentimientos religiosos de Philip hacia o en contra de cualquier confesión. Los papás, pobrecitos, creen a ciegas en aquella comedia–... y la murga de las felicitaciones cumplimentosas de los invitados, mientras ella repetía: gracias, gracias, gracias... la inevitable ida a la casa del fotógrafo... –la mamá se habría disgustado si no podía conservar y enseñar a las amigas el retrato de los novios: ella con la larga cola extendida encima de la alfombra, el velo blanco y las flores de naranjo, él con el chaqué impecable, los zapatos de charol, los guantes en la mano...– el banquete servido en casa de los Valls: copioso, interminable, los brindis grandilocuentes de los amigos de papá y la otra murga del sermoncillo final del cura Espluga sobre los deberes sagrados del matrimonio; el baile: orquesta moderna de jazz, Philip entusiasmadísimo bailando valses, fox-trots[35], y tangos y ella sólo soñando en retirarse al pisito de la Diagonal[36] *–un verdadero nido de amor*[37], dice la mamá sin darse cuenta de la cursilería de la frase–.

Anna se acercaba a menudo a Philip.

---

34 En la versión original Bertrana utiliza la expresión «et cofin». La palabra «cofin» en catalán no existe. Bertrana inventó el verbo subjuntivo «cofin» de la palabra «còfia» (en español cofia), para expresar el acto de poner a alguien una cofia.
35 El Fox-trot es un baile de origen estadounidense caracterizado por sus movimientos largos y continuos alrededor de una pista. Se baila con música interpretada por una big band. Esta danza es similar al vals, aunque el ritmo es un poco distinto. Se desarrolló en 1910 y alcanzó su máximo esplendor en la década de los años 1930.
36 Como comenté en la introducción, la Diagonal o la Avenida de la Diagonal, es el nombre de una de las mayores y más importantes calles de Barcelona. La avenida cruza diagonalmente el distrito central del Ensanche. De ahí viene su nombre: la Diagonal.
37 De aquí en adelante, mantengo todas las palabras subrayadas como en el manuscrito original.

—¿Vamos?

Él suplicaba.

—Todavía no.

Al cabo de un rato ella volvía a acercársele.

—¿Vamos Philip?

Él le cogía una mano, la besaba sonriente.

—Un poco más Anna.

Se dirigía a cualquiera de los amigos que tenía cerca.

—No salimos hasta mañana hacia París.

Parecía el ser más feliz de la tierra. Comía, bebía, charloteaba. Su ademán era el de un hombre que ha descubierto que casarse es la cosa más divertida del mundo.

Bailaba con todas las amiga de Anna y con ella también, de vez en cuando. Anna bailaba con los amigos de Philip y con Agustí Bruguera, el lamentable enamorado perpetuo, definitivamente malogrado aquel día. Agustí evolucionaba con Anna sin perder el ritmo de la danza. Era un hombre muy controlado el Agustí. Ahora le miraba con aire acusador, ahora lanzaba una rencorosa mirada a Philip, que Philip, por supuesto, no recogía. Anna tenía ganas de reírse. Se esforzaba en disimularlo. No le había prometido nunca nada a Agustí y tampoco había flirteado con él, como con otros chicos. No tenía ninguna culpa ella si Agustí se había entusiasmado él sólo.

Anna se incorpora por tercera o cuarta vez. Mira atentamente a Philip, escucha su respiración. Qué sueño más profundo, más concentrado: un libramiento total al mundo de los sueños, de la irrealidad, del misterio.

En un lugar impreciso del apartamento toca un reloj de péndulo. Anna no recordaba haberlo colgado. Cuenta las campanadas: once. Salta de la cama, se calza las zapatillas, las mira un instante porque no son unas zapatillas como las otras. Se pone el quimono japonés encima de la camisa de noche. Lo hace con pesar porque aquella camisa tampoco no es una camisa cualquiera, es una camisa pensada y combinada por mamá destinada a entusiasmar a Philip.

Sin hacer ruido se dirige hacia la cocina.

—Buenos días Pilar.

—Buenos días, señorita Anna.

Pilar lanza una rápida ojeada al rostro de la joven dueña y vuelve a los fogones.

—¿Ha hecho té?
—Ahora lo haré, señorita Anna. ¿Quiere tostadas?
—No hace falta. Es muy tarde.
—¿Todavía duerme el señorito Philip?
—Todavía.
—¡Caramba! –, dice Pilar.

Huyendo de la mirada escrutadora de la vieja sirvienta, Anna sale de la cocina.

—¿Dónde quiere el té, señorita Anna?
—En la tribuna.

Pilar ha dejado la bandeja y se ha ido. Anna bebe el té a sorbitos. Le encuentra un gusto amargo. Se pone más azúcar, el gusto se vuelve empalagoso.

—¡Pilar!
—¿Señorita?
—¿Es el mismo té que tomaba en casa?
—Sí, señorita, Lyon's, el que su papá trajo de Inglaterra.

Anna ha bebido sin ningún gozo dos tazas de té.

Philip todavía duerme. Quizás mientras él se baña y se viste, él se despertará y se levantará. A Anna le sabe mal que Philip no la vea envuelta con el quimono japonés de satín negro, bordado de arriba a bajo con un sólo motivo: un almendro florido rodeado de pájaros y mariposas —el papá se lo trajo de Gibraltar el año pasado— y en su deliciosa camisa de noche inmaculada, ligera, vaporosa… También le gustaría que se fijara, él que tiene tanto gusto, en las zapatillas de gamuza negra bordadas de colores que recuerdan discretamente los tonos y el dibujo del quimono. La mamá y ella se hicieron un hartón de buscar por las mercerías madejas del mismo color y una bordadora capaz de copiar aquel trabajo de aguja tan minucioso. Philip no ha sido nunca indiferente hacia ciertos detalles de elegancia femenina. Se muestra más minucioso y puntilloso que cualquier mujer.

Anna vuelve a escuchar aquellas campanadas musicales, ahora más cerca: tocan las doce.

—¡Pilar!
—¿Señorita?
—¿De dónde sale este reloj de pared, no lo reconozco?
—Es el obsequio del señor Bruguera. ¡Un Duward, señorita Anna!
—No me gustan los relojes que tocan horas. Siempre te recuerdan

una coas u otra que querrías olvidar. Es bien digno de Agustí regalar relojes. Él, ¡la exactitud misma!

—¿A qué hora almorzaremos, señorita Anna?

—¿Y yo qué sé Pilar? Empieza una vida nueva para nosotras dos. Nos tendremos que orientar poco a poco. Tengo la sensación que aquí será muy diferente de casa.

—Su papá quería que el almuerzo estuviera en la mesa a la una en punto.

—Aquí mandará el señorito Philip.

Anna abandona la poltrona con un gesto lánguido. También abandona la idea de lucir sus galas matinales. Pero antes de renunciar a todo, entra de puntillas al dormitorio. Se inclina encima del hombre dormido. Le mira, le escucha respirar. Philip no ha cambiado de posición, su respiración es profunda, acompasada.

Anna se prepara el baño. El agua de la bañera humea, el cristal del espejo se empaña. Anna pasa la mano para desempañarlo. Se contempla detenidamente. Se fija en la curva suave y llena de sus hombros, en la circunferencia sutil de sus pechos, menudos y firmes. ¡Si Philip le pudiera ver!

El espejo le aseguraba que más de un hombre perdería el juicio delante de su perfección física. Recuerda, entre otros, a Agustí Bruguera, su fiel e inconsolable enamorado. Pero ella no desea que Agustí ni ningún otro hombre, le vea desnuda. Sólo querría que le viera Philip.

Se baña y se viste con pesar, se maquilla, se perfuma, se pasa el escarpidor por los cabellos cortados como un muchacho[38].

Escucha la voz de Philip en la cocina.

Anna corre.

—Buenos días Philip.

—Hallo, darling, ¿ya has tomado té?

—Es la una menos cuarto.

—Bien, ¿y qué? ¿No se puede tomar té a la una menos cuarto?

—Claro que sí, pero, ¿a qué hora almorzaremos?

—Cuando quieras.

—En casa almorzábamos a la una en punto.

—Muy bien. Podemos almorzar a la misma hora.

—¿Ya tendrás hambre?

---

[38] Según el diccionario de la RAE, escarpidor es el peine de púas largas, gruesas y ralas, que sirve para desenredar el cabello.

—¿Por qué no? El té sirve de aperitivo. Lo tomo, me baño, me visto y almorzamos.

Anna decide.

—Almorzaremos a la una y media, Pilar.

—Sí, señorita.

Anna se sienta en la tribuna, delante de Philip: un hombre en pijama que toma el té, despeinado, con la rubia y abundante cabellera desordenada.

—¿Qué miras, darling?

—A ti.

Bebe lentamente, con deleitación.

—¿Te gusta este té, Philip?

—Es una delicia.

Y añade en otro tono.

—Estás preciosa. ¿Cómo es posible que tan pronto estés ya vestida, peinada, maquillada y empolvada?

—Es la una, Philip.

—¡Ah, claro!

Sigue bebiendo té, ella contemplándole.

Para coger y dejar la tetera, llenar la taza, acercársela a los labios no hacen falta muchos movimientos. Los de Philip no resultan excesivos, al contrario, justos, harmoniosos, rítmicos. Parece talmente que en manipular aquellos vulgares objetos, lo haga siguiendo una música interior, una música de danza. Los toma, no solamente con las manos sino con los brazos, con los hombros. Philip es un ballet, piensa Anna, *La danza del príncipe encantado*.

—Voy a bañarme –, dice de repente Philip, y sale.

Anna se queda unos momentos decaída, desencantada, más sola todavía que antes.

Después, lentamente, como bajo el peso de una especie de encantamiento, se levanta de la silla y se va a poner la mesa.

Lo hace con un cuidado de colegiala aplicada, sin olvidar ninguno de los detalles que le ha enseñado mamá. Al centro, coloca el jarrón de Sèvres regalo de Joaquim Verdaguer[39], el amigo de Philip, con un magnífico ramo de rosas rojas a dentro. Ayer por la noche, justo llegada del

---

39 Los jarrones de Sèvres son conocidos por su exquisita y alta calidad artesanal. Se fabrican en la ciudad de Sèvres (Francia) desde 1740. Los jarrones y las piezas de porcelana de Sèvres siguen siendo admiradas en exposiciones, ferias y galerías importantes de todo el mundo.

viaje, las había encargado a Pilar. Pilar sabe escoger flores cuando no se le escatima el dinero.

Philip está listo a las dos menos cuarto. Se presenta al comedor peinado con cuidado. Los cabellos abrillantados y las mejillas afeitadas. Luce un vestido de hilo crudo planchado de nuevo —quién se lo habrá planchado, ¿Pilar?– la camisa azul marino y la corbata del mismo color, pero de un tono más claro, más luminoso.

Anna se había preparado para decirle: «Querido, hemos decidido que almorzaremos a la una y media y ya son las dos menos cuarto.» Sí, eso era lo que le quería decir, pero al verle se queda muda de admiración.

Se sientan a la mesa y ella no tiene ojos más que para los cabellos rubios de Philip, su piel rosada de anglo-sajón, sus dientes blancos y afilados que se muestran de vez en cuando en una sonrisa.

A media comida, Anna observa que Philip, hablando de pinturas –tiene el buche lleno y ha de vaciarlo hasta que le pasa el empache– apoya el codo en la mesa.

—El papá dice que un hombre elegante no ha de poner nunca los codos encima de la mesa.

Seyin estalla a reír:

—No seas ridícula, darling, un hombre *really* elegante los puede poner encima de la mesa sin ser menos elegante.

—El papá no lo haría nunca.

—Oh, el querido Pere Valls no se atreve a hacer más que lo que la autoritaria Panxita le permite.

—No, Philip, el papá...

—¿Qué te apuestas que si come solo conmigo cogerá el muslo de pollo o el hueso de la costilla con los dedos y pondrá, no uno, sino los dos codos encima de la mesa?

Seyin sigue sonriendo mientras habla y sus dientes, blancos y afilados, lucen entre los labios con resplandor.

—Estas reglas estrictas de buena educación se tienen que dejar para los hombres como Agustí Bruguera.

—¿Por qué, él, precisamente?

—Porque es tan plebeyo por naturaleza que si se descuida del más mínimo detalle de pulidez de inmediato se le *ve el plumero*.

—¡Pobre Agustí!

—¿Te has fijado, Anna? Cuando corta la carne alza el dedo de la mano derecha.

Anna sonríe.

—Nunca habría creído que este detalle te llamara la atención.

—Es que para tomar la taza de té también levanta el dedo pequeño, Bruguera.

Anna estalla a reír.

Después de almorzar van a tomar el café a la tribuna. Philip examina las pinturas que cuelgan de las paredes.

—¿De quién es esta horrible acuarela?

—¿Horrible?

—Es el calificativo que le conviene. Un regalo de bodas, ¿quizás?

—Sí, es un regalo de papá.

—Oh, pobre papá, lo siento.

—La colgué aquí porque me parecía que encajaba con el color de la tapicería.

—Una pintura así no encaja con ninguna tapicería.

Se levanta, descuelga el cuadro, sale al pasillo, se detiene delante de la puerta de la cocina.

—¿Puedo entrar en su habitación, Pilar?

—Claro, señorito.

—¿Qué quieres hacer? –, pregunta Anna alarmada.

—Quiero colgar esta acuarela en la habitación de Pilar. Estoy seguro que nadie ha pensado en adornársela.

Seyin examina las paredes. Las dos mujeres le siguen.

—Ya veo que tiene algunos cuadros: una madre de Dios, un par de fotografías enmarcadas y un grabado que representa una fragata navegando por un mar tormentoso.

—La estampa es de la *Pilarica*, mi patrona, los retratos los de mis padres y hermanos, y esta marina… un recuerdo.

—Es mucho más artístico que la acuarela.

—Es bien bonita la acuarela –, dice Pilar, engolosinada.

—¿Dónde la colgaremos? –Pregunta Philip.

—Dejémosla donde estaba, de momento, querido. No quiero que el papá venga cualquier día a la imprevista y tengamos un disgusto.

Seyin accede, resignado.

—¿Qué piensas hacer ahora, Philip?

—Tendría que aparecer en la fábrica. Después estoy a tus órdenes.

—¿No quieres descansar un rato antes de salir?

—¿Descansar? Me acabo de levantar, Anna.

—Sí, claro –, dice ella, comprendiendo una vez más que Philip está cargado de lógica. Y ella, no sabe como, siempre parece decir alguna tontería.

—¿A qué hora vendrás a buscarme?

—¿Te parece bien a las ocho? Hace una temperatura ideal. Podemos ir a cenar a la Barceloneta[40].

Por los ojos de Anna pasa un brillo de alegría.

—De acuerdo, Philip.

Él ya camina hacia la puerta. Anna corre detrás suyo.

—¡Philip!

—¿Sí?

—No me has dado ningún beso.

Él la besa ligeramente en la frente. Como excusándose le dice sonriendo:

—No quiero estropearte la pintura.

Ya está en la puerta.

—Hasta ahora, darling.

Apenas son las tres. ¿Es posible que Philip piense pasar todas estas horas en la fábrica? Anna cree que no se preocupa nada de la fábrica como no sea para ir a buscar dinero. De negocios Philip no entiende ni lo más mínimo. *Manufactura de Hilos Marca Acero*, ha sido fundada y encarrilada por su padre, muerto apenas, el año pasado. Cuando Howard Seyin compró aquel terreno en el Poble Nou para montar la hilandería[41], Philip tenía cinco o seis años. Pasó seis o siete en un colegio de Inglaterra y al volver, había declarado a su padre que los negocios le horrorizaban. Philip habría querido ser pintor, pero Howard Seyin no se lo permitió. Sentía un verdadero horror por los artistas. De la misma manera que el muchacho aburría el vivir burgués, la mentalidad burguesa. Si no te gustan los negocios estudia una carrera liberal, decía Howard a Philip y Philip había escogido medicina. Cuando alguien le preguntaba por qué precisamente medicina, Philip alzaba los hombros. Supongo, decía, que lo he escogido porque cuando era pequeño ningún

---

40   La Barceloneta es un barrio marinero del distrito de la Ciutat Vella en Barcelona. Es popular por las playas, las actividades recreativas y los exquisitos restaurantes de marisco a lo largo de la costa.

41   El Poble Nou es un barrio de Barcelona (distrito de Sant Martí) que limita al sur con el mar Mediterráneo, al este con Sant Adrià del Besòs, al oeste con el Parc de la Ciutadella en Ciutat Vella, y al norte con Horta-Guinardó y Sant Andreu. Técnicamente forma parte del Eixample. El centro histórico del barrio en el pasado fue un pueblo completamente separado de Barcelona.

juego me gustaba tanto como abrir el vientre a las muñecas de mi hermana. Gladis era más grande que yo y a menudo me pegaba, me arrancaba los pelos. La pobre mamá me regañaba, me castigaba, pero yo me vengaba siempre. No me cansaba nunca de abrir vientres de muñeca. Me imagino, proseguía con un tono mofeta, que es un síntoma innegable de vocación quirúrgica.

Estudia libre, sin orden ni prisas. Ahora aprueba una asignatura, ahora otra. Y nadie duda que un día u otro será médico. A Anna le gustaría que lo fuera pronto. Ya que no se interesa por los negocios quizás se interesaría por los enfermos. Que acabe la carrera lo más pronto posible, que abra un consultorio y llene, visitando enfermos, las largas horas de su vida de ocioso.

Anna no se preocupa por los intereses, papá dice que *Manufactura de Hilos Marca Acero*, marcha muy bien sin la intervención de Philip, bajo la dirección de un gerente competente y de fiar. Philip no le llama nunca por su nombre. Cuando habla de él siempre le llama *The big ant*, la grande hormiga. Y la grande hormiga le entrega a Philip una buena cantidad cada mes. Por eso debe ir ahora.

Anna se ha puesto a deshacer las maletas del viaje. Lo va colocando todo en los armarios o en la gran bolsa de la ropa sucia. Una vez Philip haya obtenido el dinero de la fábrica, ¿dónde irá? ¿Al café de la Rambla? ¿Al Artístico? En uno u otro de estos lugares encontrará a Joaquim Verdaguer y a Marià Albareda, el millonario y su parásito. Debe estar ansioso por hablarles de las pinturas que ha visto en los diferentes museos de Europa.

Anna ha puesto en orden todos los vestidos, toda la ropa del viaje. Las maletas están vacías, Pilar las ha cepillado y colocado en la estantería de arriba del gran armario de pared.

Anna vuelve a pedir a la sirvienta que le haga té. Se acostumbró a beberlo en Inglaterra durante los años que estudiaba en Cambridge y ahora no puede prescindir de él.

Mientras se lo bebe recuerda cierta velada de San Juan. Celebraban la verbena en el patio de la casa de los papás. Habían alquilado un trío y este tocaba un tango argentino. –Philip lo baila como los ángeles–. En una de las figuras, cuando ella apoyaba la cabeza en sus hombros, –tal como requiere el tango argentino– él le besó la frente, después los párpados –Anna los había cerrado para disfrutar mejor de aquel momento– y, finalmente, los labios. Entre beso y beso transcurrían algunos compases. Los besos de

Philip eran cada vez más insistentes, más apasionados. Anna desfallecía de gozo. Incluso ahora, al revivirlo, se siente toda emocionada. La música paró de repente, y Philip le acompañó al sitio agarrada de la mano.

Pero no fue la noche de San Juan cuando le dijo aquellas extrañas palabras. Fue en Calella de Palafrugell, unas semanas más tarde. Philip y ella se habían quedado un poco atrás mientras el grupo de los compañeros seguía pineda adentro, camino hacia el Cap Roig. Philip le había cogido de la mano y comenzó a correr costa abajo. No se detuvo hasta llegar a una de las calas que dibujan festones en el agua entre Cap Roig y San Roc. Se sentaron en la arena, cerca de la ola mansa y Philip le puso la cabeza encima de las rodillas. Ella le acariciaba los cabellos, rubios, espesos, largos y como untados de salobre. La expresión del rostro de Philip era de puro éxtasis. Mantenía los ojos cerrados y una curva suavemente voluptuosa le reseguía los labios. Su piel, transparente y rosada de anglo-sajón, aparecía como empolvada de minúsculos granitos de arena brillantes. Y de vez en cuando, los dientes, largos y afilados, le brillaban al abrir los labios. Besaba las manos de Anna sin moverse. Ella comprendía de repente que estaba enamorada de él, lo había estado siempre. Le estrechó en sus brazos.

—Philip querido, Philip mío...

Bajo el cielo de un azul rosado, infinito, impalpable, el mar, dormido, respiraba y un olor penetrante de algas, de yodo y salobre, se desprendía de las rocas cercanas.

Philip se había levantado, le apartó suavemente, le miró directamente a los ojos:

—Yo no puedo hacer feliz a ninguna mujer, Anna.

El mar seguía respirando y perfumando y el cielo seguía también cubriéndoles con aquel sutil matiz de perla.

Anna descubría los ojos de Philip. Aquellos ojos cambiaban de color según lo que él sentía o pensaba. Al decir aquellas extrañas palabras, se habían vuelto azules, de un azul intenso y oscuro.

—¡Yo te quiero, Philip!

Él había sonreído medio enternecido medio irónico.

—Que tú me quieras, Anna, no cambia nada ni a mi naturaleza ni a mis gustos.

—¿Qué quieres decir, Philip?

—Que yo no puedo hacer feliz a ninguna mujer.

Las lágrimas habían acudido a los ojos de Anna. Entonces, él, flemático, se sacó las gafas de un bolsillo, se las colocó encima de la nariz y le observó el rostro con atención.

Ella se secaba los párpados.

—¿Qué miras, Philip?

—Creo que no había visto nunca de tan cerca el rostro de una muchacha enamorada. ¡Es bonito!

Detrás del cristal de las gafas, las pupilas de Philip parecían ensancharse, volvían a ser de color gris.

—Sí, *really*, haces cara de enamorada. Y es de mí, ¿estás segura que es de mí, Anna?

—Oh, Philip, bien lo sabes, no puedo disimularlo.

—¿Des de cuándo?

—Quizás de cuando éramos pequeños y jugábamos juntos en estas mismas playas. Pero no me di cuenta hasta la velada de San Juan cuando nos besamos bailando un tango.

Philip había suspirado con cierto pesar.

—Nunca he sabido por qué hago ciertas cosas.

—¿Te arrepientes?

—No… yo no me arrepiento nunca de nada, acepto las consecuencias.

Se había vuelto a quitar las gafas y las ponía en el bolsillo con un gesto calmado.

—Lo lamento por ti, querida, lo lamento sinceramente. Eres una muchacha hermosa, exquisita, tierna, te mereces otro tipo de hombre.

Estaban solos en aquella playa entre Cap Roig y Sant Roc. Se habían dejado ir badén abajo hasta la cala escondida y olorosa. El sol poniente pintaba de rosa las Islas Formigues y el color del agua tenía tonos suavísimos de nácar. El aire giraba hacia tierra y mezclaba su olor de pino con el olor del mar.

Anna no podía creer que Philip no le quisiera como ella le quería a él. No comprendía qué especie de obstáculo misterioso y sutil podía separarlos.

Le había cogido una mano y se la besaba con humil fervor.

—Me contentaré de lo que quieras darme.

—De lo que pueda –, saltó él, rápido.

Y le volvió a besar largamente, sabiamente.

Un rato después se levantaron del suelo. Mientras ella se ordenaba y se sacudía el vestido y se alisaba los cabellos, Philip le dijo:

—Mañana te pediré a tu padre.

Ella, sumergida de repente en una felicidad inmensa, había olvidado las extrañas palabras de Philip. Y ahora, las palabras volvían: «Yo no puedo hacer feliz a ninguna mujer».

II

Aquella misma mañana, mientras Anna, despierta, vigilaba el sueño profundo de Philip, Marià hacía un gran descubrimiento en el muelle de la atarazana vieja[42].

Era ocioso de afición y profesión, y, además el parásito número uno del otro gran amigo de Philip: Joaquim Verdaguer, millonario y esteta[43].

Marià solía ir al puerto dos o tres veces por semana. Después del barrio chino, donde pasaba días enteros sin que uno supiera lo que buscaba ni lo que encontraba, los muelles marítimos de Barcelona le ofrecían un campo vastísimo de posibilidades recreativas. Entraban y salían barcos, cargaban y descargaban mercaderías. Gente de todas las razas y clases desembarcaban, trabajaban, traficaban, vagabundeaban, soñaban...

Marià realizaba, a veces, interesantes y efímeras amistades sobre las que forjaba anécdotas que bien sazonadas con pimienta y sal de la propia cosecha, hacían las delicias de Joaquim y Philip.

Aquella mañana había descubierto una pintora extranjera. Pintaba de pie, a cierta distancia del caballete, tiesa como si se hubiera tragado el palo de la escoba. Sólo movía un brazo y, de vez en cuando, las piernas, para acercarse y separarse de la tela. Cuando se acercaba era para dejar algunas pinceladas más. Cuando se alejaba era para ver el efecto del trabajo realizado. Y, entonces, también inclinaba la cabeza hacia los hombros y medio cerraba los párpados. Con un mínimo de rotación del cuello, largo y delgado, se giraba ligeramente para observar el agua y las embarcaciones que flotaban. Las iba copiando pincelada tras pincelada con mucha calma y aplicación.

Marià, fingiendo que observaba la pintura, como hacían, de vez en cuando otros curiosos, soltó el primer comentario.

---

42   Atarazana es el lugar donde construyen y reparan barcos.
43   Esteta es una persona que entiende de arte y adopta una actitud esteticista, de culto a la belleza.

—Es muy bonito.

Ella no contestó ni giró el rostro.

Marià esperó unos segundos, y, seguidamente:

—Yo también soy pintor.

La pintora le miró de reojo. Sonreía vagamente sin interesarse mucho por la noticia. Marià continuó en francés:

—¿Vous étes Française?

Ella respondió:

—Soy inglesa.

Le vio mejor el rostro: era un rostro joven, fresco, con mejillas sonrojadas, ojos verdes en los que brillaba una chispa de audacia y otra de ironía.

—¿Hace tiempo que está en Barcelona?

—Apenas una semana.

Seguía pintando.

—Vengo de Ibiza donde he pasado una temporada.

—Ibiza es una isla maravillosa –, aprobó Marià con entusiasmo.

—No más maravillosa que esta atarazana, para un pintor.

Se expresaba bastante bien en castellano aunque deformaba un poco las palabras, desplazaba los acentos tónicos, se equivocaba en los géneros.

Garla que garla[44], Marià no se movía de su lado. Al cabo de algún tiempo, sin abandonar los pinceles ni quitar la vista de la tela donde se iban perfilando y coloreando los veleros, la pintora preguntó:

—¿Qué hora tiene, usted?

Marià no llevaba reloj. Según él era un utensilio inútil. Por una cierta escualidez de estómago calculó que era más de la una.

—La una y cuarto –, afirmó sin pensarlo.

—¡Dam! –Dijo la inglesa. Y empezó a guardar la paleta y los pinceles. Mientras lo hacía observaba a Marià de reojo. Este le preguntó dónde vivía.

—En la calle Aribau.

—Le acompaño, si me lo permite.

—Sólo hasta la Plaza del Palau –, dijo ella. –Allí cogeré un taxi.

Marià le llevaba el caballete y la caja de las pinturas, la pintora trajinaba la tela. De camino, él le preguntó:

---

44   Garla que garla es una expresión coloquial que significa hablar mucho, sin interrupción y poco discretamente.

—¿Conoce otros artistas en Barcelona?

—Todavía no. De momento no me conviene distraerme. Quiero pintar mucho.

—Pero no puede pintar de noche y de día. Si usted me lo permite le presentaré a mis amigos Joaquim y Philip.

—¿Pintores, también?

—No, ellos no pintan. Pero entienden mucho de pintura. Uno de ellos es inglés y el otro lo habla como su propia lengua. Posee telas de los mejores pintores catalanes contemporáneos y modernos. Una auténtica pinacoteca.

Al oír estas palabras, la pintora pareció interesada.

Miró a Mariá con más atención.

Mariá comentó con cierto pesar:

—El inglés se acaba de casar.

—Opino que no es ninguna desdicha.

—Según cómo lo vea.

Antes de separarse intercambiaron direcciones. Marià le anotó el número de teléfono de Joaquim. Ella le dio el suyo.

Desde un café de la Plaza del Palau, el Albareda telefoneó a su amigo. Le comunicaba el descubrimiento de la pintora.

—¡Es insólita!

Se echó a reír:

—Parece un muchacho disfrazado de chica.

Y añadió:

—Se lo tenemos que explicar de inmediato a Philip. Pero no tengo el número de su nuevo teléfono.

—Yo tampoco, respondió Verdaguer. Sé que ya ha vuelto del viaje de novios. Esta tarde seguro que irá al Artístic. Nos hablará de los museos que ha visitado. Debe estar reventando de ganas de hacerlo.

—¿A qué hora irás, tú, al Artístic?

—Entre las tres y las cuatro.

—Yo antes. Ahora me voy a tomar un café con leche y un croissant. Me servirá de almuerzo.

Joaquim no había recogido la indirecta.

—Hasta después, entonces, y cortó.

Philip había ido a buscar a Anna a casi las nueve de la noche. Le habló vagamente de cierto restaurante de la Barceloneta. Indiferente al lugar donde cenarían Anna le siguió sin prestar atención. Toda la tarde había estado soñando en el placer de pasar la velada con Philip y, al llegar al restaurante y ver a Joaquim y Marià instalados en una mesa al lado de una muchacha con aspecto exótico, se sintió defraudada. Les presentaron la muchacha con el nombre de Miss Briget Allingam. Anna comprendió de repente que Philip había encontrado a sus amigos en el Artístic y se habían puesto de acuerdo para cenar con la inglesa.

Anna se había arreglado y perfumado en honor a Philip, pero Philip, preocupado sin duda por la perspectiva del encuentro con aquella desconocida, apenas la había mirado.

La cena resultaba animadísima. Los platos y los vinos, bien escogidos, la mesa bien servida, la conversación viva y variada. La pintora, sin hacer ningún esfuerzo, sin emplear el más leve ardid de coquetería, animaba a lo grande a los tres amigos. La única que no parecía participar del entusiasmo general era Anna. Mientras tomaban café, licores, fumaban cigarrillos, alzaban el tono de voz, ella no bebía, no fumaba, no hablaba. No se había retocado el carmín de los labios ni empolvado la nariz y las mejillas. Su postura era de lasitud, aburrimiento.

Joaquim fue el primero en darse cuenta. Le sonrió y comentó:

—Anna tiene sueño.

—¿Sueño?—Saltó Philip con asombro. –¿Tienes sueño, Anna?

—Me siento un poco cansada –, dijo ella con una sonrisa apagada.

—Sólo es la una –, observó él, –la mejor hora para divertirse. Ahora es cuando realmente empieza a ser espléndida Barcelona.

Miraba Miss Allingam como si le dedicara el comentario.

Marià giró hacia Anna sus ojos de muñeca de porcelana, de un azul claro y transparente. Entre los labios carnosos, sus dientes blanquísimos y bien plantados, se mostraban en una sonrisa empalagosa.

—Lo que usted quiere, y es natural, es disfrutar a solas de su maridito.

Anna creía descubrir en estas palabras, en apariencia inocentes, una piedad hiriente hacia Philip que había renunciado a su independencia de soltero para ser el esclavo del sueño, del tedio, de los caprichos de una esposa aburguesada.

Philip, con un tono ligero y obsequioso, le propuso:

—¿Te acompaño a casa en un momento?

—¿Acompañarme? ¿Quieres decir que tú volverías?

Philip iba a replicar, cuando Joaquim puso una mano apaciguadora encima del brazo de Anna.

—Habíamos pensado ir a ver bailar la Rosario a Villa-Rosa.
—¿Quieres venir o prefieres volver a casa?– Preguntó Seyin.
—Iré con vosotros.– Decidió Anna.
—Todavía tenemos para un buen rato de diversión. No vamos a dormir hasta la madrugada. ¿Lo aguantarás?
—No soy ninguna vieja achacosa ni ninguna inválida,– replicó Anna. –Lo aguantaré.

Después de este ligero incidente, Philip volvió a dedicarse a la pintora. Ya nada podía separarle de la más excitante de sus ocupaciones, la de *seductor de almas*. Él mismo se había puesto este epíteto. Joaquim y Marià ya lo sabían, Anna, quizás todavía no.

Miss Allingam había absorbido, además de una copiosa cena de pescado, una respetable cantidad de vino y de licores. Tenía las mejillas sonrojadas y los ojos brillantes, pero conservaba la cabeza orgullosamente derecha encima de los hombros. Escuchaba con gran interés todo lo que decía Philip, quien, para más interesarla y encandilarla hacía servir de atracción sus conocimientos artísticos e históricos. Evocaba los grandes artífices y las obras inmortales de la pintura española. Los del Prado, los de Toledo, los del Escorial, los del Museo románico de Montjuic… Describía las catedrales de España: la de Burgos, la de León, la de Toledo, la de Gerona… Comparaba y comentaba la arquitectura mozárabe, románica, gótica y barroca, la sagrada y la profana.

Briget le escuchaba fascinada, Anna, aburrida, Joaquim y Marià, divertidísimos. Pero este divertimiento de los dos compañeros no se basaba únicamente en el placer de escuchar las digresiones artísticas de Philip, se engordaba de otro sentimiento menos simple y natural. Verdaguer y Albareda experimentaban una especie de placer perverso basado en la supuesta celosía de Anna. Ella no pertenecía, y probablemente no pertenecería nunca, al mundo de ellos. Era una burguesita obstinada en sus derechos matrimoniales y no podía –ellos lo suponían– ni comprender ni conformarse con la dedicación de Philip a otra mujer ni que fuera por una sola velada y por el sólo deleite de encandilarla con su conversación. La derrota de Anna parecía resarcirles de aquello que ellos habían considerado como una infidelidad de Philip a la integridad sacrosanta del trío. Engreído por la conquista de una muchacha bonita y adinerada, Philip les había descuidado temporalmente rompiendo así aquel juramento que se habían hecho cierta noche de madrugada: permanecer solteros y unidos hasta la muerte.

—Ya es hora de ir a Villa-Rosa, – observó de repente, Joaquim.
—Vamos entonces, – aceptó Philip, levantándose de la silla.

Se subieron todos al Studebaker de Seyin. Fueron a la célebre Villa-Rosa; donde Briget tenía que familiarizarse con el cante jondo y el flamenco.

Anna soportaba con paciencia el ritmo de las castañuelas y el taconeo de los bailadores, el picar de manos de los animadores y los gritos entusiasmados del público; el hedor de tabaco consumido, de café frío, la pestilencia de orines que salía por la puerta de los urinarios…

Briget, Philip, Joaquim y Marià aplaudían a la bailadora y a los cantaores. Anna sentía escozor en los ojos. Se sacó el espejito de la bolsa y se examinó el rostro. Lo veía triste y cansado. Se empolvó ligeramente la nariz y las mejillas. Para ser fiel a los principios educativos que había recibido en un colegio de Lausanne y más tarde en otro de Cambridge, probó de sonreír a Miss Allingam. Briget le devolvió la sonrisa.

—Wonderful!– Comentó, dirigiéndose a ella.

El espectáculo había terminado en Villa-Rosa, pero ninguno de los del grupo, excepto Anna, deseaba volver a casa. Era necesario alargar la velada fuera como fuera. Se refugiaron en una tabernucha de la calle de la Cadena, aquella que, según Philip, era frecuentada por personas de los *cuatro sexos*. Antes de entrar ya lo había comentado a Briget y esta se mostraba curiosa por la particularidad. En cuanto a Anna, por más que abría los ojos y fustigaba la imaginación no supo ver más que hombres y mujeres aburridos, y adormilados, ojos apagados, sonrisas estereotipadas, actitudes abandonadas y lasas.

Una hora después, Anna y Philip se quedaron solos dentro del coche. Habían acompañado a la pintora a la dispensa de la Calle Aribau. Subieron por la calle Saragossa hasta la de Ballester, donde vivía Joaquim y de bajada, dejaron a Marià en la calle del Brusi. Ahora gracias a Dios, pensaba Anna, rodaban camino a casa.

Philip callaba, ella pensaba que se debía sentir agotado como un primer actor después de una representación de cuatro o cinco actos.

Dejaron el coche en el garaje y se encaminaron hacia el apartamento.

Philip había cogido el brazo de Anna.

—Esta Briget Allingam es una muchacha fantástica.

Anna iba a protestar, pero se paró a tiempo. Dijo con voz cansada:
—Sin duda, y muy original.

—Me parece que hemos hecho una buena adquisición.

Philip contaba entonces con seguir frecuentando a la pintora. Hacía falta hacer ver que se alegraba.

—Sí, espero que nos haremos muy amigas, ella y yo.

—Yo ya me siento amigo. Es como si la conociera de toda la vida. Tiene una libertad de criterio poco corriente, sobre todo en una mujer.

—Tiene poco de mujer.

—Perdona. No comparto tu opinión. Briget es bastante femenina en el fondo, pero su educación nórdica domina su feminidad. Tiene el alma limpia y pura, franca y directa. No va a la conquista del hombre. No es capaz de seducciones forzadas ni de coqueterías.

Sin duda, pensaba Anna, haciendo un esfuerzo para contener las lágrimas, yo no soy ni franca ni directa y, en cambio, muy capaz de *seducciones forzadas* –¿Qué debe querer decir exactamente Philip con *seducciones forzadas?* – y de coqueterías. Claro, para él yo no soy más que una pobre muchacha enamorada, sin ningún tipo de personalidad. Dotada de un mísero instinto de hembra.

Al llegar al apartamento, Anna se precipitó al cuarto de baño. Se cerró con llave, abrió el grifo de agua y mientras éste manaba estrepitosamente, soltó también el chorro de lágrimas, contenidas durante toda la larga velada.

El agua caliente y el jabón, limpiaban su cuerpo del hedor a sudor y humo que le impregnaba. Para su alma no había ni agua ni jabón que le lavara. Anna sentía una rabia impotente. No se acercaría a Philip, no trataría de rodearlo con sus brazos, no le buscaría los labios, como había pensado y esperado. La presencia invisible de Briget con su alma pura y casta de vestal, se alzaba entre ellos dos, los separaba.

Anna se acostó en la cama y se giró de cara a la pared. Escondió el rostro en el cojín y se quedó inmóvil.

Mientras, Philip se duchaba, se ponía el pijama y arropaba. Un ligero perfume de lavanda se esparcía por el ambiente.

Anna sintió una oleada de debilidad de su voluntad, un impulso abrumador de girarse, de buscar el cuerpo de Philip, de gritar: ¡Eres mío y te quiero!

En aquel mismo instante sintió, con una repentina clarividencia, que Philip no era ni sería nunca suyo. «Yo no puedo hacer feliz a ninguna mujer», recordó.

Philip había apagado la luz de su mesita. La habitación quedó a oscuras. Anna esperaba, a pesar de todo, que él se giraría, la tomaría en sus brazos. ¡Lo deseaba tanto!

Sin darse cuenta se movió un poco.

—Pensaba que ya dormías, murmuró él con un bostezo.

—Todavía no.

—Buenas noches, darling.

III

Los sábados cenaban en casa de los Valls. Pere, pasaba el fin de semana en familia. Llegaba de Palafrugell hacia la noche y, después de besar a Francesca, preguntaba:

—¿Vendrán los chicos?

Habría querido tener a Anna y a Philip a su lado. Incluso les propuso que de sábado a lunes se instalaran en su casa con la Pilar y todo. Pero Philip no quiso.

—Ya hacemos bastante de ir a cenar regularmente cada sábado,–le decía a Anna.

A menudo cuando los Seyin se iban, Pere se quedaba triste y con la cabeza gacha. Francesca le interrogaba:

—¿En qué piensas, Pere?

—En Anna. ¿Crees que nuestra hija es feliz?

—A mí me parece que sí. En todo caso Philip está siempre alegre y dispuesto a pasar un buen rato. Y a ella la trata con gentileza y bastantes atenciones. –Pere miraba a Francesca con aire de duda.

—Tú que eres tan perspicaz cuando se trata de mí o de cualquier otra persona, ¿puedes no haber descubierto que nuestra hija no es feliz?

—Reconozco que está pálida y ojerosa, reconozco que a menudo tiene la mirada triste y apagada, pero… ¿Por qué no lo ha de ser feliz, a ver?

—¿Por qué? Eso es lo que yo me pregunto y te pregunto.

—La hemos casado con el hombre que quería y cuando quería. Este hombre es joven, rico, distinguido, sano… ¿Qué más puede desear, Anna?

—Yo qué sé, Francesca, yo qué sé…

—Los hombres no entendéis en estas cosas. La vida íntima del matrimonio reserva a menudo a las muchachas soñadoras como Anna, ciertas sorpresas… ¿Comprendes, papá?

Él indicaba que no.

—No te preocupes.

—Que no me preocupe, ¿dices? La felicidad de nuestra hija es lo único que cuenta para mí. Si ella no es feliz ya tanto me da todo. Y tú eres como yo, Francesca. Tú tampoco puedes ser feliz si nuestra hija no lo es.

—¿Pero quién te asegura que no lo es?
—Me lo parece. Y si me lo parece por alguna cosa será.
—¿En qué te basas?
—No lo sé. Quizás en su actitud, en sus silencios, en sus esfuerzos para sonreír. Ella, ¡tan risueña antes!

Conversaciones como esta frecuentaban entre el matrimonio Valls. A pesar de lo que Francesca decía a su marido, ella estaba también preocupada por su hija.

Un día, entre las cinco y las seis de la tarde se presentó en el pisito de la Diagonal. Sabía, por Pilar, que en aquella hora Philip Seyin solía estar fuera de casa.

—Hola, Pilar. ¿Están los señoritos?
—La señorita sí. Pero en estos momentos hace la siesta.
—¿Continua acostándose toda la tarde?
—Sí, señora, cada día.
—Y el señorito, ¿qué tal?
—Jovial, como siempre. Dice que quiere aprobar un par de asignaturas que le faltan para acabar la carrera.
—¿Estudia?
—Aquí no: nunca. Se va a estudiar al Artístic.

Francesca estalló a reír.

—¡Buen lugar para estudiar!

Entró por el pasillo gritando:

—¡Anna! ¡Anna!

Anna no respondía. Francesca fue al dormitorio de los huéspedes donde su hija solía acostarse para no estropear la preciosa colcha de puntas y el cojín en la cama de los novios.

—Anna, hijita, no es bueno dormir tanto.

Entró y abrió los postigos.

—Cierra, por el amor de Dios, suplicó Anna, desde la cama.
—¡Pero si esto parece una cueva!
—La luz me hace daño a los ojos, tengo migraña.

Francesca entrecerró los postigos, dejó una rendija por donde entraba la luz del patio.

Se había sentado al pie de la cama.

—Anna, me tienes preocupada.

Anna se apoyó en un codo.

—¿Preocupada? ¿Por qué?

—Haces mala cara, tienes los ojos tristes, el aire mustio... Ahora que nadie nos escucha, dime, ¿qué te pasa?

—¿Qué quieres que me pase?

—Oh, yo nada. Yo querría que fueras feliz.

—Yo lo soy.

—¿De verdad?

—De verdad.

—¿Philip es gentil contigo en casa, cuando nadie le ve?

Anna soltó una risa forzada.

—Sí mamá, igual que cuando le ven.

—Philip es independiente y voluntarioso. ¿Quizás chocáis en alguna cosa?

—En nada, mamá.

—¿Tú le quieres con la misma pasión que cuando os casasteis?

Anna respondió con precipitación y fogosidad.

—Quizás más, ahora.

—¡Tenías tanta prisa en casarte! Parecía que te tenías que morir si no te lo permitíamos. ¿Te acuerdas, Anna?

—Sí, mamá.

Francesca Vilaró imitó la voz de su hija.

—*Sí, mamá*; *no, mamá*: pareces una colegiala respetuosa.

—¿Qué quieres que te diga?

—La verdad.

—La verdad es que Philip y yo nos queremos y somos felices.

Al decir esto los ojos se le habían llenado de lágrimas. Se los secó de una revolada.

—¡Qué pesados sois!

Francesca se compuso, exhaló un suspiro, abandonó el incómodo asiento.

—No te vayas todavía, mamá. Voy a refrescarme la cara. Vengo en seguida. Hablaremos un rato.

Alabado sea Dios, quizás ahora hablará, pensaba Francesca. De momento, pero, lo mejor era dirigirse a la criada. Le había escuchado toser en su habitación; se fue directa.

—Ahora que la señorita no nos escucha, dime, qué piensas tú, ¿son felices, los dos?

Pilar no respondía. Movía la cabeza. Alzó ligeramente los hombros.

—¿Cómo quiere que lo sepa… yo?

Francesca añadió, con una cierta impaciencia.

—No he venido a fisgonear. Se trata de mi hija y querría creer que es feliz. Su actitud no es la de una muchacha feliz.

Pilar dijo con lentitud y pesar:

—No, señora, su actitud no es la de una señorita feliz.

—¿Lo ves? Tú también te has dado cuenta.

Pilar había terminado de poner cordones nuevos en los zapatos del señorito. Ahora se entretenía a hacer, deshacer y volver a hacer el nudo y el lazo, como si él se las tuviera que poner sin deslazarlas.

—¿Y tú a qué lo atribuyes, Pilar?

—¡Qué sé yo, pobre de mí!

—Tú eres la única que podría averiguarlo.

—Estas son cosas muy íntimas, señora, yo…

Se escuchó un chirrido de la puerta del cuarto de baño: las dos mujeres callaron, alarmadas. Y, de pronto, Francesca se puso a hablar de comidas.

—¿Vamos a la tribuna, mamá?– Propuso Anna.

Llevaba un traje sastre de tela de hilo rosa-salmón, muy simple, pero muy elegante.

—Se te ve de lo más hermosa,– comentó Francesca.

Anna alzó desdeñosamente los hombros.

—Para el lugar donde vamos, ya voy bastante arreglada.

—¿Dónde vais, hija?

—A una modesta pensión de la calle Aribau.

—¿A una pensión, dices?

Francesca y Anna habían ocupado dos poltronas cerca de la vidriera.

—Una pintora inglesa nos ha ofrecido un cóctel.

—¿Y, quién es esta pintora?

—Una amiga de Philip, de Albareda y de Verdaguer.

—¿Amiga? ¿Desde cuándo?

—Desde hace poco.

Francesca empezaba a interesarse.

—¿De dónde la han sacado?

—Es un hallazgo de Albareda. La pescó en el muelle, mientras ella pintaba. Y de inmediato se enamoró.

Francesca había visto a Albareda un par de veces y le había juzgado con un ojo crítico muy femenino. La afirmación de su hija le provocó una sonrisa incrédula.

—Se enamoró, ¿dices?

—Sí, mamá. Se enamoró intelectualmente. Philip *también* está intelectualmente enamorado de ella. Dice que es una muchacha inteligente, sensible, franca y transparente y, por encima de todo pura. *Pura como un vestal*.

—¿Eso, dice, Philip?

—Eso y otras cosas. Briget es una criatura sutil, alada y sin sexo, como los ángeles.

—¿Y tú, qué piensas de todo eso?

—Oh, yo no soy lo suficiente aguda para descubrir sola todas estas cualidades. Haría falta que alguien me las hiciera ver.

—¿Y este es Philip?

—Sí, mamá, Philip.

Se quedaron sin hablar unos segundos. Anna encendió un cigarrillo. Francesca insinuó.

—¿Quizás estás un poco celosa de esta pintora?

—¿Celosa?– se echó a reír.– Ninguna mujer puede estar celosa de Briget. Parece un muchacho.

Dejó el asiento, hizo unos pasos hacia la puerta.

—¿Quieres té, mamá?

—Si tu vas a tomar...

Tocó el timbre y volvió a sentarse.

—Pilar, háganos un poco de té, por favor.

—¿Con tostadas?

—¿Quieres, mamá?

—Yo no, sólo té.

—Yo, lo mismo.

Francesca se había quedado silenciosa.

—¿En qué piensas, mamá?

—Pensaba en aquella inglesa. ¿Es bonita?

—Yo no la encuentro bonita. Es belfa, escuálida, tiene pocos cabellos.

—¿Y ellos?– No osaba decir *él*.

—Oh, ellos la encuentran perfecta. El motivo del cóctel de hoy es una exhibición de sus telas. Miss Allingam dice que espera con temor el veredicto del tribunal. Los tres son bastante exigentes en materia de arte.

—¿Tanto caso hace, ella?

—No creo que sea muy impresionable. Suponiendo que ellos consideren su pintura mediocre y se lo digan, ella seguirá pintando de la misma manera. Es una muchacha segura de ella misma y obstinada. Pero no hace falta que nos preocupemos; la encontrarán buena. Briget no puede hacer nada que no esté bien.

—Y los tres están de acuerdo para admirarla?

—Cada uno lo hace a su manera. Joaquim es el menos entusiasta. Le hace gracia ver a Philip y a Marià tan entusiasmados con la pintora, esperando que se desentusiasmen para divertirse. Disfruta también porque adivina que la presencia de esta muchacha al lado de Philip no acaba de gustarme, aunque no estoy celosa.

—¿Quieres decir, Anna?–, dijo Francesca dubitativa.

—Ya te lo he dicho, mamá. No estoy celosa, pero Joaquim también lo piensa y eso le divierte. Un día me dijo que estaba estudiando la pintora como si ella fuera un caso psicopatológico, o él un psiquiatra o un biólogo y ella un microorganismo.

Francesca se puso las manos en la cabeza:

—¡Misericordia!

Anna continuó.

—Le ha descubierto un montón de complejos contradictorios: el de Diana, naturalmente, el de Minerva, el de…

—¡Basta, basta, hija por el amor de Dios!

Anna se desahogaba haciendo estas confidencias a su madre.

—Los amigos de Philip son incomprensibles para mí. Cada vez les entiendo menos.

—¿Por qué te relacionas con ellos? A mí me parece que debes sufrir bastante con esta chusma.

Los ojos de Anna se habían humedecido.

—¿Por qué me relaciono con ellos, dices? Por fuerza. Si no me relaciono con ellos tendré que renunciar a salir con Philip. Todo lo proyectan, lo organizan y lo realizan juntos. No pueden vivir el uno sin el otro.

Anna se secó los ojos de una revolada. Francesca suspiró.

Pilar había llevado el té. Las dos mujeres se distraían sirviéndolo y azucarándolo.

Anna tomó un tono más calmado.

—Ahora Philip, dice que quiere terminar la carrera de medicina. Está bien decidido.

—¿Y cuándo estudia con este maremágnum social?

—Dice que en el Artístic, después de almorzar. Dice que allí las salas son más tranquilas que en casa.

—¿Más tranquilas que esta tribuna?

Anna alzó los hombros.

—Parece que los hombres no pueden hacer nada bueno en casa. La casa se les cae encima. Se tienen que ir así que se levantan; tan pronto como almuerzan; en cuanto cenan. En casa no se respira bien, en la calle, sí. En la calle se respira una atmósfera de libertad llena de posibilidades atractivas. Todo es imprevisto, sorprendente, todo tiene sabor de cosa desconocida, embriagadora…

Francesca miraba a su hija con respeto, con preocupación.

—¿Sabes, muchacha, que has aprendido mucho, en unas semanas de matrimonio?

—Sí, mamá, ¡y lo que aprenderé al lado de Philip!

IV

Francesca se había ido. Anna se retocaba el rostro. Se arreglaba una ceja que parecía más gruesa que la otra. Se arrancaba algunos pelos con las pinzas. Se empolvaba la nariz y las mejillas, se ponía un poco más de pintura en los labios...
—¡Hallo, darling!
—Oh, Philip, no te escuché llegar.
—Estás tan centrada con el retoque del rostro...
Añadió dando una ojeada al espejo:
—Todavía me tengo que bañar y afeitar.
Anna le cedió el cuarto de baño. Se fue a esperarle en la tribuna. Pero al cabo de un rato volvió. Le llamó:
—¡Philip!
—Entra,– no había echado el pestillo–.
El cuarto estaba lleno de vapor. Anna abrió una ventana un par de dedos. Se quedó embobada contemplando a Philip dentro de la bañera. Él chapoteaba con gozo evidente fregándose el rostro, el cuello y el pecho con un guante de rizo. Bajo el brillo de los chorrillos de agua, la piel aparecía de color uniforme, dorada y lisa: una piel que había pasado muchas horas al sol, sin ningún tipo de cobertura.

Anna recordaba las salidas matinales de Philip, en Calella. Se iba en una barca, sólo, se quedaba horas y más horas tumbado en las rocas del Cap Roig o de las Formigues. Los de la pensión donde se alojaba, decían que a menudo no iba a almorzar hasta casi las cinco de la tarde.

Philip se secaba enérgicamente con la toalla. Anna contemplaba y analizaba la perfección de su cuerpo: los hombros, anchos, la cadera estrecha, el pecho salido –un pecho de nadador bien entrenado– el vientre, plano y flexible; las piernas y los brazos poco musculosos, pero firmes con movimientos elásticos y rítmicos, de bailarín.

Se afeitaba enteramente desnudo, sin una pizca de pudor en el gesto ni en la palabra. Comentaba con Anna un libro recién publicado, que trataba del impresionismo pictórico, en Francia.

De vez en cuando, preocupado en no cortarse la piel de las mejillas, sacaba la punta de la lengua como un colegial aplicado.

Anna, por un momento, se sentía feliz y orgullosa de asistir al baño de Philip. Era la primera vez que lo hacía. Resultaba un privilegio del que quedaban excluidos Briget, Joaquim y Marià. En aquel momento, el marido le parecía más suyo y una esperanza vaga y difusa, siempre, fatalmente renovada, le hacía soñar en el gozo de abrazar aquel cuerpo masculino, de fundirse en él, y conseguir así la unión amorosa perfecta.

Permanecía a dos metros escasos de Philip, aspiraba el olor especial de su piel rosada, humedecida. Le veía empolvarse las mejillas, abrillantarse los cabellos, cada vez más dorados; limpiarse y pulirse las uñas. Anna no se acordaba que el vapor perjudicaba el propio maquillaje y el brillo de sus cabellos, abrillantados también un rato antes. Sólo tenía ojos y entendimiento para Philip. Habría querido acercarse, tocarle, pero no se atrevía. Sentía vagamente, que el cuerpo de Philip era tabú como el de ciertas divinidades paganas. El contacto de sus manos, podía transformarlo en un objeto repulsivo y hasta peligroso: quizás le perdería para siempre.

Media hora después se encontraban los dos en casa de Briget; Joaquim y Marià, ya estaban allí.

La pintora exhibía sus telas. Las iba colocando por el suelo al pie del caballete, donde aparecía a medio hacer, el retrato de Albareda.

A Anna, la pintura de Briget no le acababa de gustar. La conceptuaba dura, angulosa de líneas y de colores, excesivamente vivos, brutales, tal y como salían del tubo.

Verdaguer se mostraba reticente, Philip, francamente entusiasmado, prodigaba los superlativos.

Británica, de pies a cabeza, Miss Allingam acogía con aparente impasibilidad lo mismo los halagos que las veladas críticas.

—¿Cómo tendría que pintar para gustarte?— se dirigía a Joaquim en un tono juguetón.

—Tienes que suavizar las líneas, tienes que usar colores menos puros, más mezclados con blanco, amarillo y negro. Tu pintura padece de falta de matices. No está todavía madura.

Le dio un golpe afectuoso en los hombros.

—Es como tú. Mujer y pintura tenéis que sazonaros mucho todavía.

—¿Y tú, qué piensas? Todavía no has dicho nada.

Briget se había dirigido a Anna.

—Pienso casi como Joaquim. Pero, ¿qué importa lo que yo piense?

—Te aseguro, Anna que lo que tú piensas de mi pintura tiene, para mí, una gran importancia.

Anna Alzó ligeramente los hombros. Dejó la copa vacía encima de un taburete que servía de mesita y fue a sentarse un poco alejada del grupo.

—¿Otro cóctel?–, dijo Briget acercándosele.

—No, gracias.

—Bebes poquísimo.

Se giró hacia Albareda.

—¿Y tú, *Marianito*?

Marià también rechazó. Joaquim y Philip, aceptaron.

Llenaron y vaciaron copas constantemente. Cuando el líquido de la coctelera se terminaba, corrían a preparar una nueva mezcla. De la delicada operación se cuidaban Philip y Briget. Anna les escuchaba trasegar en el lavabo, separado únicamente de la habitación por un biombo.

—¿Con qué los hacen?– Preguntó a Joaquim para decir una cosa u otra.

—Con vermut, ginebra y ron. Ahora creo que añaden esencia de naranja. ¿Te gustan?

—Anna alzó los hombros.

—¿Es Briget quien paga todo esto?

Verdaguer estalló a reír.

—¡Pobre Briget!

Seyin y Verdaguer habían pagado los licores. Briget y Marià no pagaban nunca nada.

Cuando vaciaron las últimas copas, Joaquim propuso ir a cenar.

Anna intervino:

—Nosotros tenemos cena preparada en casa.

Philip le miró con extrañeza.

—¿Bien y qué?

—Pilar nos espera y…

—Le telefonearemos.

Anna calló. Tenía que renunciar una vez más a la tan deseada intimidad con Philip. Seguiría el grupo, como de costumbre: al restaurante, al cabaret, al dancing o a la taberna, hasta la madrugada. Semanas hacía que esto duraba y no se veía en ningún lugar esperanzas de cambio.

Mientras rodaban en el Studebaker de Philip, camino al restaurante, Anna evocaba su apartamento: el comedor tapizado de color claro, con los muebles nuevos, las pinturas, los cortinajes… La tribuna con las dos poltronas y la mesita de cristal, el paquete de cigarrillos ingleses encima y el cenicero de porcelana de Limoges en forma de hojas de roble… Soñaba con el placer de una velada íntima con Philip cerca de estos amables objetos.

Habían ido del restaurante *Chez-nous*, a la Bodega del Colón, de la Bodega del Colón, a la *Taberna dels Tenors* y ahora, Anna no recordaba dónde estaban. Había humo y música, una música de guitarras y acordeones, y, alternando, también un piano. El pianista tecleaba mecánicamente. El instrumento tenía un tono seco, metálico, monótono. Una voz ronca de hombre cantaba algo y la gente se dejaba la voz animándolo.

Se apagaron las luces, quedaron encendidas unas tristes bombillas rojas, encubridoras de bajezas.

La orquesta tocaba un tango argentino, Anna recordaba el tango de la última velada de San Juan en el patio de casa de sus padres. Y los besos de Philip tan insistentes y apasionados.

Philip estaba sentado a su lado, muy cerca de ella y de Joaquim. Briget y Marià enfrente. Los vecinos de mesa, también estaban muy cerca, tanto, que se escuchaban todas las palabras que decían, todas las risas que estallaban, hasta se respiraba el olor de alcohol y de tabaco que consumían.

Anna sentía el brazo de Philip muy cerca de sus hombros. Se movió un poco hacia atrás y la mano de él quedó encima de su brazo. Philip se lo palpaba y acariciaba.

La sangre de Anna empezó a correr más de prisa. El corazón aceleraba sus latidos. Philip bajó un poco la mano, la dejó deslizarse espalda hacia abajo, después avanzó por toda la axila, buscó la curva del pecho, se detuvo, se paseó, se volvió a detener.

Briget tenía la mirada clavada en la mano de Seyin. Anna lo vio. Miró de reojo a su marido. Él también tenía los ojos clavados en Briget mientras sus labios se rasgaban en una sonrisa turbia.

Anna no se quería dar cuenta, no quería ver ni comprender nada que no fuera el deseo de Philip hacia ella.

Se habían encendido las luces, había cesado el reino infernal del rojizo encubridor: los blancos, volvían a ser blancos; los rosas, rosas; los azules, azules.

El estado de exaltación amorosa de Anna continuó a lo largo de la velada en el humo y el hedor de las tabernas, en la música estridente y sacudida de guitarras y acordeones y a lo largo del camino de vuelta en el Studebaker de Philip, mientras acompañaban a los amigos, uno a uno.

Al llegar al piso de la Diagonal y encontrarse sola con Philip, Anna cedió el impulso de su pasión; se le echó al cuello, le estrechó en sus brazos, buscó su boca. Philip, como un auténtico profesional del amor —este detalle no se le ocurrió a Anna hasta mucho tiempo después— tomó entre los suyos aquellos labios que se le ofrecían, los apretó largamente, sabiamente. A continuación, con un movimiento felino, apartó su cuerpo del de la mujer, se escabulló hacia el cuarto de baño.

Ella se desnudó lentamente, se puso en la cama y esperó. Una deliciosa angustia hacía estremecer su carne.

Cuando un buen rato después, Philip se acostó a su lado, ella se acercó impetuosa buscó su cuerpo con sus brazos, lo estrechó anhelando.

Él la apartó con suavidad, y, ella, impulsiva, volvió a acercársele.

—¡Philip! ¡Philip, mío!

Él seguía rechazándola sin violencia, pero con decisión.

—Es inútil,– dijo en un balbuceo,– no insistas.

V

Pere Valls estaba todavía en Palafrugell y la criada a festejar en la Plaza de Cataluña. Llamaban a la puerta. Francesca fue a abrir.

—Hola, mamá.

A pesar de su aire desenvuelto y su sabio maquillaje, Anna no podía disimular las ojeras inflamadas y moradas, la expresión del rostro delgado y crispado.

—Hola, chica, ¿no te encuentras bien?

—Sí, mamá, de primera. –Lo había dicho en un tono desafiador.

Francesca la cogió por un brazo y la empujó hacia la salita de estar que ellos llamaban *living*.

Anna se dejó caer encima del canapé, se quitó el sombrero de la cabeza, se alisó maquinalmente los cabellos, se quedó con la mirada fija en la de su madre.

—¿Qué demonios te pasa, hija?

Los ojos de Anna se llenaron de lágrimas. Dijo con violencia:

—Philip no me quiere, mamá.

Francesca movía la cabeza. consideraba esta salida de Anna como una chiquillería de niña rica y consentida.

—Tan sólo hace dos meses que estáis casados, ¿y ya le ha pasado la ilusión?

—No sé si le he hecho nunca ilusión. Ahora le doy asco.

—Asco, ¿tú?– Francesca se reía– Tú no puedes dar asco a ningún hombre, tan joven, tan bonita, tan elegante.

—Pues le hago, mamá. Me lo ha demostrado bien claramente.

Anna estalló en un gran llanto.

Francesca le estrechaba una mano.

—Aserénate, hija.

Pero Anna, en vez de aserenarse, acababa de perder la pizca de serenidad que le quedaba. Entre sollozo y sollozo trataba de explicar a Francesca todo aquello que le atormentaba. Pero la explicación resultaba incongruente, rota, oscura.

—Si no me lo dices más claro… Veamos, hija, trata de hablar sin llorar o hazte un hartón de llorar y luego, habla.

Parecía que no hubiera llorado nunca y que ahora lo hiciera por todo el tiempo que se había privado. Su rostro congestionado, desmaquillado, chorreaba lágrimas y pintura. Era un espectáculo lastimoso.

Francesca no podía comprenderlo. En veinticinco años de matrimonio, Pere Valls no le había visto llorar nunca, a ella, ni descuidar el arreglo de su persona. Cada invierno solía coger un par o tres de catarros gripales. Los pasaba en la cama bien peinada y perfumada, adornada con pendientes, collares y brazaletes.

—Ya basta, hijita. Si actúas así delante de Philip no me extraña nada que te haya aborrecido.

El llanto de Anna se cortó de repente.

—Todavía no he llorado una sola vez delante de Philip.

—Has hecho santamente. No hay nada que fastidie más a los hombres.

Anna se secó las lágrimas y los mocos con el pañuelito que había sacado de la manga del jersey.

—Los hombres… los hombres… ¿Qué hombres? Los hay de muchos tipos, según veo. A Philip no le hace falta verme llorar para desencantarse y fastidiarse.

—Bien, en resumen, dime, ¿qué te ha hecho Philip?

—Hacerme, hacerme… no me ha hecho nada. No me quiere, ya te lo he dicho, le doy asco.

Anna parecía de repente, determinada a hablar.

—No quiero que nadie lo sospeche ni que tú se lo digas a papá. ¿Me lo prometes?

—Habla de una vez, hija.

—¿No le dirás nada a papá?

—Nooo…

—Desde que nos hemos casado, Philip… Philip… no me ha… no me ha tocado ni una sola vez.

Las últimas palabras de la frase le habían salido de la garganta acompañadas de un sollozo.

La madre miraba a la hija con los ojos muy abiertos y fijos.

—¿Quieres decir que… no se ha portado como un hombre, que no ha obrado como un marido?

—Eso. No ha obrado ni una sola vez como un marido.
—¡No es posible!
—¿Te lo estoy diciendo y todavía dudas? Philip no es mi marido.

Por primera vez en su vida, Francesca se quedaba sin palabras. Pensaba. Sin duda había una causa que explicase la conducta de Philip. Hacía falta descubrirla y buscar el remedio.

—¿Cuánto hace que estáis casados?
—Tú misma lo has dicho hace un rato: un par de meses.
—Y nunca...
—Nunca, ni la noche de novios, ni durante el viaje.

Francesca parecía vacilar a hacer más preguntas. Era necesario, pero, ayudar a su hija, a quien compadecía de todo corazón por haber encontrado a un hombre tan especial –de momento no se le ocurría otro calificativo.

—¿Pero dormís juntos en la misma cama?
—Si, mamá, en la misma cama, en la del ajuar que tú nos ofreciste como regalo de novios.
—Y él, no...

Anna la interrumpió con impaciencia.

—¿Cómo quieres que te lo diga, mamá? Él no... nada, como si fuera mi hermano.
—¿Pero tú no te le has insinuado nunca?
—Sí, mamá, yo me he insinuado, aunque no lo tendría que haber hecho y me arrepiento. Estoy enamorada de Philip y no me pude aguantar. Pero él me apartó diciendo: No insistas, es inútil.

Anna vuelve a llorar y Francesca ya no la regaña. Sigue preocupada y pensativa en búsqueda de comprender el por qué de la conducta de Philip.

Anna se seca los ojos con un pañuelito bien empapado de lágrimas y a continuación se lo mete de nuevo dentro de la manga.

—Veamos,– dice Francesca, decidida.– Examinemos fríamente la cuestión. ¿Crees que Philip lleva una doble vida, qué tiene alguna *fulana*?

—No lo creo. Siempre me explica todo lo que hace y, por otra parte no sé cuándo se dedicaría a ello. Se levanta casi a la una, toma el té y al cabo de poco rato almorzamos. Después de almorzar se va al Círcol Artístic. Allí estudia, dice él, y allí o en el Café de la Rambla van a encontrarle Joaquim, Marià y Briget. A media tarde me llama por teléfono para que me prepare, me viene a buscar, vamos a cenar a un restaurante, y seguidamente después empieza la jarana hasta la madrugada. No veo en qué momento podría encontrarse con nadie más. Por otra parte, nunca muestra ninguna actitud encubridora ni misteriosa, es franco y siempre está dispuesto a divertirse. Incluso parece que no puede pensar en nada más que divertirse.

Francesca sigue pensando. Después de un silencio, más largo que los otros, alarga el brazo, toca con la mano la de su hija. Le da golpecitos encima.

—No te desesperes, hija. Ten un poco más de paciencia. A veces un hombre... que sé yo lo que puede pasarle, sobre todo siendo tan joven como Philip: timidez, escrúpulo, miedo...

—¿Miedo, de qué?

—¿Cómo quieres que yo lo sepa, hijita? Miedo... miedo de *eso*.

—¡Pero mamá!

—Todo es posible, ¿comprendes? Hay casos. Yo lo he escuchado decir. El de Philip no puede ser por falta de amor. Si no te quisiera no te habría pedido a tu pare. Tampoco se puede decir que te buscara por dinero, viene de una situación holgada.

Después de una pausa, continuó:

—¿Quieres seguir mis consejos, Anna?

—¿Qué tengo que hacer?

—Estar hermosa, sobre todo muy hermosa. Que él no te vea nunca triste ni decaída. Sonríe aunque no tengas ganas. Flirtea con los amigos de Philip. A él no le vayas nunca detrás.

—Pero mamá, hace un rato me aconsejabas insinuarme.

—Si ya lo has hecho y no ha dado resultados, prueba de hacer lo contrario.

—¡Uf, qué difícil!

—Pruébalo. Quizás cuando menos de lo esperes... Y, sobre todo, flirtea con los amigos de Philip.

Anna mueve la cabeza, suspira.

—Con los amigos de Philip no podría. Más bien me repugnan.

—¿Por qué te repugnan, son feos, viejos, asquerosos?

—No... no lo sé, pero no podría.

—Pues flirtea con otros.

—No frecuentamos más que ellos y Briget.

Anna da un vistazo a su reloj de pulsera. Deja el asiento.

—Me voy, mamá. Philip irá a buscarme a las ocho y todavía he de bañarme y re-hacerme el maquillaje.

—Una aplicación de paños bien calientes –aconseja Francesca mientras acompaña a Anna a la puerta– y, seguidamente, paños bien fríos. Y, no olvides nada de lo que te he dicho, niña.

—No mamá.

VI

Anna había seguido los consejos de su madre. Procuraba estar hermosa y mostrarse alegre. Cada noche, con Briget y los amigos de Philip, salía a cenar a un restaurante u otro, al cine, al café-concierto y, después, a las tabernas del Paral.lel hasta la madrugada.

Philip seguía tratándola con deferencia y gentileza. Pero abreviaba cada día más los momentos que pasaban solos en casa. En vez de aficionarse a aquel apartamento confortable y bien ordenado de la Diagonal se movía siempre nervioso, impaciente, apresurado para salir. No se sentaba nunca más que para almorzar. Iba a telefonear o al cuarto de baño, a lavarse las manos o los dientes. Encendía un cigarrillo y lo tiraba apenas lo había empezado, descorría las cortinas de la tribuna, observaba el cielo, hacía un comentario dedicado al sol, a las nubes, a la lluvia. Examinaba el reloj de pulsera:

—Me voy a estudiar al Artístic.

Anna había seguido con inquietud todas estas maniobras y cuando Philip se iba después de darle un beso en la frente o en la mejilla —ahora ya no la besaba nunca en los labios, como si ya se sintiera laso de aquella bonita comedia— ella iba a acostarse a la habitación de los invitados. No para hacer la siesta sino para preocuparse, y, a menudo, llorar.

No había vuelto a hablar con Francesca. Seguía la misma táctica que Philip con ella: procuraba no quedarse nunca a solas con su madre. Y si ésta, de visita, le balbuceaba: «¿Qué, Philip?» Ella respondía también con un balbuceo: Igual.

No descuidaba nunca su arreglo personal. Cuando Philip se despertaba ya la encontraba bien vestida, bien peinada, maquillada y perfumada.

Había notado que en los restaurantes, en los cafés, en las salas de espectáculos, Seyin se mostraba orgulloso de lucirla, se complacía a decir: mi esposa y reseguía su cuerpo con miradas admirativas. Cuando la iba a buscar para salir, solía examinarla de pies a cabeza y, más de una vez, le decía con un marcado acento de sinceridad: estás maravillosa, darling. Y cuando ella, un poco dubitativa le preguntaba: ¿Quieres decir? Philip le respondía con convicción: Simplemente, maravillosa.

Se lo había dicho en el momento de salir para ir a reunirse con los compañeros del Café de la Lluna.

Ocupaban una mesa los cinco. Anna, siempre silenciosa, evocaba las palabras de Philip y no sabía como interpretarlas. Sí, señorita, usted es simplemente encantadora, le confirmaba la mirada de un hombre sentado en la mesa vecina. Era un individuo de cierta edad, un poco calvo, de tipo distinguido. Parecía fascinado por la preciosidad de Anna, por su juvenil elegancia, por su distanciamiento de los otros cuatro que discutían y reían mientras ella callaba con los labios dolorosamente cerrados.

El hombre no le quitaba la mirada de encima. Anna proyectó una rápida ojeada hacia Philip y, seguidamente, descubrió que él, sin dejar de conversar animadamente con Briget, Marià y Joaquim, también se había dado cuenta. La esperanza de despertar en él una chispa de celosía, hacía latir más fuerte el corazón de Anna.

El embelesado admirador también descubrió que Anna se había fijado en él. Una de las veces que sus miradas se toparon, él inició una discreta sonrisa. Las mejillas de Anna enrojecieron. Apartó la mirada sin corresponderle, pero no dejó de captar en los ojos de Philip un brillo especial.

Philip le rodeó los hombros con el brazo.

—¿Dónde quieres que vayamos a cenar, darling?

Ella, como avergonzada del gesto de Philip, respondió en voz baja:
—Donde queráis.

Cuando dejaron el Café de la Lluna para ir a cenar, Philip la cogió por el brazo, después de haberle besado la mano. Caminaba acompañándola amorosamente hacia la puerta.

Tan pronto como estuvieron en la calle, cuando ya el admirador desconocido no podía verles Philip abandonó el brazo de Anna, se colocó al lado de Miss Allingam, se pusieron a hablar en inglés.

Anna caminaba unos pasos atrás entre Joaquim y Marià. Para decir alguna cosa, les preguntó:

—¿Ninguno de vosotros dos le hace el amor a Briget?

Estalló una doble risotada.

—¿Esto os hace reír? Es una cosa bien natural.

—¿Natural?– Dijo Joaquim con una suave ironía.

—A Briget no le gustan los hombres,– declaró muy seguro Marià.
—¿Os lo ha dicho ella?
—No hace falta que lo diga,– dijo él,– bastante que se nota.

De vez en cuando, a media tarde Anna se dejaba caer en el Círcol Artístic. Philip tenía los libros y los cuadernos de apuntes encima de una mesa delante suyo.
Con tono de excusa, Anna le decía:
—No te estorbaré nada. Tú, estudia. Yo hojearé una revista o miraré la gente que pasa detrás del cristal desde aquí.
Si al llegar le veía concentrado en los estudios no le decía nada para no molestarle. Buscaba un lugar resguardado, se hacía servir un café, fumaba cigarrillos.
Hacía un día gris y lluvioso. Anna estaba acurrucada cerca del ventanal vidriado. Tenía un poco de migraña y pocas ganas de hojear revistas. Afuera, la lluvia caía poco a poco, seguida, silenciosa, pertinaz. Pasaba poca gente y los pocos que transitaban lo hacían de prisa con la cabeza gacha, bajo el paraguas.
Una muchacha se acercó al cristal. Se puso muy cerca para ver el interior. Se colocaba la mano delante de los ojos a guisa de pantalla. Anna podía examinarla detalle a detalle. Era alta, magra, pálida. Llevaba un viejísimo abrigo de piel con visibles pelados en el cuello y en las mangas, el rostro, empolvado como el de un pierrot, sin nada de colorete en las mejillas y los labios pintados de color morado. Tenía el cabello de un negro azulado. Lo llevaba negligentemente peinado hacia atrás, recogido en un gran moño, flojo y desgreñado. Se le apoyaba en el cuello del abrigo.
Después de examinar el interior del local a través de la vidriera, la muchacha pálida se alejó.
Anna no pensó más en ella hasta que la vio al lado de Philip. Philip había abandonado acto seguido los libros, se levantaba de la silla, le ponía las dos manos en los hombros, se inclinaba hacia su rostro como si fuera a besarla. Finalmente abandonó la idea. La hizo sentar a su lado. Llamó al camarero y le encargó alguna cosa.
Anna alargaba el cuello hacia la pareja para no perderse ni un detalle. Había muchos hombres en la sala, mucho murmullo de conversaciones. No podía escuchar lo que Philip y la muchacha empolvada decían. Pero les veía muy bien los rostros. Hablaban con animación, las

cabezas juntas, la mirada brillante de uno fija en la mirada del otro.

El camarero había servido un café con leche a la muchacha empolvada y esta se lo tomaba poco a poco sin dejar de hablar o escuchar.

Con todo, se había hecho de noche. Las luces de la Plaza de Cataluña se encendían, la animación del Círcol Artístic aumentaba.

Philip y la muchacha empolvada habían dejado el asiento. Se disponían a salir.

Anna se levantó también y se puso a seguirles.

Mientras Philip buscaba su gabardina en un perchero, la muchacha empolvada abría la puerta del vestíbulo. Él le gritaba:

—Espérame Colombina.

Con una especie de ternura le subía el cuello del abrigo, se lo acercaba a las mejillas, le abrochaba un botón.

El paraguas de la muchacha se cayó al suelo. Philip lo recogió y se lo dio.

—Gracias, Philip.– Tenía una manera de decir *Philip* que sugería el éxtasis amoroso–.

Salieron a la calle. Philip agarró la Colombina por el brazo. Ella se soltó un momento para abrir el paraguas. Se cobijaron los dos bien juntitos. Philip había vuelto a coger el brazo de la muchacha. Era casi tan alta como él, sus hombros se tocaban.

Anna les seguía. No había pensado ni en coger el abrigo ni el paraguas. La lluvia le caía encima, le empapaba los cabellos, le entraba por el escote del vestido.

Philip y Colombina iban Portal del Ángel hacia adentro. El reguero del paraguas goteaba encima de la gabardina de Philip, encima de la manga derecha de la muchacha. Ellos, sin embargo, no se daban cuenta de nada. Aquel utensilio empapado y chorreante parecía talmente un tálamo.

El corazón de Anna iba acelerando sus latidos. Eran rápidos y fuertes, casi la privaban de respirar.

Al final del Portal del Ángel, Philip y Colombina se detuvieron un momento como si dudaran entre seguir por la calle dels Arcs o por la de la Cocorulla.

Parada delante de un escaparate haciendo ver que se interesaba por una cotilla Anna no les perdía de vista.

La pareja se había decidido por la calle dels Arcs.

Atravesaron la Plaça Nova. El agua había formado charcos en el suelo. Para evitar meter los pies, Philip y Colombina se separaban y volvían a juntarse sin parar de susurrar cosas que a juzgar por la animación debían ser deliciosamente interesantes.

Al entrar a la calle dels Comtes, Colombina cerró el paraguas. Seguían caminando muy juntos a la sombra de la Catedral. Al pasar bajo la tenue luz de una farola, juntaron más las cabezas y se besaron.

Anna se detuvo. Se apoyó en una pared, esperó que se alejaran.

Ya no llovía, pero las gárgolas de la Catedral, junto con otros canales vecinos, todavía arrojaban agua encima del empedrado. Este ruido monótono y triste llenaba la vieja calle por donde no pasaba ni un alma.

A lo lejos, quizás en la Plaça Nova o en la Laietana, se escuchaba el claxon de los autos. Anna giró hacia la Plaça del Rei con la intención de coger un taxi y volver a casa. Una pareja susurraba en el umbral de una puerta. El hombre se giró de repente hacia ella. Gritó:

—¡Anna!

Anna había reconocido la voz de Philip. Aceleró los pasos sin responder. Siguió por la Baixada de la Presó hasta la Plaza del Ángel y, seguidamente subió Laietana arriba. Corría por la acera de la gran avenida, se escabullía entre los transeúntes como un ladrón. Alguien la cogió por el brazo.

—¿Dónde vas como una loca?

Era Philip. Había dicho: *¿Dónde vas como una loca?* con un tono de regaño como si no fuera él el culpable.

Anna se soltó con violencia. Pero él seguía caminando a su lado. Decía con supremo enojo, con profundo asco:

—Vas bien empapada y despeinada. Parece que te escapes de un manicomio.

—¿Y tú, de dónde te escapas? De una escalerilla oscura y pestilente donde te abrazabas con…

Él la interrumpió, severo:

—He acompañado a una amiga a su casa. Le decía adiós al umbral de la puerta.

—Una amiga… Una amiga… ¿Cuántas te hacen falta a ti, de amigas?

—¿Quieres que te lo diga francamente? A menudo me sobráis todas. No sabéis ser amigas las mujeres. Sólo sabéis hacer de hembras, calentaros con los hombres y exigir de ellos más de lo que os pueden dar.

Lo decía fríamente, con asco.

—¿Es una falta amar a su marido y desearlo?— Preguntó Anna con una voz atragantada.

—Si él no te desea, sí.

—¿La Colombina no te desea, o tú la deseas a ella?

De repente divertido, Philip preguntó:

—¿Cómo sabes que se llama Colombina?

—He escuchado que tú se lo decías a la salida del Círcol Artístic. Añadió con ironía.

—¿La Colombina también quiere amor? ¿También te persigue con su apasionado desasosiego?

Philip se giró, hacia Anna, de repente sereno, confidencial.

—Sí, la Colombina también está enamorada de mí. Lo está desde que tenía dieciséis años. Me ha venido a buscar al Artístic porque ignora —no dijo *ignoraba*— que estoy casado y mi flamante esposa sufre de celosía.

—¿Yo, celosa?— Se echó a reír desafiadora— Ya te la puedes bien confitar a tu Colombina y buen provecho te haga.

—¡Bravo! Así me gustas.— Philip trataba de cogerla por el brazo.

Anna se soltó con rapidez.

—Ya que no estás celosa, dime ¿por qué me has seguido? Dime sinceramente si cada vez que acompañe a una mujer por la calle te pondrás a correr detrás nuestro.

Anna no contestaba. Philip continuó:

—Ahora imagínate que la Colombina —que está tan enamorada de mí como tú— se hubiera puesto también a seguirnos.

—La Colombina no es tu esposa, supongo.

—¡Ah! ¿Era como esposa que me seguías?— Se echó a reír— ¿Así porque eres mi esposa te crees tener todo tipo de derechos encima mío? Es un sentimiento desconsoladoramente burgués, Anna.

—No te he seguido en nombre de mis derechos sino en el de mi amor.

Lo decía llorando.

—Pero estate tranquilo, no lo haré más. Por mí puedes ir con quien quieras.

—Gracias,— dijo él con una reverencia cómica.

Pero Anna ya no estaba a su lado. Se había separado de Philip. Atravesaba la Laietana corriendo, detenía un taxi le daba la dirección de los Valls.

VII

Había pasado la noche en casa de los padres. El día siguiente fue de buena mañana al apartamento de la Diagonal. Philip, naturalmente, todavía dormía. Anna hablaba en voz baja a la criada, con miradas inquietas del lado del dormitorio.

—Escuche, Pilar, a partir de hoy tendrá que cuidar del señorito. Me voy a pasar una temporada a casa de los *papás*.

Pilar, alarmadísima, protestaba.

—Yo he venido a servirla a usted no al señor Seyin.

—No se alborote, Pilar, por el amor de Dios. Y no me complique más la vida. Quizás será sólo por unos días o unas semanas. Tenga paciencia. En otra ocasión hablaremos con más calma.

Pilar le ayudó a poner la ropa en la maleta.

—Sólo lo más necesario,– decía Anna.

Cuando la maleta estaba bien llena, se dio cuenta que faltaban todavía un montón de cosas.

—Tendré que hacer otro viaje. Me pondré de acuerdo con usted por teléfono.

Pilar le bajó la maleta y fue a buscar un taxi.

—¿De viaje, señora Seyin?– Preguntaba la portera, intrigada.

Anna le respondió muy risueña.

—Un viajecito solamente.

—¿Sola, señora Seyin?

—Sí, desafortunadamente. El señor Seyin tiene mucho trabajo. No se puede mover de Barcelona.

Pilar trajinó la maleta hasta el taxi. Anna le encomendó:

—Sobre todo, Pilar, cuide del señorito Philip. Así que le escuche moverse dentro del cuarto de baño, prepárele el té. No se descuide de calentar la tetera, por el amor de Dios. No deje hervir el agua, escalde el té antes que rompa a hervir.

—Sí, señorita, no pase ansia.

Antes de cerrar el portillo, Pilar dijo.

—No me llame por teléfono, señorita, iré a casa de sus papás así que haya terminado la faena.

—Bien, Pilar.

La portera esperaba a la criada en el umbral de la entrada.

—¿Qué ha pasado, Pilar?

—¿Qué quiere que pase? Nada que yo sepa.

—Este viaje precipitado...

—¿Precipitado? Ya hacía días que lo hablaban.

—¿Quiere decir que no se han peleado sus señoritos?

—¡Qué va! ¿Por qué se tendrían que pelear?

—Este inglés parece ser bastante especial. (Había dicho *especial* con un tono reticente).

—Especial o no especial, es una bellísima persona, respetuoso, bien educado.

Cerró de golpe la puerta del ascensor. Subió pisos hacia arriba dentro de la gavia. ¿Qué diantre les había pasado a los señoritos? *Especial*, decía la portera, *especialísimo*, ampliaba Pilar. Pero siempre tan amable, tan respetuoso con ella. Le trataba como si fuera de la familia y no le pedía nada sin añadir: Por favor, Pilar. Y al recibirlo no se descuidaba nunca de decir: Gracias y siempre con una sonrisa en los labios.

¿Qué le diría cuando se levantara? Ni pío, si él no se lo pedía.

Se lo pidió tan pronto como se levantó.

—¿Dónde está la señorita?

—En casa de sus *papás*. ¿No lo sabía, señorito Philip?

Él la observaba con el entrecejo arrugado, pero de repente estalló a reír.

—Oh, claro, que lo sabía. Lo decidimos ayer por la noche. Ya no me acordaba. Quizás todavía estoy medio dormido.

Añadió con el tono más natural del mundo:

—¿Ha hecho té?

—Sí, señorito, lo tiene en la tribuna. ¿Comerá alguna cosa?

—No, nada, hasta la hora de comer.

Pilar esperaba que telefonearía seguidamente a casa de los Valls. –Quizás también lo esperaba Anna– Pero Philip no telefoneó ni hizo ninguna pregunta más a la criada. Almorzó, tomó café, fumó dos o tres cigarrillos, escuchó un disco y se fue.

—Hasta mañana, Pilar.

—¿Cenará afuera, señorito?

—Como siempre. Buenas tardes.

Los Valls estaban muy preocupados. Anna les había explicado el motivo de su determinación.

—Tiene un lío con una muchacha.

—¿Cómo lo sabes?

—Fue a encontrarle al Círcol Artístic. Él no sabía que yo estaba allí. Salieron juntos. Yo les seguí. Después discutimos. Él dice que sólo iba a acompañarla a su casa.

—¿Es guapa?– Preguntó Francesca con mucho interés.

—Oh, no. Todavía lo es menos que Briget. Pero me parece más peligrosa. Va empolvada en las mejillas como un pierrot, con los labios pintados de color morado, despeinada, desaliñada. Parece una especia de gitana disfrazada de señora pobre.

—¿Y Philip qué dice de ella?

—Philip dice que está enamorada de él desde que tenía dieciséis años. Parece que no le pide nada. Es una enamorada platónica. Sólo quiere que Philip se deje amar.

—¿Y Philip se deja amar?– Preguntó Francesca intrigadísima.

—Parece que sí, – dijo Anna.

Añadió con voz alterada.

—Philip se deja amar por todos. Lo que no puede hacer, es amar, él, parece.

Pere estaba muy preocupado.

—Has dado un paso impulsivo, Anna. Seguramente esta muchacha no representa nada serio en la vida de Philip.

Anna le interrumpió.

—Oh, para Philip nada es serio excepto comer y divertirse.

—Antes de dejarle nos lo tenías que haber consultado, hija. Abandonar el domicilio conyugal es cosa grave.

—Entonces, ¿qué tenía que hacer? ¿Aguantar que flirtee con aquella gata maula y en vez de excusarse, cuando le pillo, todavía se burla de mí y me insulta?

—¿Te insultó?

—Me dijo... me dijo... De echo no importa.

No les quería repetir aquello: que las mujeres se calientan con los hombres y exigen más de lo que ellos pueden darles.

Lágrimas de rabia y de impotencia le deslizaban por el rostro. Acusaba a sus padres.

—¿Habríais preferido que me tirara de arriba a bajo del balcón?

—No seas exagerada, hija. Lo que nos sabe mal es que hayas abandonado Philip sin decírnoslo antes.

—¿Y qué me habríais aconsejado vosotros, que aguantara?

—No lo sé, no lo sé, –balbuceaba Pere preocupado y triste.

Él creía que todos los agravios de Anna contra Philip consistían en el flirteo de éste con aquella desgraciada Colombina. De este juego del amor de su yerno no podía calcular la importancia. Su hija, evidentemente, exageraba.

Él y Francesca estaban horrorizados de lo que dirían los amigos y los conocidos al saber que Anna había dejado a Philip y vuelto a casa de los padres.

Anna pasaba todo el día en su habitación de soltera. Sólo salía para ir a comer. Fredisvinda, la criada, lo veía. No podía dejar de sospechar que ella y el señorito Philip no se entendían. Lo comentaría con la portera y con las otras criadas de la escalera. La novedad se difundiría. Hacía falta arreglarlo pronto. Encontrar una solución, si no de fondo, al menos de forma.

Pere decidió ir a reunirse con su yerno. Lo hizo hacia la una del mediodía.

Philip le recibió alegre y afectuoso. Le hizo entrar al comedor donde la mesa ya estaba puesta y el roastbeef y las verduras hervidas, a punto. Philip, insistente, quiso partírselo con Pere.

—Hay para los dos y de sobras.

—Pero Philip yo…

—Ponga un plato y unos cubiertos en la mesa, Pilar, por favor.

Pere Valls se excusaba.

—Es que en casa me esperan.

—Telefonearé,– dijo Philip. Y sin esperar más corrió hacia el teléfono, marcó el número de los Valls. Respondió Fredisvinda.

—Quisiera hablar con la señora Valls.

—¿De parte de quién, por favor?

—De Philip Seyin.

Pere, detrás, de él, repetía.

—Me tengo que ir.

—¿Pero no venía para hablar conmigo?– Preguntó Philip con una lógica irrefutable.

—Sí, sí, claro, pero…

—Philip, eres tú,– decía la voz de Francesca al otro lado del hilo.

—Sí, mamá, yo mismo. ¿Cómo está?

—Bien, ¿y tú, Philip?

—De primera. Le llamo para decirle que el papá se queda a comer conmigo.

—Escucha, Philip. ¿Puedo hablar con él?

—Enseguida se lo paso.

Alargó el receptor a Pere.

—La mamá quiere hablar con usted.

—¿Dice que te quedas a comer con él?— Preguntaba la voz medio alarmada medio alegre de la Francesca.

—Sí, mamá, él insiste. La Pilar ya me ha puesto el plato en la mesa. Volveré a casa enseguida.

En honor a Pere, Philip destapó una botella de Saint Emilion que tenía guardada en la despensa. Alzó la copa llena para brindar con su suegro.

—A tu salud, papá.

—A la tuya, Philip.

Seyin, como siempre, comía y bebía con entusiasmo. Observó alegremente:

—No sé por qué una comida de hombres solos resulta siempre más confortable que con mujeres.

Pere estaba cohibido. El recibimiento cordialísimo de su yerno y su espontánea alegría, le quitaban fuerzas para formular las acusaciones que tenía preparadas.

Después de comer fueron a tomar el café a la tribuna. Fumaban cigarrillos, bebían licores y decían cualquier cosa esperando que Pilar se cerrara en la cocina para lavar los platos.

Cuando escucharon el ruido característico de fregar platos detrás de la puerta cerrada Philip observó a Pere a través de sus gafas mironas.

—¿Qué quería decirme, papá?

—Ya te lo puedes imaginar, Philip. Vengo para hablarte de Anna.

—¿Se encuentra bien?— Preguntó él con interés.

—En apariencia sí, pero sufre mucho aunque lo disimule. ¿Por qué no has telefoneado ni una sola vez desde que te dejó?

—¿Telefonear? ¿Para qué? Se fue porque le dio la gana. Supongo que volverá cuando le apetezca.

—Pero, ¿por qué se fue, Philip?

Seyin alzó los hombros.

—Un capricho de niña consentida, supongo.

Pere movía la cabeza pensativo.

—¿Pero tú no le has hecho nada, Philip? ¿No te tormenta nada la conciencia? ¿Pretendes que su huida es simplemente y puramente un capricho de muchacha consentida?

—Philip encendía otro cigarrillo. Maquinalmente mostraba el paquete a Valls. Éste lo rechazó.

—Háblame de hombre a hombre, Philip. Dime la verdad, sea la que sea. ¿Por qué te ha dejado, Anna?

Philip expelió todo el humo por la nariz. Sonrió.

—¿Por qué no se lo pregunta a ella?

—A ella ya se lo he preguntado. Dice que tú flirteas con una muchacha y que pretendes tener el derecho de salir con ella cuando quieras como si fueras soltero.

—¿Y nada más?- Dijo Philip con una especie de relámpago en la mirada.

—Dice que le hablas groseramente, que no le haces suficiente caso… qué sé yo…

—¿Y nada más?- Insistía Philip con las pupilas fijas en Pere.

—Yo diría que me esconde alguna cosa. ¿Qué ocurre, Philip, entre tú y ella?

Philip vaciló la fracción de un segundo.

—No hay nada, papá. Yo quiero y respeto a Anna. Me gusta vivir con ella. Pero soy un hombre independiente. Aunque esté casado quiero relacionarme con otras mujeres como lo hago con otros hombres. No puedo aceptar ir siempre cosido a las faldas de Anna. Si ella quiere salir con otros hombres…

Pere, saltó, escandalizado.

—¿Salir con otro hombre, ella? ¿Estás loco Philip? Anna no saldrá más que contigo.

Philip apagó la colilla en el cenicero.

—Es una equivocación, papá. En Europa…

—Aquí…

—Sí, ya lo recuerdo, estamos en la Península Ibérica. Pero yo no soy íbero ni íbero-musulmán, ni celtíbero.

Pere Valls dejó el asiento. Movía la cabeza desanimado. Alargó la mano a su yerno.

—¿No querrías pasar por casa, hablar con Anna, tratar de hacer las paces?

—Claro, que sí, papá. Vendré cualquier día, hablaré con Anna. Trataré de hacerla volver. Le aseguro que la añoro de veras. Sin ella este apartamento es una tumba.

—Gracias, Philip.

Se estrecharon las manos. Pere se fue mucho más tranquilo. Anna, seguramente exageraba. Philip tenía una parte de razón en tratarla de niña consentida.

El día siguiente, Philip se presentó en casa de los Valls. Era domingo. La criada estaba festejando en la Plaza de Cataluña. Anna misma abrió la puerta a su marido. Philip la besó con afecto, le preguntó cómo estaba, la siguió al saloncito donde Pere fumaba la pipa y Francesca hojeaba revistas. La actitud de Philip era de una naturalidad perfecta. No mostraba ni recelo ni embarazo. Aceptó una copita de licor, desembolsó la pitillera, ofreció un cigarrillo a Anna, se lo encendió. Después prendió fuego al suyo.

Garlaba tranquilamente: aventuras de sus compañeros. Comentaba la actuación de los guitarristas, *cantaores* y *bailaores* que había visto y escuchado aquellos últimos días.

En medio de la conversación se giró hacia Anna.

—¿Y tú, Anna, cuándo quieres volver a casa?

Anna no respondía, Philip añadió reticente:

—¿Todavía estás enojada?

Ella le miraba sesgadamente. Philip se puso a reír. Se levantó, se le acercó y le dio un beso en la mejilla.

—Te tomas la vida con mucha seriedad, Anna.

—Y tú con demasiada ligereza.

Philip alzó los hombros. Calló unos segundos. Después dijo:

—Me tengo que ir al Círcol Artístic. Todavía podré estudiar un rato.

Se giró hacia Anna:

—¿Quieres venir con nosotros esta noche? Vamos a cenar a un restaurante nuevo. No recuerdo cómo se llama ni dónde es. Joaquim asegura que preparan un dentón a la plancha que nos chuparemos los dedos.

Apagó el cigarrillo en el cenicero.

—Si te decides te vendré a buscar a las ocho.

Anna movía la cabeza, indecisa.

—Venga, anímate,– aconsejó Francesca dirigiéndose a Anna.

—Ve, niña,– rogó Pere mirando tiernamente a su hija. –Te distraerás. Todo el santo día en casa, como una monja,– explicó a Philip.

Philip preguntó a su mujer:

—¿Sí o no?

—No,– dijo ella bien decidida. –Estoy harta de ir todas las noches a cenar a los restaurantes, a los cafés, a las tabernas. Pasaré unos días más en casa de los papás.

Fijó la mirada en Francesca y Pere.

—Si ellos están de acuerdo, claro.

Los Valls no respondieron. Estaban desolados al ver que Anna se obstinaba a permanecer en su casa. Era un comienzo de escándalo. Hacía falta, por encima de todo, salvar las apariencias. Feliz o infeliz, la mujer tiene que vivir bajo el techo conyugal y, sin moverse tratar de arreglar las cosas y si no resignarse.

Francesca insinuó.

—En casa no nos molestas, al contrario. Pero sería mejor que volvieras con Philip.– Se giró hacia Pere. –¿Qué piensas tú, papá?

—Pienso como tú.

Se giró hacia Philip:

—¿Y tú, muchacho?

—Por mí que haga lo que quiera. No quiero tenerla cerca de mí por la fuerza. Personalmente, puedo decir que Pilar cuida bien de mí. No hablo entonces por egoísmo si digo que yo también prefiero que vuelva a casa.

Anna, sorprendida, dolida de aquel perfecto acuerdo, les miraba a los tres uno después del otro. Ninguno de los tres había pensado en su sufrimiento. Sólo en las conveniencias sociales. Las conveniencias sociales pesaban más que lo que ella sentía. De los tres, quizás todavía resultaba Philip el más generoso. Él podía vivir, y vivía, perfectamente sin ella y, además no se preocupaba nada de lo que la gente diría.

Hubo un momento de absoluto silencio. Anna tenía la sensación de flotar en el vacío, de no tener nada y a nadie donde apoyarse. No lloraba ni se quejaba, pero en su rostro crispado se leía un sufrimiento tan auténtico, que Pere se apresuró a decir:

—Quédate algunos días más si quieres. Entre tanto estudiaremos lo que se puede hacer para que todo se solucione a tu gusto.

Francesca tuvo una idea:

—Ven a comer mañana,– propuso a Philip. –Papá volverá a estar afuera. Nos harás compañía.

Philip vacilaba:

—No sé cómo avisar a Pilar. Ahora ya se debe haber ido de casa y yo no volveré hasta la madrugada.

—Por eso no te preocupes, Philip, ya le telefonearé yo esta noche.

—All right,– dijo Philip besando a su suegra, –hasta mañana entonces.

VIII

Philip llegó a casa de los Valls un rato antes de comer. La chimenea ya estaba encendida y Anna permanecía bien cerca mientras Francesca *daba una mirada* a la comida. De la Fredisvinda no podía fiarse mucho. Era como Anna: no les entusiasmaba cocinar.

Seyin se había sentado delante de Anna, le ofrecía y encendía un cigarrillo, después prendía fuego al suyo.

—¿Quieres una copita de *Tío Pepe*?

—Si no te importa, Anna.

Anna le acercó una mesita minúscula, puso las dos copas llenas. Philip charlaba animadamente: estrenos de funciones de teatro, exhibiciones de pintura, partidos de tenis… De repente declaró sonriente:

—Joaquim te echa mucho de menos, Anna. Dice que lamenta tanto que nos hayas abandonado.

—¿Ah, sí?– Dijo ella con ironía, –¡Vaya por dónde quién lo habría dicho!

—Pero la que te añora más es Briget.

—¿Briget?

—Te tiene una gran admiración.

—Me sorprende. Somos tan diferentes…

—Quién sabe si por eso mismo.

—Y Marià, ¿no se añora de mí?

Philip alzó los hombros.

—¿Y la muchacha empolvada?– Dijo todavía Anna con naturalidad.

Las gafas de Philip resplandecieron un instante. Lanzó al fuego el cigarrillo medio consumido. Dejó el asiento y se acercó a la ventana, levantó las cortinas y se puso a observar la calle.

—¿Cómo la llamas a aquella platónica enamorada tuya, Colombina?

Philip seguía observando la calle, Anna insistió:

—Es un nombre poco cristiano Colombina. ¿Se llama así de verdad?

Él volvió cerca del fuego.

—No importa. Hacía dos años que no la veía. Quizás pasarán dos más antes que la vuelva a encontrar. En estas condiciones no importa un nombre como otro. Todo esto no tiene ninguna importancia para mí.

—Oh, para mí, tampoco, *ahora*. ¿Y para ella?

—Lo ignoro.

—Ella debe sufrir lejos de ti. ¡Parece tan enamorada!

—Sufrir es el precio que pagan todas las personas sensibles.

—¿Te consideras, tú, sensible?

Seyin encendió otro cigarrillo. Contestó con buen humor.

—Sí, me considero.

—¿Y sufres?

Él prescindió de la ironía de la pregunta.

—A veces mucho. Tanto que la mayoría de las cosas que hago o dejo de hacer y que a ti te parecen incomprensibles, obedecen a la lucha que sostengo contra esta sensibilidad re-maldecida. Odio el sufrimiento. No soy de tipo masoquista.

Anna sonreía.

—¿Más bien tirarías por sádico, no crees?

—Quizás sí. Pero eso también es una defensa. Todo el mundo se cree capaz de juzgar a los otros y pocos son capaces de ponerse, por un momento en el lugar del que juzgan. Todo el mundo dice *yo* siento, *yo* soporto, *yo* sufro. Nunca dicen: *Tú* sientes, *tú* soportas, *tú* sufres. *Yo*, *yo* y siempre *yo*.

—Si a los veinte años ya te has desprendido de tu *yo* para pensar solamente en el tú o en el él, se puede decir que ya no eres de este mundo. Ya vuelas a medio aire como los ángeles, camino hacia el cielo.

Philip callaba. Anna continuó.

—Si yo te quiero a ti y tú no me quieres a mí. Soy yo la que sufro. No puedo decir: tú sufres.

—Pero si lo dijeras quién sabe si lo acertarías.

—Si tengo que juzgar por lo que veo y escucho, más bien diría que gozas de la vida. Tú no puedes decir que yo soy feliz. Nadie que tenga ojos y orejas puede decirlo. En cambio tú…

—¿Quién es feliz en este mundo, Anna?

—No lo sé. Yo diría que tú, Briget, Joaquim, Marià y quizás también la Colombina.

Philip movió la cabeza.

—¡Pobre Colombina!

—¿Pero tú has festejado con ella? ¿Le has dado alguna esperanza?

—Nunca la he festejado. Nunca le he prometido nada. Cuando se enamoró de mí, Colombina tenía dieciséis años. Yo tenía dieciocho. Solíamos reunirnos con otros chicos y chicas en casa de una amiga suya para bailar. Éramos unos apasionados de la danza. Para el Carnaval organizamos un baile de disfraces. Yo era el encargado de guarnecer a las muchachas. Siempre he tenido gusto y habilidad para hacerlo. Me gusta combinar harapos, sacarles el máximo partido. Aquella noche ya había guarnecido dos o tres cuando vino el turno de esta. Quedó tan encantadora en su simple disfraz, de Colombina, –de aquel día le viene el nombre– que yo, como un Pigmalión más, me enamoré por unos segundos, le di un beso intrascendente. Pero ella me buscó los labios, y encajó los suyos largamente, desesperadamente. Entonces comprendí mi imprudencia.

—¿Y la velada de San Juan cuando me besaste a mí, en el patio de la casa de los papás, fue también una imprudencia?

—Sí, Anna, lo fue y todavía más grave. Yo no tendría que haber besado ni a ella ni a ti. Pero al hacerlo no representaba ninguna comedia. Era sincero, me gustaba besaros. No pensaba en el daño que os haría y me haría. No es solamente en beneficio tuyo y de la Colombina que me tenía que haber abstenido sino, y principalmente, en beneficio propio.

Suspiró:

—Las mujeres siempre estáis a punto de enamoraros. – Sonrió– Es necesario mal fiarse. Exigís de nosotros más de lo que os podemos dar.

—Hay hombres que pueden dar mucho.

El rostro de Philip se crispó. Habló de repente con un tono desafiador.

—¿Ah, sí? ¿Quién, por ejemplo, el Agustí Brugera?

—Seguramente sí, el Agustí Bruguera.

—¿Por qué no te casabas con él?

Los ojos de Anna se llenaron de lágrimas.

—Porque estaba… porque estoy enamorada de ti, Philip. A él no podría amarle.

—Quizás él te haría más feliz que yo.

Bajó la voz.

—¿Te acuerdas de lo que te dije el verano pasado en Calella en aquella cala entre San Roc y el Cap Roig?
—Me dijiste: Yo no puedo...
Francesca entraba triunfante.
—Venga chicos, el almuerzo está en la mesa.

Anna había vuelto al apartamento de la Diagonal con Philip, aquella misma tarde. Lo hizo con pesar y tristeza. Comprendía que no tenía que permanecer ni un día más en casa de los Valls. Cuando, impulsivamente, se refugió después de aquella violenta escena con Philip, Laietana arriba, no pensaba ni remotamente que los padres se preocuparían más de lo que diría la gente de su drama. Y, dicho y hecho. el flirteo de Philip con la Colombina no era ningún drama. Después de las explicaciones de él, resultaba que la muchacha empolvada no era, desafortunadamente, su rival, era sólo una compañera de desgracia.

Después de unos días de ausencia, Anna estaba todavía más agobiada de volver a la Diagonal que al abandonarla. Tener un marido que la engaña con otra mujer, procura una sensación estimulante, menos dolorosa que tener un marido que no te engaña con nadie, pero que tampoco es tu marido.

—No abandones nunca el domicilio conyugal— le había susurrado Francesca al despedirla. –Capea el temporal y espera tiempos mejores.

Estos tiempos mejores eran bien problemáticos, pensaba Anna mientras rodaba camino hacia casa en el Studebaker de Philip con la maleta en el asiento de atrás. El papá, pobre hombre, no sospechaba para nada el verdadero motivo de su desgracia. Mal por mal y, por desolador que sea, era mejor volver a casa antes que tenérselo que explicar.

Al llegar a su apartamento de la Diagonal, Anna lanzó una rápida ojeada a la criada.

—Ya vuelvo a estar aquí, Pilar.– Lo había dicho con un tono alegre como si volviera de unas cortas vacaciones.

—Bienvenida, señorita Anna. La añorábamos mucho. ¿No es así, señorito Philip?

Philip repitió, con un tono ligero, aquellas mismas palabras que había dicho a Pere Valls.

—Sin ti este apartamento parece una tumba.

Una vez en el dormitorio, mientras Anna deshacía la maleta, Philip le pidió si saldría con él. Anna le dijo que no con la cabeza.

—Si he vuelto a casa como todos queríais, es para que la gente no hable. No me pidas más sacrificios. Tengo una fuerte migraña. Me iré a la cama enseguida.

—Como tú quieras– aceptó Philip con un tono de aparente pesar. –Este restaurante nuevo nos gusta, volveremos un día contigo.

—¿Tú y yo solos?

—Podemos ir un mediodía, si te parece.– Quedaba bien entendido que las noches las tenía reservadas al grupo.

La besó suavemente en la frente.

—Que te mejores, darling.

Desde aquella velada, Philip empezó a salir sin Anna. Ella parecía decidida a no seguirle a los restaurantes, music halls, cafés y tabernas del Paral.lel. Cenaba sola en casa, escuchaba un par de discos, leía un rato y se iba a la cama.

Philip regresaba, como siempre a las tantas de la madrugada. No encendía la luz del techo del dormitorio ni abría ni cerraba ninguna puerta o cajón. No sacudía la cama de matrimonio. Se metía como un reptil y una vez dentro, permanecía quieto, se dormía enseguida.

Anna, pero, siempre le escuchaba llegar y recordaba un momento las palabras de Francesca: Deja pasar el temporal. No pierdas la esperanza.

Anna había adquirido la costumbre de ir cada tarde a casa de sus padres. Al verla llegar, Francesca le clavaba una mirada inquisidora: ¿Qué, nada de nuevo? Anna le respondía, también con la mirada: nada.

Alguna tarde, madre e hija salían juntas. Iban al cine, a las tiendas a comprar o a curiosear. Anna cenaba a menudo en casa de los Valls. Y, de vez en cuando se quedaba también a dormir. Su habitación de soltera tomaba nuevamente un aire habitado. Volvía a impregnarse de su olor personal, aquel perfume de Guerlain "Rien que un soir" que ya hacía años que usaba. Encima de la cómoda se veían libros y revistas, objetos de tocador... Una bata y una camisa de noche colgaban detrás de la puerta, un par de zapatillas hacían pareja bajo la cama...

—Esta pobre muchacha da lástima– decía Francesca a Pere. –Esto no es un vivir normal para una recién casada, siempre enganchada a mis faldas.

—Empiezo a creer– observaba Pere, pensativo –que este matrimonio es un fracaso. ¿A qué lo atribuyes, tú, Panxita?

—No miran la vida por el mismo lado. A Anna le gusta la quietud, el orden, la intimidad del hogar, a Philip el movimiento, lo imprevisto, la vida social, sobre todo la nocturna.

—Pero eso no es un motivo para que Anna esté deprimida, triste, apartada de todo, sin seguir a su marido de vez en cuando.

—¡Es que se tiene que tener mucho aguante para seguir a Philip! Se levanta a la una, almuerza y se va al Círcol Artístic a estudiar, dice él, y cada noche de *juerga* hasta las tantas de la madrugada. Anna no puede aguantar este ajetreo. Caería enferma.

Los argumentos de su mujer no acababan de convencer a Pere. Habría querido hacer alguna cosa por difícil y costosa que fuera, para ayuda a Anna, pero no sabía qué hacer ni cómo hacerlo. Sospechaba que en aquella unión mancada había un misterio, pero no adivinaba cuál.

A escondidas de su hija, Francesca había telefoneado a Agustí Bruguera.

—No se te ve nunca por casa, Agustí. ¿Es que nos has aborrecido?

—Para nada, Francesca, ya sabes que yo soy el mismo de antes— quería decir de antes del matrimonio de Anna.

—Nadie lo diría, chico.

Después de una fracción de segundo, añadió:

—Quiero organizar unas partidas de bridge con algunos amigos. Cuento contigo, Agustí. Me parece recordar que te gustaba bastante este juego.

Agustí respondió que el bridge no le desagradaba. Pero salía tarde del despacho. Con frecuencia con la cabeza llena de números. Le convenía más una paseada al aire libre o una sesión de cine que aquel juego tan intrincado y agotador.

Francesca suplicaba:

—Ayúdame a distraer a Anna, Agustí.

—¿Distraer a Anna, dices? ¿Recién casada y ya se enoja?

—No sé cómo explicártelo, Agustí. Philip cada noche quiere ir de *juerga*. Anna no tiene suficiente humor ni salud para seguirle.

—¿No tiene suficiente salud?– la voz de Agustí parecía alarmada.

—Siempre ha padecido de migraña, ya lo sabes. Acostarse cada día entre las tres y las cuatro de la madrugada, no le prueba. Además, ni el flamenco ni el cante jondo le gustan.

—A mí tampoco.

Agustí se reía y Francesca se extrañaba porque Agustí no se reía nunca. Lo más que hacía era sonreír y todavía poco. Su risa tenía un tono especial como un balido de cabra. Más bien parecía una queja que un divertimiento.

Después de haberle dicho que sí, Agustí empezó a arrepentirse. No había vuelto a ver a Anna desde el día que se casó con Philip. Aquel acontecimiento le había destrozado la vida. Había pasado muchas noches en blanco. Y ahora que todo justo comenzaba a hacerse a la idea de haber perdido a Anna para siempre y volvía a encontrar algún aliciente a la existencia, ¡mira por donde que aquel trajín de Francesca Valls le embarcaba en sus veladas de juego! ¡Qué tonto que era de haber aceptado! Si Anna se enojaba, ¿a él qué? Que se lo explicara a su precioso Philip, el irresistible seductor de la cabellera rubia y el cuerpo flexible.

Agustí estaba bien decidido a encontrar una excusa y no asistir a los bridges de Francesca. Pero sin haber decidido nada, una tarde al salir del despacho se encaminó maquinalmente a casa de los Valls, subió la escalera, llamó al piso y, sin saber cómo se encontró delante mismo de Anna.

No la había visto desde el día de su boda con Philip. Estaba más delgada, más pálida. Se movía con languidez, hablaba como en sueños, miraba de lejos como si entre ellos y los otros se extendiera un desierto de agua o de arena. Agustí, de momento, no podía definir lo que sentía. Él, que ya era de tipo melancólico, todavía se sintió más. Con todo, esta nueva fase de su melancolía iba acompañada de un no sabía qué de esperanzador, de luminoso como si aquellas lejanas y desvanecidas ilusiones respecto a Anna se reanimasen.

Cuando salió de casa de los Valls, después de la primera velada de bridge, Agustí descubrió que prefería el bridge a cualquier otro tipo de juego y el juego a cualquier otro tipo de entretenimiento.

Comenzó a ir regularmente. Era un jugador difícil para los compañeros, capaz de hacer perder la paciencia a alguien que tuviera más que Anna. Pero ella no podía escoger. Agustí era el único de los invitados que no faltaba nunca a la tertulia. Con frecuencia no iba nadie más. Jugaban él y las dos mujeres con un personaje imaginario. Era un buen jugador de bridge como era un buen empleado de banca y un buen compañero de oficina. Pero gastaba un exceso de conciencia. Tanto si se trataba de colocar en el banco el dinero de un amigo, como de decidir la carta que tiraría cuando le tocaba hacerlo, él ponía todos los cinco sentidos.

—Preferiría no jugar– declaraba Anna a Francesca –Agustí me exaspera.

—Pero hija, ¿quién encontrarás que venga tan puntual y exacto, dispuesto a distraerte, a complacerte?

—Esta exactitud y abnegación le hacen todavía más fastidioso. Si al menos fuera capaz de faltar algún día, de llegar tarde, de plantarnos una vez u otra para salir con los compañeros o con una moza…

—Sí, vaya, que fuera una especie de Philip.

—No hace falta que se parezca a Philip, simplemente, que se haga desear más. Que nos haga sufrir un poco.

—Es muy serio, demasiado bueno.

—Tanta seriedad y bondad empalagan.

Brugera era puntual a las tertulias de Francesca. Si algún día tenía trabajo o algún compromiso ineludible, avisaba por teléfono:

—Esta noche no podré venir.

Al escucharlo, Anna decía a su madre:

—Qué suerte. Descansaremos un poco de este soso.

—Sí, pero cuando no viene nadie más a distraerte, bien contenta que estás de tenerlo a él.

—¿Yo contenta? No me hagas reír, mamá. ¡Pobre Agustí!

Bruguera no llegaba nunca con las manos vacías. Un día era una revista inglesa o americana, un libro de éxito, en francés o en inglés. Otro día un paquete de confitería: trufas heladas, fruta confitada, bombones de chocolate… Flores no se atrevía a ofrecerle. Le parecía incorrecto. Las flores son un reglo de enamorado, no tenía ningún derecho a mostrarse.

Cuando Pere Valls estaba en Barcelona, las partidas de bridge se organizaban a las diez de la noche. Los Valls solían invitar a los Seyin y a Bruguera a cenar. Philip se iba antes de comenzar el juego. El bridge no le gustaba.

—Es un juego que requiere demasiada concentración. En vez de distraerme me da dolor de cabeza.

Se iba a encontrar con su grupo. Antes de salir, pero, invitaba invariablemente a su esposa.

—¿Quieres venir con nosotros, Anna?

—No, Philip, me quedaré a jugar al bridge con los papás y el Agustí. Si terminamos demasiado tarde también dormiré aquí. No te preocupes.

—All right, darling.

La besaba en la mejilla o en la frente, estrechaba la mano de los dos hombres y besaba la de Francesca.

—Que os divirtáis mucho,– recomendaba alegremente.

Francesca iba de pareja con el Agustí, Anna con Pere. Todos menos Francesca jugaban y callaban. Ella no podía evitar comentar las jugadas, y, después de cada partida, se enfrentaba con el Bruguera:

—Me traes mala suerte, Agustí.

—Lo siento,– decía Bruguera con voz sorda.

Pere trataba de consolarle.

—Desdichado en el juego afortunado en el amor.

Francesca tocaba con su rodilla la rodilla de Pere, por debajo de la mesa. La maniobra equivalía a decir: No metas la pata.

Agustí replicaba con acento lúgubre:

—El que nace desdichado, lo es en todo.

Francesca le daba un golpecito en la mano afectuosamente.

—Eres demasiado pesimista, Agustí.

Bruguera se acusaba él mismo de poco leal porque al ser invitado por Francesca a aquellas partidas de bridge, había sido bastante insensato y absurdo imaginarse que las relaciones domésticas de los Seyin iban de mal a peor. Él había esperado... Nunca llegará a definir exactamente lo que esperaba. Fuera como fuera, se avergonzaba. Y cada día estaba más pesaroso y arrepentido de haber caído en la debilidad de volver cerca de Anna.

El disgusto de Bruguera hacia él mismo crecía con las semanas. Se consideraba digno de una buena torta por haberse dejado enredar por Francesca, justo en el momento que comenzaba a tener esperanzas de curar su pasión amorosa.

Al salir del domicilio de los Valls, hacia las doce o la una de la madrugada después de ingerir dos o tres vasos de whisky y de brandy con sifón, Agustí disfrutaba de unos momentos de energía. Iba a dejar de hacer el payaso. Si Anna se había enfrascado en el matrimonio, con un hombre que no podía estar nunca en casa, ni acompañarla, ni distraerla, que ella le aguantara tal como era o que se separase como mandan las leyes.

Para realizar su plan; es decir, dejar de hacer el payaso, como él mismo lo definía, y volver al resguardo de paz que era el alejamiento absoluto de Anna, era necesario retirarse de las reuniones de los Valls sin herir a ninguno de los tres ni representar ningún papel ridículo. Hacía falta encontrar un pretexto elegante que no desvelara la suspicacia de Francesca ni los recelos burletas de Anna y, sobre todo, que no hiriera los nobles sentimientos amistosos de Pere.

Francesca le había dado una llave de la puerta de la calle. Agustí bajaba lentamente la escalera. Llevaba una cerilla encendida en la mano con la que solía quemarse la punta de los dedos. La soltaba con listeza dejando ir una palabrota. Seguía hasta abajo a oscuras. Arrastraba las suelas de los zapatos de peldaño a peldaño para no dar un paso en falso y caerse escaleras abajo.

Una vez en la calle volvía a pensar en sus planes de liberación. Era imprescindible que todo eso terminase, fuera como fuera y cuanto antes mejor. Que Francesca buscara a otro payaso para Anna. Él ya tenía suficiente, suficiente, suficiente.

IX

A primeros de junio, Philip aprobó una asignatura más de la carrera de medicina. Pidió a Anna que fuera a celebrarlo con el grupo en un restaurante.

—¿Por qué no lo celebramos aquí, en casa de mis padres?– Le contrapropuso ella.

—De acuerdo. Lo celebraremos aquí, si queréis, y allí también.

Aconsejada por Francesca, Anna fue a cenar con Seyin y sus amigos.

Todos la acogieron con muestras de gran alegría. Briget, la abrazó, Joaquim y Marià le besaron la mano con efusión.

—¡Gracias a Dios que te volvemos a ver!

Bebían bastante champán, brindaban por Philip, por Anna, por los futuros enfermos del futuro médico.

Anna, un poco emocionada, levantó la copa con los ojos húmedos.

—Para que termines pronto la carrera y seas un buen médico.

Philip se levantó de la mesa, la besó largamente.

—Gracias, Anna. Y que tú no tengas que necesitar nunca mis servicios.

Las palabras de Seyin fueron acogidas con risas y aplausos.

—Que Dios nos libre a todos de tu asistencia,– añadió Joaquim volviendo a alzar la copa.

—Vamos,– terminó Marià.

Después de las dos celebraciones, la de los padres y la de los amigos, todos empezaron a hablar del veraneo. Proyectaban, comparaban, discutían. Unos eran partidarios del mar, otros de la montaña; este votaba por los viajes, aquel prefería la estada en un lugar tranquilo.

Los Valls, como cada año, se instalaban por todo el verano en la casa de Calella. Anna y Philip, pasarían allí un mes. Verdaguer ya lo tenía todo a punto para irse a Suecia; Briget, volvía a Ibiza donde la vida resultaba todavía más abordable que en otros lugares de veraneo. Marià había decidido acompañarla. Nadie, ni él mismo, no sabía de dónde sacaría el dinero para pagarse la estada. Quién sabe si se confiaba de un donativo de última hora de Verdaguer. Por lo menos, contaba con sus indiscutibles dotes de parásito.

El grupo se dispersó con la promesa de un re-encuentro a finales de septiembre.

A medio junio, los Valls y los Seyin se fueron todos juntos, criadas y todo, hacia Palafrugell.

Comenzaba una nueva vida para Philip y Anna. Lejos de la urbe y, sobre todo, lejos de sus inseparables, Seyin salía siempre con su esposa. Pere y Francesca, estaban contentísimos de ver a la pareja ir a la playa cada día y volver juntos y sonrientes. Se bronceaban, cogían hambre y pereza. Hacían largas siestas en la ancha cama de matrimonio que Francesca les había cedido, quién sabe si con la esperanza de la unión deseada.

En Calella, todos les llamaban *los ingleses*. Pasaban por la pareja más joven, más distinguida, y más feliz de la colonia.

Philip, tumbado en la arena, había apoyado la cabeza en las rodilla de Anna.

—¿Peso?

—No, nada. No te muevas, Philip.

Sin que él se diera cuenta le acercaba el rostro a la cabellera. Aspiraba el olor a salobre mezclado con efluvios de lavanda.

Philip observaba el mar entre los párpados medio cerrados. La luz, el color, el aire mismo, perfectamente inmóvil, tenían, no sabía qué de virginal, como empapados de aquella conmovedora inocencia de las primeras horas del día.

La quietud del agua era perfecta, la superficie, lisa y refulgente, de un azul-rosa esmaltado, el silencio, casi absoluto. Sólo una leve palpitación espaciada, como un suspiro del mar, flotaba dentro de la cala de San Roc.

Olas minúsculas venían a deshacerse en la arena color de miel. Dejaban un semicírculo de espuma, como la baba de un caracol gigántico.

—El color juega con las rocas— observó Philip—. A las ocho son rosadas, ahora son amarillas. Después, serán de un ocre oscuro, tirando a color marrón rojizo, hacia el anochecer, violeta y morado. Y, antes de desaparecer en la oscuridad nocturna, cogerán un tono de plomo.

Giró su mirada hacia el rostro de Anna. Le sonrió. Después se levantó.

—Me voy al agua, ¿vienes?

Le había alargado la mano. Ella se apoyaba para levantarse. Le siguió.

Nadaban cerca de las rocas donde el agua era profunda, limpia, tibia... Anna, estirada de cara al cielo, se dejaba llevar. Al cabo de un rato, se sumergía. Observaba el mundo marino: Palitos multicolores brillaban en el fondo, peces plateados y dorados, brillantes como joyas de quincalla, se escabullían vertiginosamente a media profundidad.

Sacaba la cabeza fuera del agua para respirar. El olor penetrante y denso de las algas recalentadas y del aire iodado, le entraba por la nariz y por la boca, se sentía saturada.

Philip nadaba mar adentro. Su cabellera rubia desaparecía y reaparecía en el surco de las olas. Los ojos de Anna le seguían con preocupación como si nadara cada vez más lejos y no volviera a tierra.

De repente, el corazón se le ensanchó. La cabellera rubia volvía a estar cerca suyo y la mirada y la sonrisa de Philip se le dirigían.

Era feliz, de una felicidad transparente y frágil como el cristal.

Caminaba por la playa saturada de la gracia rítmica del cuerpo de Philip, nadador infatigable; del bronceado de la piel de Philip tostada por el sol; del resplandor dorado de los cabellos de Philip.

Se abandonó al cojín de la arena. Se dejó penetrar por el murmuro del agua, por el brillo de la luz, por la tufarada de salobre.

Algo, en ella, se despertaba igual como el año pasado en aquel mismo lugar: una embriaguez de Philip, una atracción irresistible hacia Philip, una tentación dolorosa de tocar y besar el cuerpo de Philip.

Hacía casi un año que estaban casados –a veces le parecía que hacía centurias– y todavía no era su marido. No osaba adivinar el motivo. Con todo, *esperaba*. ¿Creía en los milagros? Sí, a veces, creía –todos los enamorados creen, pensaba–. Aquel milagro podía producirse de un momento a otro. ¿Por qué no? ¿Por qué no? Los dos eran jóvenes y hermosos, sanos y puros en su castidad. La sensualidad de Philip –el enigmático, el incomprensible Philip– podía despertarse de un momento a otro. ¿Por qué no? ¿Por qué no?

Apoyó la mejilla en la fresca y húmeda arena. Se puso a magrearla con una especie de inconsciente placer. Escuchaba el rumor de miles de granitos removidos. Rumor sordo y lejano como si viniera del corazón de la tierra.

Miraba de reojo la montaña que sus manos distraídas levantaban. Cada grano le aparecía separado del otro como individuos de un mundo nuevo todavía inexplorado, todos diferentes, cada uno con su color y su forma. De repente, una de aquellas individualidades misteriosas se separó de las otras, se enfiló hacia la superficie de la montaña. Era un insecto del mismo tamaño, color y transparencia de los granos de arena. Un mimetismo perfecto asimilaba el animal al mineral. Caminaba lentísimamente, alternando esta marcha con una ley de saltos de pulga cortitos y bajos.

Anna seguía con la cabeza encima de la arena mientras sus manos seguían también tocándola. El crujir de miles de granos le resonaban dentro del cerebro como un terremoto. Cuando levantaba la cabeza, escuchaba el ruido de las olas –sílabas lentas de un poema maravilloso–. Philip volvía a estar a su lado. Goteaba agua salada. Tenía los ojos llenos de agua salada, la cabellera empapada, el cuerpo brillante como el de un pez. Su piel de rubio, exhalaba un fuerte olor especial que embriagaba.

Volvía a acostarse cerca de ella. Respiraba fuerte, con el aliento acelerado por la larga nadada. Le apoyó la cabeza en los hombros. Una de sus manos le acariciaba distraídamente el brazo.

La esperanza vacilante de Anna, se reanimaba.

Siluetas de pescadores de caña, subidos en las rocas, se destacaban encima del cielo. Laúdes y barcas con palangres cruzaban la bahía, del Cap Sant Sebastià al Cap Roig. Algún nadador madrugador, chapoteaba en la entrada de la cala. Se escuchaban, cada vez más de cerca, unos golpes de remo. Pronto se vio un laúd. Salía de detrás de la punta, venía del lado de Calella. Su tripulante remaba decidido hacia la playa donde Philip y Anna estaban tumbados. Al llegar al ras de la arena, abandonó los remos, saltó al agua, arrastró la embarcación, la dejó cerca de las rocas.

Era un muchacho de unos dieciséis años, de aspecto humilde. Vestía camiseta de punto, calzones amplios de pescador. Se los quitó, sin prestar atención a la pareja, hizo un fardo y lo dejó cuidadosamente en el fondo del laúd. Llevaba un traje de baño deformado, de un color indefinible, desteñido por el sol, demasiado ancho y largo para sus miembros.

Se echó a la arena boca abajo.

Anna le miraba malhumorada.

—¡Qué ocurrencia escoger esta playa y a esta hora!

—Busca la solitud.

—Nosotros también la buscamos.
—Pero la playa es pública.
Con sus ojos de miope medio cerrados, Philip observaba al recién llegado.
El muchacho magreaba la arena, le daba puntadas de pie.
Mirándole, Philip se distraía.
—Se le ve contrariado. Sin duda se imaginaba no encontrar a nadie en la cala. Se habría puesto a pelo para tostarse.
—Oh, por mí ya se puede poner,– aceptó Anna con indiferencia.
—Por mí igual,– afirmó Philip levantando los hombros.
Le alargaba la mano.
—¿Vamos a nadar, Anna?
Pasaron cerca del muchacho sin soltarse. Él no se movió. Miraba obstinadamente las rocas de espaldas a ellos.
Después de pasar, Seyin se giró. Descubrió que les estaba siguiendo con la mirada. Le dedicó una sonrisa que el otro, arisco, no recogió.
Anna y Philip volvían a nadar cerca de las rocas, el uno al lado del otro.
El muchacho seguía con interés las evoluciones de la pareja. Eran forasteros y señores. Tanto el hombre como la mujer lucían un vestido de baño nuevo, a medida, no descolorido, ni deformado como el de él. Nadaban a la perfección. Seguramente habían aprendido en una playa extranjera. Al compararse con ellos se sentía profundamente humillado. Él nadaba como un perro o como una rana. Nunca nadie le había enseñado. Aquel hombre y aquella mujer, tan jóvenes y hermosos, mostraban una piel bronceada por el sol, lisa y brillante. La de él era pálida y un poco holgada encima de los huesos.
Se arrepentía de haber ido a la palaya de San Roc. Se sentía avergonzado y vejado de su miseria.
Los forasteros volvían. Obcecado por su despecho, el muchacho se giró nuevamente de cara a las rocas. Escuchaba crujir la arena cada vez más cerca. El crujido se le paró muy cerca de la espalda.
—Si no nadas cogerás una insolación.
El muchacho alzó los hombros.
Philip insistió.
—¿Que no sabes?
Tuvo que contestar.
—Sí sé.

El hombre rubio, estaba derecho a su lado, sonriente.

—Ala, entonces, vamos a dar un chapuzón juntos.

El muchacho se levantó.

—Yo no sé nadar como usted.

—Te enseñaré yo.

Anna había pasado de largo. Ahora estaba tendida en la arena de cara al cielo con los ojos cerrados. No comprendía el empeño de Philip de hacerse amigo de cualquiera que encontrase, ni la re-maldecida manía de conquistar a la gente, ponérselos en el bolsillo, fuera quien fuera y jugaran el papel que jugaran.

Escuchaba el chipoteo del agua no muy lejos de la arena y la voz de Philip pedagógicamente amable.

—No, así no avanzarás nunca.

Cuando Philip volvió al lado de Anna algo había cambiado en la expresión de su rostro. La mirada se había vuelto vaga, soñadora. Ya no se fijaba en el color cambiante de las rocas ni en el deslumbramiento del mar. Sus labios, delgados e inmóviles, se contraían en un intenso anhelo, en una palpitación exaltada.

—¿Por qué has vuelto al agua Philip?

Él se había tumbado a una cierta distancia de ella.

—Quería ver si el muchacho orgulloso sabía nadar. Nos hemos hecho muy amigos. Me ha explicado que era hijo de un pescador de sardinas. Salía con su padre en la barca cuando cayó enfermo de una pleuresía. Se tuvo que quedar mucho tiempo en la cama. El médico dice que ya está curado. Les ha aconsejado mucho reposo, aire libre, bastante alimento y soleadas. Las soleadas no le hacen ningún bien. Pero ellos tienen fe en el señor médico y no me creerán a mí si les aconsejo lo contrario.

—Tú no lo eres todavía médico. ¿Cuándo lo serás? Tengo unas ganas...

Pero Philip no le escuchaba. Conservaba el rostro girado hacia el sardinero.

—Está quién sabe lo avergonzado porque no tiene un traje de baño propio. Este que lleva es de un huésped que tuvieron el verano pasado en su casa. Se lo descuidó y él lo aprovecha.

Se escuchaba el rumor vago de las olas y algún grito lejano de mujer o de criaturas.

—Dice que quiere broncearse, como yo. Le da vergüenza mostrar la piel tan pálida. Por eso ha venido a la playa de Sant Roc. Se pensaba que no encontraría a nadie a esta hora.

El muchacho había vuelto al mar. Probaba de nadar según el sistema de Philip. No le salía bien y tragó un buen trago de agua. Le produjo una tos violenta.

—Bondad divina, ¿qué he hecho queriendo enseñarle el crol?— Se inquietó Philip.

El muchacho seguía tosiendo. Philip Seyin corrió. Le daba golpes en la espalda.

—Aguanta un poco la tos, si puedes, te pasará más pronto.

Le daba todo tipo de explicaciones respecto a los peligros que amenazan un convaleciente de pleuresía.

—Estudio para médico, sabes, no hablo porque sí.

Terminaron por sentarse el uno al lado del otro en la arena. Continuaban la conversación mientras la magreaban.

El sardinerillo observaba a Anna de reojo.

—¿Quién es esta muchacha tan bonita que va con usted?

Philip gritó.

—¡Anna! Ven por favor.

Anna se acercó de mala gana. Se sentó en el suelo cerca de Philip.

—Te presento a mi prometida.

El muchachillo sonreía intimidado. Estrechaba con energía la mano que ella le alargaba.

Anna no podía comprender por qué Philip la había presentado como una prometida. ¿Qué ley de comedia se proponía representar? En cierto modo, no obstante, Philip tenía razón. ¿No era ella la eterna prometida, la que vive de ilusiones esperando siempre convertirse en la esposa?

Philip se puso a hablar con Anna en inglés.

—Fíjate en la hermosura de este muchacho, Anna.

Anna le examinaba con ojos críticos.

—No le encuentro nada de particular.

—¡Pero, Anna! ¡Si es igual que el Eros de Tespias!

¡Igual que el Eros de Tespias y no era sino un muchachillo flaco y pálido, desaliñado y encogido! Se le destacaba demasiado la nariz y el mentón, rasgos ya de hombre con un rostro de niño.

Philip seguía examinando el sardinerillo con admiración.

—Fíjate bien, Anna. Tiene el tipo griego. Observa su perfil, observa su frente y la línea de donde arrancan los cabellos, la ondulación de la cabellera… ¡Es un Praxíteles!

—Está delgado y paliducho. No le sé ver tantas gracias.

El muchacho no comprendía lo que decían. Apretaba los labios, apartada la mirada de ellos con despecho.

—Perdona, muchacho, mi prometida y yo siempre hablamos en inglés.

De repente preguntó:

—¿Cómo te llamas?

—Esteve Batlle.

—Yo Philip Seyin y mi prometida Anna Valls. ¿Eres de aquí?

—Mi madre lo es, pero mi padre viene de Sant Martí de Empúries.

Philip gritó, entusiasmado.

—¿Lo escuchas, Anna? De Sant Martí de Empúries. Esto explica su parecido griego.

Esteve parecía preocupado.

—¿Saben qué hora es?

Philip consultó su reloj de pulsera, un cronómetro suizo sumergible.

—Sólo son las doce y media.

Esteve se puso de pie, de un salto.

—En casa comemos a la una, las doce de antes.

Philip le ayudó a varar el laúd. Esteve subió, comenzó a remar.

—Pásenlo bien y muchas gracias.

Cuando ya estaba un poco lejos, Philip le gritó:

—¡Hasta mañana, Esteve!

El sardinerillo navegaba hacia la punta rocosa. Antes de rebasarla se giró, dijo adiós con la mano dos o tres veces.

—¿Por qué le has dicho hasta mañana, Philip?

Philip no contestó. Quizás ni siquiera le escuchó.

X

Se habían hecho muy amigos con el sardinerillo. Esteve acudía cada día en barca a la playa de Sant Roc. Se bañaba con Philip y Anna. Philip le enseñaba el crol. Barqueaban en el laúd de Esteve el nombre del cual era *Riteta*.

Iban hasta el Cap Roig o hasta Les Formigues. Se llevaban merienda y se lo comían allí, encima de las rocas.

Esteve Batlle era un buen muchacho, simple, discreto, ingenuo, pero su presencia día tras día, hora tras hora, al lado de Philip enojaba a Anna. Hasta que un día se dejó dominar por el espíritu de la rebelión. En el momento de ir a salir al mar a bordo del Riteta, se negó a embarcar.

Philip no comprendía este capricho.

—¿Pero, por qué?

—No tengo ganas. Id vosotros.

Mientras Philip y Anna discutían, la mirada de Esteve iba de un lugar a otro.

—Si quieren ir ustedes dos solos, dispongan del laúd. Yo les esperaré tumbado en la arena.

Seyin protestó con energía.

—Yo sin ti no voy.

Anna decidió:

—Soy yo la que me quedo.

Finalmente se habían ido Esteve y Philip solos. Anna seguía la barquita con la mirada. Permanecía inmóvil con los ojos fijos en aquella mancha oscura que iba empequeñeciéndose y borrándose en la cegadora luz mediterránea.

La había visto balancearse mar adentro, desaparecer en el surco de una ola, salir y agigantarse en el horizonte, navegar, siempre más y más lejos, como si quisiera dejar atrás Les Formigues.

Se sentaba en la arena, pensaba en el nuevo capricho de Philip. Ahora él no vivía más que para Esteve. Cuando se quedaba solo con ella tenía un aire ausente, desanimado, pensativo. Al volver a tener cerca al muchacho volvía a estar alegre, a sentirse entusiasta, generoso, espiritual. Cuando hablaba de Esteve con Anna le llamaba el Eros de Tespias: «Hoy tarda mucho el Eros de Tespias.» «Mañana iremos a barquear hasta Llafranc con el Eros de Tespias.»

Philip habría querido que Esteve no viviera más que con él y para él. Para conseguirlo no ahorraría ni tiempo, ni dinero, ni voluntad.

Nunca había comido nada entre el té de la mañana y la comida del mediodía, y, de repente, descubría una necesidad imperiosa de alimentarse a media mañana. Cada día, antes de ir a la playa, era necesario prepararse unas lonchas de jamón, rodanchas de longaniza, tortillas y pan con tomate. Para animar a Esteve que comiera, pretendía sentirse débil. Extendía todas las vitualias a la sombra del laúd, invitaba al sardinerillo a compartirlas. Esteve aceptaba de buen gusto y Philip se mostraba feliz al ver como su compañero se atiborraba, se rehacía, cogía color y buena carne.

Seyin había sabido por Esteve que el laúd *Riteta* no era propiedad de la familia Batlle sino de un amigo de su padre, un sardinero del Canadell. Acto seguido fue a encontrarle. Le alquiló el laúd por un par de meses.

Le había regalado a Esteve uno de sus trajes de baño y, también un albornoz.

—Tengo dos y solo me hace falta uno,– le había dicho para obligarle a aceptarlo.

Los padres de Esteve estaban muy agradecidos a *los ingleses*, y, también, un poco alarmados de aquella amistad tan estrecha.

—El Estevet no vive más que para ustedes, no habla sino de ustedes,– explicaban a Anna con una mezcla de satisfacción y de inquietud.

Anna evocaba todo esto sentada en la arena, con la mirada fija en el mar. Rato hacía que el laúd no se veía, pero ella, todavía lo buscaba.

En aquel momento la playa de Sant Roc estaba bastante concurrida. Algunas familias habían plantado el paraguas de sol, extendido las toallas, los cubos y las palas de los chiquillos. Se escuchaban gritos, regaños de madre, llantos infantiles, todo mezclado con el rumor del oleaje.

Anna se enderezó con pereza. Había decidido ir a nadar. Atravesó la arena con lentitud. Se había producido un gran silencio entre la gente tumbada en el suelo. Ella sonreía interiormente. Sabía que hombres y mujeres le seguían con la mirada. Ellos admiraban su silueta, ellas criticaban su traje de baño, demasiado corto y demasiado ceñido –en el fondo, la envidiaban– este traje de baño color fresa, era de lana, de una calidad que no se deformaba con la humedad. Anna estaba quién sabe lo orgullosa. Había gastado una pequeña fortuna en su equipo de verano y no le pesaba. Siempre que se presentaba en algún lugar, era la mujer más bien equipada y elegante.

La luminosidad del cielo, el chipoteo de los brazos en el agua tibia, el placer del chapuzón, la distrajeron un momento de sus cavilaciones.

Mientras nadaba, un hombre se le acercó braceando.

—Nada muy bien, usted, señorita.

Anna se puso a practicar el crol con energía. El hombre la seguía resoplando.

—¡Me ha vencido!– Le gritó mientras ella reposaba tendida de cara al cielo.

—Sabe mucho de nadar, señorita. ¿Dónde ha aprendido?

—En Inglaterra.

Había mentido sin saber por qué. Recordó, con cierta nostalgia su profesor en Ouchy, mientras era pensionista en uno de los colegios más lujosos de Lausanne. Entonces sólo tenía doce años y se había enamorado un poco del maestro. En Inglaterra estuvo entre los quince y los dieciocho. Al llegar ya nadaba como ahora.

El hombre braceaba a su alrededor. Ella veía su cabeza parda, su rostro bronceado, muy viril, el color verde-gris de las pupilas que lucían irritadas por el agua de mar.

—No conozco ninguna mujer de aquí capaz de nadar como usted.

—¡Venga! Las hay a docenas.

Al darse cuenta de su postura cómicamente admirativa, Anna se echó a reír.

El hombre parecía ofendido.

—¿De qué se ríe?

—De usted.

—¡Gracias!

Huyendo de su admirador, Anna se había puesto a nadar en línea recta hacia la playa. Allí no había ningún peligro que él la siguiera. Seguramente su mujer y los críos le esperaban.

Mientras subía el sendero empinado y rocoso que conducía a casa de los Valls, Anna recordaba el nadador de los ojos verde-grises con cierta complacencia. Era un tipo de hombre sano, viril, sensual, muy mediterráneo. Seguramente su mujer estaba enamorada y él le hacía feliz, a ratos. Anna suspiró con pesar.

Había llegado arriba de todo de la subida. Se detuvo. Aspiró con placer el oreo marino. Veía una gran amplitud de mar. Buscaba con la mirada el laúd *Riteta*. Veía cinco o seis, pequeñas manchas oscuras sobre la luminosidad del agua. ¿Cuál de estos era?

Anna volvía a caminar. Pronto estaría en casa y Francesca le preguntaría:

—¿Dónde está Philip?

Si pudiera ahorrarse la respuesta... Sentía una especie de vergüenza de repetir siempre:

—Con Esteve.

Se acercaba el fin del verano. Los días eran mucho más cortos, las mañanas más fresquitas y, con frecuencia, grises y ventosas.

Esteve acudía a la playa de Sant Roc cada mañana con cualquier tipo de tiempo. Nadaba, remaba, practicaba ejercicios gimnásticos con Philip. Ya no era el muchachillo pálido y delgaducho, tímido y receloso de tiempos atrás. Se había hecho más hombre, era fuerte y se mostraba valiente. Según Philip, su perfil griego y su mata de cabellos rizados, le hacían cada día más parecido a un Praxíteles.

Anna y Philip esperaban a Esteve envueltos en los albornoces. Soplaba un fuerte garbino. El cielo y el mar eran de un gris de plomo. Las olas se rompían con violencia contra las rocas de la punta.

El laúd *Riteta* apareció al fin cerca de las rocas. Sacudido y traqueteado por la marejada, avanzaba saltando de cresta a cresta. Al estar a pocos metros de la arena, Esteve se puso de pie y gritó:

—¡Buenos días!

Philip dijo a Anna, en voz baja:

—Contémplalo bien. Pronto no le verás.

Anna no compartía la fervorosa amistad de Philip hacia Esteve. Pero para no perder del todo el contacto con su marido y también para conservar la ilusión de sus padres, de verlos salir juntos, hacía ver que, efectivamente, la compartía. Esteve había saltado de un brinco. Chipoteaba y repetía a gritos:

—¡Buenos días!

Philip comentó con un suspiro:

—How beautiful!

—Garbino de los fuertes, chicos,– anunció Esteve al estar cerca de los Seyin.

—Te esperábamos para bañarnos,– declaró Philip.

Esteve se dirigió a Anna.

—¿Se siente con ánimos?

Anna se quitó el albornoz, hizo una carrerilla y se tiró al mar.

Los otros dos la habían seguido.

El agua estaba movida y fría, incluso al refugio de las rocas.

Pronto salieron temblando y castañeando los dientes.

Philip tomó una decisión.

—Recojamos los albornoces y vayámonos corriendo a la taberna. Tomaremos un buen vaso de coñac y nos repondremos.

Esteve vacilaba con actitud de desafiar el frío.

—Ala, ala, no presumas de valiente. Todavía puedes recaer.

—¿A pie o en barca?– Quería saber Esteve sin dejar de castañear los dientes.

—En barca, como buenos marineros,– decidió Philip.

Los dos hombres empujaban el laúd. Saltaron adentro, ayudaron a Anna a subir, cogieron los remos.

Fuera de la cala, el mar roncaba y bufada de veras. Reventonas y en desorden las olas atravesaban la bahía, iban a romperse, rumorosas, contra las rocas y el arenal. El laúd estaba alzado por las crestas espumosas y de repente hundido en los surcos que el soplo del viento abría en el agua.

Al ver acercarse una ola más alta y más fuerte que las otras, Esteve, se enderezaba en el asiento, presentaba el remo como si fuera una arma.

—¡Paso a su majestad!

Anna se inquietaba.

—¿Dónde vamos, criaturas de Dios?

—A las bóvedas,– gritó Philip.

El sardinerillo protestó.

—Nos romperíamos el cuello, loco.

Todavía no habían doblado la primera punta y Seyin ya estaba cansado de remar. No se sabía poner de acuerdo con Esteve y la corriente les dominaba, les empujaba con violencia hacia las rocas con amenaza de naufragio. Esteve decidió ir más allá de la segunda punta y desembarcar en el Canadell.

—Venga, rema, cabeza hueca,— gritaba a Philip.

La maniobra salió bien aunque con bastantes guiñadas del *Riteta*[45], bastante cantidad de agua embarcaba, bastantes gritos de mando del sardinerillo acompañados de grandes esfuerzos musculares y algún reniego inédito que sorprendía, pero no escandalizaba a Anna, demasiado asustada para fijarse en filigranas de lenguaje.

Al llegar a la arena, los tres iban empapados como peces. Con las mejillas pálidas, Anna continuaba castañeando los dientes.

En tierra, Philip Seyin volvía a ser el comandante:

—¡A las bóvedas a todo galope!

Anna se quedaba rezagada. Esteve le esperó, le ayudó a correr estirándole por la mano mientras Seyin corría él sólo delante.

Una vez dentro de la taberna, Seyin comandó tres coñacs dobles. Se los bebían de pie, chorreando, con los cabellos enganchados en la cara.

Esteve se secó la frente y las mejillas con un trozo del albornoz, también empapado.

—¡Rediós, qué marejada!

Un pescador viejo bebía un vaso de vino clarete cerca del ventanal. Les miraba mientras movía la cabeza.

—Ya no es tiempo de baños, Estevet.

—Son los últimos.

Anna seguía castañeando los dientes. Philip le daba golpecitos a la espalda y los hombros.

—Di basta y te pasará.

Pidió tres vasos más de coñac. Los vaciaron en un santiamén.

—Are you feeling better, Anna?

—Better and better, Philip.

Una barca llegaba del mar. Envestía la arena delante de las bóvedas. El viejo pescador y el tabernero miraban amorrados al cristal.

—Con este garbino y todo para hacer el mierda,— comentó el tabernero.

—¡Si tuvieran que ganarse el pan!— dijo el viejo.

Esteve también se había acercado. Decía la suya:

—¡Es necesario atracar por la popa, pedazo de burros!

—Son forasteros, claro,— dijo el viejo.

---

45 En el contexto marítimo guiñada se refiere al desvío accidental o involuntario de un navío con relación al rumbo que lleva.

Ya no iban a la playa cada día. Se dedicaban a dar largas paseadas por Llafranc, Tamariu, Palafrugell y hasta Palamós a través de colinas y pinedas.

Un día antes del indicado para la marcha, un viernes después de comer, emprendían la última. Habían escogido el camino costero de Calella a Llafranc. Antes de las tres, Esteve ya esperaba a Philip y a Anna.

—¿Hace rato que llegaste?

—Justo unos minutos.

Era una tarde excepcional, quieta y cálida, casi de verano. El mar, de un azul pálido, se adormilaba de la tierra al horizonte. Breves y ligeras randas de espuma venían a lamer las rocas.

Los tres compañeros caminaron hasta la abrupta pineda que abriga, por el lado de poniente, la cala de Llafranc.

Quietos y silenciosos observaban el verde ramaje de los pinos. Al fondo de todo, entre los troncos de los árboles, se veía resplandecer el zafiro del agua.

Philip exhaló un suspiro. Esteve correspondió con otro. Habría querido expresar a su amigo y protector lo que aquella separación significaba para él. Pero no encontraba palabras que pudieran decirlo ni fuerza para arrancarlas de la garganta. Sabía que un hombre –él apenas empezaba a serlo– debe esconder sus sentimientos. Lágrimas, palabras patéticas, gestos desordenados o exagerados, eran manifestaciones de debilidad propias de mujeres. Lo único que hacía falta decir a Seyin, en aquel momento, era su agradecimiento por todo lo que le debía.

—Escucha Philip…– la voz le temblaba. Ya no fue capaz de decir ninguna palabra más.

Philip parecía comprender perfectamente lo que Esteve quería decir y no decía. Le estrechó la mano largamente.

—¿Nos volveremos a ver, verdad, Esteve?

Esteve se tragó la saliva con ruido de cañería embozada.

—¡Claro!

—Claro,– dijo también Anna para no quedar al margen.

Seyin volvía a mirar el ramaje de los pinos y, entre las ramas y los troncos, el zafiro del agua.

—¡Qué deprisa ha pasado el verano!

Continuaban embelesados con el paisaje.

Anna propuso:

—¿Vamos?

Caminaban uno detrás del otro por el senderillo cubierto de borrajo. El roce de los pies levantaba de las agujas y esparcía por el ambiente, un suavísimo perfume de resina.

Habían llegado a las primeras casas del pueblo. La mirada de Philip se iluminó. Acababa de descubrir un hostal.

—¿Entremos?

Escogieron una mesita cerca de la ventana, de cara al mar. El hostelero salió de la rebotica. Philip se dirigió a Anna y a Esteve.

—¿Tenéis hambre?

Esteve movió la cabeza diciendo que no. Anna dijo:

—Ni pizca.

—¿Estás seguro que no tomarías una ensalada con jamón, Esteve?

—No, gracias. Sólo tengo sed.

Philip pidió al hostelero:

—¿Tenéis absenta?

—No señor.

—¿Y whisky?

—No señor.

—Dadnos dos raciones dobles de coñac, en dos vasos grandes, y un jarrón de agua. ¿Para ti también coñac, Anna?

—De acuerdo.

Después de haber ingerido la doble ración de licor, las pupilas de Philip comenzaron a brillar detrás de las gafas.

—Acuérdate de lo que me has prometido, Esteve.

—¿Qué?

—Venir a Barcelona y a nuestra casa. Anna lo desea tanto como yo. Esteve movía la cabeza.

—Ahora me tengo que poner, de veras, a ayudar a mi padre. Soy el mayor y en casa hay seis bocas que alimentar. Gracias a Dios ya estoy sano.

Seyin callaba. De repente comandó al hostelero:

—Más coñac, por favor.

—Yo no.– Batlle tenía todavía la copa a medio vaciar.

—Ni yo– Anna vació de un trago la suya.

Philip suspiró con la mirada fija a Esteve.

—Ya veo que no tienes ganas de venir a Barcelona.

—¿Quién lo dice?

Philip insistía.

—Procura aprovechar dos días de fiesta.

—Para nosotros no hay fiestas. Si ahora me has visto no hacer nada en todo el verano es porque estaba enfermizo.

—¿Quizás en el invierno?– Propuso Anna sin convicción.

—Sí,– se esperanzó Philip –cuando haga frío y no podáis salir a pescar.

—Cuestan tanto los viajes…

—Te lo pago yo. ¿Quieres que te de el dinero ahora mismo?

Esteve se sonrojó. Fue como una gran llamarada cuello arriba, hasta la frente.

—No… no… gracias.

—Entonces te lo pagaré allí, cuando vengas. No me digas que no. Creeré que no tienes confianza en mí, que no somos suficientemente amigos.

—Aunque no vaya a Barcelona ya nos volveremos a ver el verano que viene. ¿No?

—Está todavía tan lejos… todo un año.

—No del todo. Ya estamos casi a octubre y si volvéis en junio…

Philip sonreía melanconioso.

—Ya veo que no me añorarás nada.

Pasó un relámpago por los ojos del sardinerillo. Se esforzaba a disimular, su tristeza. ¿Quería lágrimas y sollozos, Philip? Estas manifestaciones le parecían poco viriles a Esteve.

—¿Y a Anna, la añorarás?

—No es lo mismo. Anna me quiere porque tú me quieres. Viene conmigo porque tú vienes conmigo.

Seyin pagó la bebida y empujó a Esteve hacia afuera. Le había rodeado los hombros con el brazo. Y así caminaban campos a través, detrás de Anna.

Seguían la ruta del interior como si fueran a Palafrugell. Al encontrar el primer desvío hacia la izquierda, lo siguieron hasta Calella.

Cuando llegaron ya era de noche. Se detuvieron en el centro del pueblo, Anna alargó la mano a Esteve.

—El invierno pasará volando. Y nos volveremos a ver.

Esteve se la estrechaba cordialmente.

—Hasta el año que viene.

—¿Entonces, no vendrás a Barcelona?– Preguntó Philip muy inquieto.

Había tomado las dos manos de Esteve. Se inclinaba hacia su rostro como si fuera a besarlo.

El sardinerillo se apartó rápidamente.

Philip le había soltado las manos.

—Hasta la vista, Esteve. Si tú no vienes a Barcelona, volveré yo a Calella.

Se echó a correr detrás de Anna que ya había iniciado la marcha y estaba dos o tres casas más allá.

XI

Los primeros días después del retorno, el único tema de conversación de Philip con Anna, era Esteve. De la mañana a la noche, ella tenía que escuchar las alabanzas de Esteve y las lamentaciones dedicadas a la ausencia de Esteve.

A propósito del sardinerillo, Seyin elaboraba desaforados proyectos que Anna escuchaba con paciencia. Aparentaba aprobarlos o trataba de discutirlos según el grado de desequilibrio o de relativa ponderación que presentaban.

Philip hablaba de vivir todo el año en Calella. Estudiaría allí las asignaturas de la carrera de medicina. No volvería a la ciudad más que para los exámenes.

También hablaba de vender la fábrica del Poble Nou. Con el dinero que le darían, adquiriría una propiedad en Calella de Palafrugell o en Llafranc. Se haría pescador u hortelano.

Durante el veraneo de los Valls y los Seyin en Calella, Fredisvinda, les había plantado para volver a Albacete donde, según decía, tenía un hermano enfermo. Pilar servía ahora al matrimonio viejo mientras el joven se contentaba con una mujer de hacer la limpieza.

Entretanto, Briget y Marià desembarcaban de Ibiza, acaparaban nuevamente a Philip. Al ver que ya no tenían criada perdían el respeto a la casa, aparecían cada día, a cualquier hora, individualmente o juntos, se instalaban en la tribuna, hojeaban revistas, leían periódicos, fumaban los cigarrillo de Philip y Anna. Por poco que les convidaran, se quedaban también a comer.

Anna había simplificado la manera de vivir. Usaba bastantes latas de conserva, jamón de York, ensaladas a base de lechuga, olivas y tomate. Cuando Marià almorzaba con ellos, le ayudaba a cocinar, preparaba un pastel o una coca de futas; sabía más que cualquier cocinero o pastelero de oficio.

Joaquim Verdaguer, recién llegado de su masía de Camprodon,

también acudía con frecuencia al pisito de la Diagonal. La casa se llenaba de humo, de discusiones, de risas.

La conversación general impuesta por Seyin giraba, fatalmente alrededor del sardinerillo de Calella. Las gracias de Esteve Batlle, aceptadas teóricamente por todo el grupo, comenzaban a ser legendarias entre la extravagante comunidad. Evocaban y comentaban a Esteve como si fuera una obra de arte de un valor indiscutible. Todo resultaba un buen pretexto para nombrarlo: Una representación de teatro clásico, un film de estreno, una exposición de pintura o de escultura, una revista extranjera de arte...

Habían bautizado a Esteve Batlle con diferentes nombres heroicos. Tan pronto era el Eros Farnese, como el Apolo de Lice, o el Faune Adolescente. Para Philip seguía siendo el Eros de Tespias. Entre ellos el nombre *Esteve* se había vuelto sinónimo de beldad modélica[46]. Cuando descubrían por la calle o en una tienda, un muchacho que les parecía suficientemente hermoso para prestarle una atención especial, uno decía al otro:

—¿Quieres saber dónde he descubierto a un Esteve?

A veces, yendo por la calle, Marià tocaba el brazo de Joaquim o de Philip:

—Mira tú, qué Esteve.

En este culto extravagante, Briget no era la menos entusiasmada. Incluso se mostraba más exaltada que los otros cuando se trataba del proyecto de visita colectiva a Calella de Palafrugell. Pero esta excursión artístico-sentimental no llegaba nunca a madurar. Philip era el primero de echarse atrás cuando el momento llegaba. Quizás temía haber ponderado demasiado a Esteve. Sus compañeros tendrían una decepción, se mofarían de él, le acusarían de exagerado y de bobo.

Anna, silenciosa, les escuchaba proyectar, discutir, disputarse a propósito de oportunidades desorbitadas y vagas. A Calella no irían nunca todos juntos y se alegraba. Le habría dado vergüenza que Esteve viera a Philip rodeado de aquel grupo de grillados.

El culto al sardinerillo se prolongó todo el otoño entre cócteles, cenas, veladas en los cafés-conciertos y en las tabernas del Paral.lel.

Anna no habría podido precisar a qué momento, el astro del sardinerillo comenzó a palidecer. Su resplandor se apagaba, el eco de sus cualidades, se extinguía.

---

[46] La palabra beldad significa persona muy bella.

Vino el día que ya no se habló más de Esteve.

Los Seyin habían almorzado con Briget en el apartamento de la Diagonal. Apenas tragado el último sorbo de café Philip abandonó la silla.
—Me voy a estudiar al Artístic.
Briget también se levantó del asiento.
—Y yo a pintar en la pensión.
Anna protestó:
—¿Y ahora me dejaréis a mí, sola?
Suplicó:
—No te vayas, Briget, tengo ganas de hablar contigo.
Briget curiosa, aceptó quedarse.
—Pero me iré pronto. Quiero terminar unos bodegones que tengo a medio hacer.
Cuando Philip se había ido, la pintora se encaró con Anna.
—Venga habla, ¿qué hay de nuevo?
—De nuevo, propiamente, nada. Deseo hablar contigo sobre Philip.
Briget encendió un cigarrillo.
—Veamos, ¿qué quieres saber?
Anna vacilaba. De repente, pero, decidió.
—¿Qué piensas tú de Philip como hombre?
Briget observaba a Anna con expresión burlona.
—¿Cómo hombre, *hombre*?
—Como hombre con relación a una mujer, en relación a mí por ejemplo.
Briget seguía fumando. Anna insistió:
—Háblame francamente, por favor, como si yo fuera Joaquim o Marià.
—Ni Joaquim ni Marià ni yo estamos enamorados de Philip. Le miramos como compañero, de una manera imparcial, desinteresada. No como tú que le miras como a un ídolo. Es difícil hacerte comprender lo que Philip es para nosotros. Tú le amas con pasión, pretendes de él precisamente lo que no puede darte. Nosotros le aceptamos tal como es.
—Sí, estoy enamorada,– confesó Anna con los ojos húmedos.
Briget la observaba con piedad.
—He aquí tu tormento.
—¿Tormento? Es mi marido.

La sonrisa piadosa de Briget se acentuó.

—Bien, ¿y qué? Deja de lado el derecho que has adquirido gracias a unos papeles firmados por un juez y una bendición dada por un cura.

—Yo no estoy enamorada de Philip ni espero que él lo esté de mí a causa de estos papeles mojados y de esta bendición rutinaria. Le quiero y le deseo. ¿Hago mal?

—Quiérele tanto como quieras, pero no pretendas que él te corresponda. Lo que tú sientes por él, él no lo siente por ti. Esta es la verdad estricta.

—Todo esto que me dices es horrible, Briget.

—Perdóname, chica. Me has pedido mi opinión y te la doy.

Le dio golpecitos amistosamente a la espalda.

—Te tienes que enfrentar valientemente con la verdad de una vez. Tu posición es insostenible si te empeñas en que Philip sienta lo que tú sientes, te quiera como tú le quieres.

—¿Qué tengo que hacer, Briget? ¿Qué harías tú en mi lugar? Dímelo.

—Renunciar al amor de Philip. Acéptale como compañero únicamente, como compañero. Es lo único que él puede ofrecerte.

—Pero yo estoy enamorada de Philip. Aunque mi cerebro diga: *renuncio*, mi sangre y mi carne le desean.

Briget movía la cabeza como quien escucha a una criatura pedir la luna. Cogió otro cigarrillo de los que había encima de la mesa de cristal, lo encendió y empezó a chupar y a sacar humo por la nariz.

—El único remedio que veo a tu drama es que te busques a un amante.

Vivamente, Anna protestó:

—Esto no sería ningún remedio. No solamente no disfrutaría de las caricias del hombre que amo sino que tendría que soportar las del hombre que me daría asco.

Briget alzó los hombros, arcó las cejas.

—Yo en tu caso, lo probaría. Búscate fríamente a un hombre joven y sano. Entrégate con convicción, por higiene, como si fuera la última palabra de la terapéutica sexual. Y, poco a poco, encontrarás consuelo. Probablemente, tarde o temprano, a la corta o a la larga, un placer positivo. Porque tú eres una mujer normal, indiscutiblemente normal. La única de nosotros.

—Anna movía la cabeza, preocupada.

—Y, ¿cómo se lo tomaría Philip?

—Oh, él sería el primero en alegrarse.

—Lo dudo. Philip tiene su dignidad de marido. Si sabía que yo tengo un amante se sentiría ofendido y ultrajado.

Briget estalló a reír.

—¿Ultrajado, dices? ¡Qué idea más anticuada y burguesa! Él te agradecería que le dejaras en paz, que no le persiguieras más con tu ternura, con tu mal disimulado desasosiego sexual.

Apagó el cigarrillo apretándolo entre los dedos y el cenicero.

—Siendo la querida de Pau, de Pere o de Beranguera, podrías seguir haciendo vida común socialmente, económicamente con Philip.

—¡Pero esto que me propones es monstruoso, Briget!

—No veo por qué ha de ser monstruoso. Centenares y miles de parejas viven separadas sexualmente y unidas socialmente y económicamente. Probad también de hacerlo vosotros.

—¿Probarlo, dices?– Anna sonreía patéticamente– Desde que nos hemos casado no hacemos otra cosa.

XII

Francesca, aunque no tan crudamente como Briget, también solía hablar del caso con su hija.

—¿Cómo es posible que una muchacha tan joven, bonita e instruida, quiera tan enconadamente a un hombre que no le corresponde más que con frialdad, indiferencia, menosprecio?

—¿Cómo es posible, pregunto yo, que seas mujer y no lo entiendas? Los que así habláis del amor usáis el mismo lenguaje que los mercaderes. Ellos dicen: «Doy tanto, he de sacar tanto». ¿Qué relación tiene lo que él *no* me da, lo que él *no* me profesa, con el amor que me inspira? ¿Es el amor un negocio en el cual cada accionista espera ganar un tanto por ciento de su capital? ¿Se puede decir amor a la aceptación de homenajes, halagos y caricias? Más bien podríamos decir egoísmo o comodidad. Mi amor a Philip está por encima del sentido práctico y de mi instinto de hembra. Me refiero –aclaraba– al instinto que no se despierta más que con la actividad del macho.

Insistía:

—El amor verdadero, mamá, es el que, a pesar de toda correspondencia, persiste.

—Has leído demasiado, chica– comentaba Francesca sin comprender el discursillo de Anna.

Tenía una cierta fe en los sermoncillos. Creía que su deber era hacerlos.

—No veo donde puede conducirse esta maldecida pasión. Por más que busco una solución no la encuentro.

—Quizás la muerte– insinuó Anna con una sonrisa casi patética.

—¡Ay, hija, me asustas! Si aludes a la tuya es una blasfemia. Si a la de Philip…

—La de él o la mía, da lo mismo. La muerte, considéralo un momento, mamá, es la solución definitiva de todo.

Pero a pesar de estas conversaciones, Anna seguía poniendo en práctica los consejos de su madre. Procuraba estar estupenda y, por una especie de desaforada esperanza, de ya no sabía qué, se fingía amiga de los amigos de Philip. Salía cada noche con ellos. Volvía a casa a las tantas de la madrugada, se metía en la cómoda cama de matrimonio donde seguía durmiendo castamente con Philip.

Briget, Joaquim y Marià se mostraban amables con Anna, pero siempre había una ley de imperceptible barrera entre ellos. «La burguesita consentida», solían llamarla cuando los Seyin no les escuchaban.

Philip, Joaquim, Marià y Briget se consideraban artistas, seres libres de prejuicios, discípulos de una filosofía no determinada, más o menos existencialista, resumida en una palabra: VIVIR. Ellos querían vivir y vivían. Anna también habría querido vivir, pero había tomado el camino equivocado y escuchaba las voces de los tres a la vez muy cercanas y muy lejanas como un intrincado laberinto.

Un viernes al llegar a casa a las tres de la madrugada, Philip anunció a Anna que el día siguiente él no podría asistir a la cena de los Valls donde solía acompañarla cada sábado. Tenía un compromiso.

—¿Y yo no puedo ir contigo?
—Es una reunión de hombres solos, ¿comprendes?
—¿Una reunión de negocios?
Philip sonrió.
—¡No!
—¿De política?
Volvió a reír.
—¡Tampoco!
—¿Entonces de qué? ¿Si es un recreo por qué no puedo ir yo?
—Es una reunión muy especial.
—¿Briget tampoco va?
—Supongo que no.
—¿Y Joaquim y Marià, ellos van?
—Supongo que sí.
—¿Entonces Briget y yo no podemos ir?
—Así me lo han dicho.
—¿Y dónde es esta reunión tan secreta?
—En una casa particular. Ignoro la dirección.
—¿Cómo la encontrarás, entonces?
—Me acompaña Marià.

El día siguiente por la mañana Anna telefoneó a Francesca.

—Mamá, esta noche vendré a cenar sin Philip. Tiene una reunión muy interesante en la que *no puedo* asistir.

—¿Quizás se nos vuelve hombre de negocios, tu marido?
—Si... si, negocios.
—Bien– dijo la voz de Francesca, siempre optimista, al otro lado del hilo –invitaré a Agustí. El papá llegó ayer por la noche. Después de cenar podremos hacer un bridge de cuatro.
—Es que yo... querría pedirte una cosa mamá.
—Dime, hijita.
—Me gustaría invitar en tu nombre a la pintora.
—¿Aquella amiga de Philip tan fuera de serie?
—La misma.
—Bien, bien, como quieras, ya puedes invitarle. Pero sin hacer cumplidos, ¿eh? Comerá lo que haiga.
—No te preocupes por lo que Briget come y bebe. ¡Todo le parece bien!
Marcó el número de teléfono de Miss Allingam. Le soltó la invitación sin preámbulos. La pintora tardó un momento en contestar. Se ve que buscaba una excusa. Exactamente lo que Anna suponía.
—Estoy muy resfriada, ¿sabes? Tengo una migraña... Creo que lo mejor que puedo hacer esta noche es irme a dormir pronto.
Ahora Anna sabía con certeza que Briget iba a la reunión de Philip. Era lo que se había propuesto saber al invitarle. Lloraba de rabia.
Antes de cenar telefoneó también a Verdaguer. Una voz de hombre, baja y ronca, respondió con tono de servidor bien adiestrado.
—El señor Verdaguer ha salido, señora.
—Oh, qué lástima. Soy la señora Seyin. Quería pedirle... Quizás usted lo sabrá.
—Diga, diga, señora Seyin.
—Tengo que ir a reunirme con mi marido, el señor Verdaguer y el señor Albareda para ir a cenar y no recuerdo el lugar donde nos tenemos que encontrar. Me esperarán inútilmente y mi marido pasará mucha ansia. ¿Lo sabe usted, por casualidad?
Del otro lado del hilo reinaba un silencio prudente y reflexivo. Anna insistió:
—Cuando mi marido me lo dijo estaba distraída. Tendré que telefonear al Café de la Luna, a ver si están allí.
Se escuchó una respiración asmática, una nueva vacilación. Después:
—El señor Verdaguer iba directamente a casa del señor Albareda. Ha salido cargado de botellas. Yo mismo le he ayudado a instalarlas en el coche.

—Bien, bien. Yo también iré directamente a casa del señor Albareda. Muchas gracias Félix.

Anna colgó el receptor y se quedó apoyada a la pared.

—¿Qué tienes, Anna?– preguntó Francesca al ver su rostro descompuesto.

—Un gran asco todo. Tengo unas ganas locas de hacer alguna cosa fuerte. No comprendo la conducta de Philip. ¿Por qué ha organizado una fiesta a escondidas? ¿No digo que *sí* a todo lo que él quiere?

—Cálmate, hija.– Francesca le acariciaba los cabellos.

—Todos, todos mienten, todos están en contra mía. ¡Son unos farsantes, unos hipócritas! Tengo que acabar con todo esto, sea como sea.

La velada fue más bien aburrida. Pere estaba cansado, tenía sueño. Agustí percibía algo en la atmósfera. Anna callaba y Francesca hablaba por los codos.

Habían tratado de jugar al bridge. Anna no estaba por el juego y no hacía más que liarlo. Pere se enfadaba. Francesca les regañaba. Agustí callaba con los labios tensos.

Al cabo de una partida y media Pere comenzó a dar bostezos. Luchaba para mantener los párpados abiertos. Francesca lanzó las cartas y se levantó.

—Tú, papá, ahora mismo a la cama. Te llevaré una tacita de tila con unas gotas de coramina[47]. Veo que hoy te cuesta bastante respirar.

Bruguera observó:

—Es esta maldecida niebla.

—Tú, Agustí, acompañarás a Ana a su casa.

Agustí sonreía con la boca baja.

—A las órdenes, capitán.

Anna y Agustí salieron juntos. Al estar afuera Anna caminó por la calle Llúria hacia arriba y, al llegar a la Diagonal, giró hacia el Paseo de Gracia.

Agustí, extrañado, preguntó.

—¿Dónde vamos, Anna?

—Tú, no lo sé, yo a Sant Gervasi.

—¿A Sant Gervasi a pie?

—Pronto encontraré un taxi.

---

47   Las gotas de coramina se utilizaban como un estimulante cardíaco y para aliviar problemas respiratorios relacionados con el asma. Para más información ver la base de datos de fármacos antiguos en Pharmakoteka: http://www.ub.edu/pharmakoteka/node/24233

—¿Supongo que yo sobro?
—Al contrario. Quería pedirte que me acompañaras. Voy a una fiesta. Tú puedes venir también. Debe haber mucha gente. No vendrá de uno.
—Pero yo no estoy invitado.
—Yo tampoco.
Agustí se detuvo, cogió el brazo de Anna.
—No sé qué quieres hacer, Anna, pero por el tono con que lo dices me parece que se trata de una imprudencia.
—Imprudencia o juicio. Es lo mismo. Uno de los que organiza el sarao es mi marido. Tengo derecho a ir.
—No sé hasta dónde llegan tus derechos, Anna. Pero en la fiesta, si no estamos invitados, nos recibirán mal. Nuestra llegada puede provocar escenas desagradables.
—Ya nada puede ser más desagradable para mí de lo que soporto.
Anna volvía a caminar. Agustí le detuvo.
—Si se trata de una reunión del grupo de Philip y no te han invitado, es casi seguro que Philip no te quiere ver involucrada. Yo de ti no me arriesgaría.
Anna seguía caminando sin escucharle.
—Ahora lo que hace falta es encontrar a un taxi.
—Antes escúchame, Anna. Si opinas que no tengo razón, adelante. Yo mismo te acompañaré.
—Supongo que no te propones soltarme un sermoncillo en medio de la calle, con esta humedad fría y agresiva.
—Si no quieres escucharme en medio de la calle, entremos a un café. Hablemos un rato con tranquilidad. No debes tener ninguna prisa en interrumpir los recreos del grupo de Philip.
—Prisa propiamente, no tengo ninguna, pero sí una cierta fiebre de realizar mi proyecto.
—Perdona que te contradiga; es un proyecto absurdo.
—No puedo aguantar más, Agustí. Voy a cambiar de táctica.
Sin darse cuenta Anna, que siempre había disimulado delante de Agustí, ahora le hablaba como si él estuviera al corriente de su drama. En realidad Agustí no ignoraba nada, pero nunca lo habían hablado juntos.
Anna se dejó conducir hasta el café de la Punyalada, poco concurrido en aquella hora. Agustí escogió una mesa. Se instalaron. Pidieron un café cada uno. Esperaban que se lo sirvieran antes de continuar la conversación. Agustí miraba fijamente a Anna.

—Ahora haz el favor de explicarme lo que te propones.

—Te lo diré con pocas palabras: sorprender a Philip y a sus cómplices en pleno libertinaje.

—Te expones a interrumpir alguna escena escabrosa y repugnante.

—Oh, claro. No me hago la ilusión de pasar un buen rato. Sé que voy a sufrir, pero no importa. Si tengo que acabar con Philip cuanto antes mejor.

Acabar con Philip. Estas palabras tenían para Agustí, una extraordinaria resonancia. Eran a la vez luminosas y terroríficas, exaltantes y escalofriantes. Miraba a Anna intensamente con la boca medio abierta. Ella parecía adivinar lo que él sentía y pensaba.

—No podré dejar de quererle, ya lo sé, pero así él será más libre. No tendrá que decir tantas mentiras ni buscar tantas disimulaciones, ni poner en acción tantos cómplices.

Agustí reflexionaba. Nunca decía ni hacía nada sin haberse puesto a pensar un largo rato.

—Si sólo es para facilitarle la libertad de acción, no hace falta que vayas a hacer ruido ni te expongas a escuchar palabras impertinentes y groseras. Quedarás mucho mejor concediéndosela conservando una actitud serena y digna.

Callaron unos momentos. Agustí continuó.

—Anna, tú no eres una mujer vulgar de aquellas que corren detrás del marido a dar el escándalo cuando este le engaña.

—Sí que lo soy, Agustí. Siento hermandad con la más agresiva de las marrulleras, con la más audaz de las prostitutas cuando alguien les quita el marido.

—¿Me permites que te hable bien claro, Anna?

—Habla.

—Si tu marido fuera eso que se dice *un hombre*, quizás sí que valdría la pena de montar un follón, de provocar escenas de escándalo. A los hombres auténticos, a veces, estas cosas les halagan. Con frecuencia un marido vuelve a su mujer después de una escena violenta en público. Con Philip todo esto es inútil. Bien lo sabes, Anna.

Ella tomó una postura desafiadora.

—¿Si todos lo sabíais, por qué no me avisabais antes que me casara?

Agustí murmuró:

—Nadie sospechaba nada, como tú misma.

Callaron un momento.

Anna se sacó la polvera de la bolsa. Se pintó los labios y se empolvó las mejillas. Se miró atentamente en el espejillo.

—¿Quieres hacerme un favor, Agustí?

—Todos los que quieras, Anna.

—Hazme servir una bebida bien fuerte. Un whisky doble o una mezcla de alcoholes, la más infernal posible.

Agustí pidió dos cocktails a base de vermut, ron y ginebra.

El mozo le miró un poco alarmado.

—¿En copa grande o pequeña?

—Grande.

—Bien señor.

Bebían los dos en silencio. Anna en dos tragos. Agustí poco a poco.

—Es extraño estar contigo en un café a esta hora.

Anna sonreía con los ojos más brillantes.

—¿Por qué? Es la cosa más natural del mundo.

—¿Natural? Según cómo lo mires. Más natural sería que yo asistiera a la fiesta de Marià Albareda al lado de Philip.

—Es probable que en esta reunión, las mujeres no hagan ningún bien asistiendo. ¿No te han dicho que es una reunión de hombres solos?

—Briget asiste.

—Si sólo asiste Briget nadie osará afirmar que las mujeres estén representadas.

Los dos se rieron. La risa de Anna duró poco.

—Todo esto es bien triste,– comentó.

—La única cosa triste de este asunto es tu pasión por este hombre. Si pudieras prescindir de él , si te decidieras a separarte, si pudieras medir el mundo libremente, con todas las posibilidades que te ofrece…

—¿Posibilidades, de qué?

—Qué sé yo… Después de Philip hay miles de hombres que valen la pena ser considerados.

—Tú, por ejemplo.

—Puedes mofarte de mí tanto como quieras. Pero, por el sólo hecho de estar aquí en este café y a tu lado tratando de evitar que hagas el ridículo o, lo que sería peor: que pases por la vergüenza y el dolor de un agravio en público, ya prueba que sí: que efectivamente, yo soy uno de los hombres que existen en el mundo, dignos de ser considerados para ti y, hasta cierto punto, *valorizados*.

—Bravo, Agustí, el alcohol te vuelve elocuente.

—A ti también te anima bastante. Me parece que has cambiado de humor.

—Nos tendríamos que dedicar a beber, Agustí.

Agustí no parecía nada convencido.

—Lo pagaríamos demasiado caro.

—Tendrías que tomar otro cóctel, Agustí. Todavía te sientes pesimista.

—El alcohol me hace el efecto contrario. Cuanto más bebo, más pesimista me vuelvo.

—Yo no. Yo ahora estoy un poco embriagada, quizás no lo suficiente. Con otro cóctel comenzaría a verlo todo de color de rosa.

—El despertar sería horrible.

—Calla, aguafiestas. No me desembriagues tan pronto.

Con una especie de sonrisa que más bien parecía lloriqueo, Agustí le tocó una mano.

—Ahora pagaré y saldremos. No detendremos a ningún taxi. Caminaremos Diagonal abajo hacia tu casa. Te dejaré dentro del ascensor. Prométeme que no volverás a salir para ir a encontrar a Philip y a su grupo.

Caminaron un rato en silencio. Anna se había subido el cuello del abrigo. No se le veía más que la punta de la nariz entre los pelos del visón. Agustí le tocó el brazo:

—¿Tienes Bellergal en tu casa?[48]

—Creo que sí. Es decir, no me acuerdo.

Agustí sacó un tubito del bolsillo.

—Ten. Está casi lleno. Tómate dos o tres grageas antes de ponerte en la cama. Procura no pensar en nada.

Bruguera no cogía a Anna por el brazo, como lo practican los ingleses y los americanos: como lo hacía Philip con Francesca, con Briget, con Colombina.

—¿Harás lo que te he dicho, Anna?

—Sí, Agustí.

Reinició el paso, observó a su compañero de reojo, se puso a reír.

—No has bebido suficiente, Agustí.

—Para saber lo que tengo que hacer no necesito beber, Anna.

---

[48] Las pastillas Bellergal eran fármacos comunes para calmar la migraña, los estados de ansiedad y problemas cardiovasculares. Para más información consultar la Pharmakoteka online http://www.ub.edu/pharmakoteka/node/24162

XIII

El día siguiente era domingo. Anna se despertó tarde y con dolor de cabeza. Se dio cuenta que Philip no estaba acostado a su lado como los demás días. Era la primera vez que tal acontecimiento se producía. Philip, cuando Anna no le acompañaba al restaurante y a los cabarets, al volver a casa de madrugada procuraba pasar desapercibido. No encendía la luz del techo, ni abría ningún armario o cajón y se esmuñía dentro de la cama sin moverse. Al despertar, por la mañana, Anna le escuchaba respirar cerca suyo, observaba su cabellera rubia hundida en el cojín, medio cubierta por las sábanas.

Anna fue a la cocina a prepararse una taza de té. Quería tomárselo con dos aspirinas y después volver a la cama.

Al pasar por delante del cuarto de invitados le pareció escuchar un ruido del somier y el toser de fumador de Philip. Se acercó de puntillas, puso la cabeza en la puerta que Philip no había terminado de ajustar. Le vio tumbado boca abajo encima de la cama, abrazado al cojín, con el abrigo puesto.

Debió haber llegado embriagado y, por instinto, había evitado meterse al dormitorio común, refugiándose en aquella habitación donde la cama permanecía sin sábanas ni fundas en las almohadas ni mantas.

Anna, después de tomar el té y las aspirinas se volvió a acostar. No se levantó hasta dos horas más tarde.

Habían quedado con Francesca que irían a almorzar a su casa ella y Philip. Era necesario avisarle antes de abandonar el apartamento. Pero estaba tan enrabiada con él que decidió irse sin dirigirle ni una palabra. Escribió en un trozo de revista: «Almorzamos en casa de mis padres», lo colocó en un lugar adecuado.

Philip no se presentó en casa de los Valls ni les telefoneó para excusarse. Le habían puesto plato en la mesa y, a medio almuerzo, Pere preguntó a su hija:

—¿Le has dejado el papelillo en un lugar visible?

—Lo he dejado en la cocina, apoyado en la tetera. Como lo primero que hace al levantarse es tomar té, se tiene que haber dado cuento por fuerza.

Pere suspiró contrariado.

—No te preocupes, papá, la fiesta de ayer debe haberle agotado. Probablemente todavía duerme.

A media tarde, pero, y al ver que Philip no daba señales de vida, Anna también comenzó a alarmarse. Dejó la revista que, con actitud tedia, estaba hojeando, se puso el abrigo y el sombrero.

—Me voy a casa,— anunció a sus padres. —Temo que Philip esté realmente enfermo.

—Ve, ve, hija.— Aprobó Pere. —Pero si no le pasa nada anormal, volved los dos. Cenaréis con nosotros.

Anna movió la cabeza.

—No te lo prometo. Philip, por poco que se sienta bien, no tendrá otra obsesión que volver a reunirse con su grupo.

Sonrió con melancólica ironía.

—Ya debe hacer unas diez horas que no les ha visto. No creo que pueda aguantarse mucho más. Pero yo volveré con él o sin él.

De camino a casa recordaba el cóctel que había tomado con Agustí, la noche anterior, en el Café de la Punyalada y el efecto que el alcohol le había producido. ¡Qué manera tan diferente de ver las cosas antes o después de la bebida! Era necesario ser un personaje triste y espeso como el pobre Agustí para permanecer incólume después de aquella dosis de alcohol. En cuanto a ella, al cabo de un pequeño rato de haber ingerido la bebida ya miraba a Bruguera con otros ojos. Agustí había dejado de ser el honrado funcionario prudente, juicioso, aburrido, víctima de un amor imposible. Era una especie de caballero medieval, un Ivanhoë decidido a luchar por ella hasta la muerte, sin ningún interés impuro ni ninguna impura codicia. Sólo le impulsaban el amor y el honor. (Anna sonreía al recordarlo).

Por desgracia, este pletórico estado de espíritu se desvaneció pronto. Y ahora, Agustí Bruguera volvía a ser un pobre hombre, un honrado funcionario obstinadamente enamorado de ella, incapaz de aprovechar aquel comienzo de embriaguez, haciéndole beber más cócteles, —en un cierto momento, ella se sentía inclinada— acompañarle a casa, subir al piso, cogerle en sus brazos y...

Pero Agustí tenía razón —siempre la tenía Agustí, quizás por eso era tan poco atractivo— el despertar sería horrible.

¿Si ayer se hubiera entregado qué sentiría *ahora*? ¿Asco, vergüenza? Cualquier cosa menos bienaventuranza. Agustí entonces, había hecho santamente en abstenerse de beber más de la cuenta y de empujarle a ella, a hacerlo. Anna se lo agradecía.

Sin darse cuenta había llegado a casa.

—¿Has visto salir a mi marido, Teresa?

—Sí, señorita. No hace mucho ha salido.

—¿Sólo?

—Iba con un joven que ha venido a buscarle.

—¿Era el señor Albareda o el señor Verdaguer?

—No, no, a estos señores les conozco bien. Era un señorito mucho más joven. No le había visto nunca.

Anna, desorientada, se volvió a casa de los Valls. Les explicó el caso. Ninguno de los tres comprendía la conducta de Philip, su silencio, sus misterios.

Cuando Anna regresó al apartamento de la Diagonal él todavía no estaba. No le extrañó porque sólo eran las once.

Se tomó una buena dosis de somníferos y se acostó en la cama.

El día siguiente se despertó con la cabeza espesa y los párpados pesantes. Eran las diez tocadas y Philip, tampoco dormía a su lado. Saltó de la cama y se precipitó al cuarto de invitados. Philip no estaba. Anna se sintió angustiada. ¿Qué quería decir todo eso? ¿Dónde estaba él? ¿Qué había pasado?

Le faltó tiempo para correr a casa de sus padres. Pere ya se había ido a Palafrugell, Francesca recibió la noticia con sorpresa e inquietud.

—Antes de todo es necesario saber dónde está Philip. Telefonea de inmediato a alguno de sus amigos.

Anna telefoneó a Briget. Le respondieron que había salido. En seguida telefoneó a Joaquim. La voz ronca y asmática de Fèlix le hizo saber que el señorito no estaba.

Anna regresó a su casa con la esperanza de encontrar a Philip. Encontró a la Roser que trajinaba con ganas.

—¿Tengo que ir a comprar, señorita?

—Sí y compre carne, fruta y verdura.

—Me parece que tampoco hay azúcar y se ha terminado el Netol para los dorados.

Anna le dio un billete de cien pesetas.

—Compre todo lo que haga falta.

Al estar afuera la Roser, se precipitó al teléfono. Volvió a llamar a casa de Joaquim.

Fèlix no disimulaba su extrañeza.

—No es necesario que telefonee más, ya no vendrá hasta la hora de almorzar.

Anna telefoneó a Briget.

—Todavía no ha venido– explicó la posadera.

Anna se paseaba por el piso como una bestia fiera engaviada. No sabía qué pensar ni qué hacer. Cuando la Roser volvió, disimuló como pudo su angustia.

—Ponga la verdura a hervir, por favor.

—¿Toda?

—No, sólo la mitad. Quizás tendré que almorzar sola. Mi marido tiene un compromiso y no sé a qué hora volverá.

A la una y media Philip no se había presentado. La Roser ponía la mesa para dos y comenzaba a asar la carne.

Anna telefoneó a Joaquim por tercera vez. Se preparaba para contestar a Fèlix, y, si se volvía a mostrar impertinente, ponerle en su lugar. Contestó el mismo Verdaguer.

—Joaquim, soy Anna.– La voz le temblaba de emoción.

—¿Qué hay de nuevo? ¿Pasa alguna cosa?

—No sé nada de Philip. No ha venido a dormir ni a comer. ¿Sabes alguna cosa tú?

—Ayer por la noche salimos como siempre con el grupo. Nos separamos de madrugada. No sé nada más.

—¿No estaba enfermo, verdad?

—No.

—¿No parecía preocupado o inquieto por alguna cosa?

—No, no… A mí me parece que no.

—No sé qué hacer, Joaquim. ¿A quién podría dirigirme?

—Ten un poco más de paciencia. Espero verle esta tarde. Así que le encuentre te telefonearé.

—¿Lo harás, Joaquim?

—Te lo prometo.

Roser estaba de pie en la tribuna, sin hacer nada.

—¿Quiere que ponga el almuerzo en la mesa, señorita?

—No. Espere un momento.– Reflexionó: –Dicho y hecho, póngalo, comeré sola.

En aquel momento entraba Philip.

—Hallo, darling?– Le besó en la frente.

Ella le miraba como aturdida.

—Te he dicho buenos días, Anna.

—Sí, ya lo he escuchado. Buenos días, Philip.

Él se había ido a lavar las manos. Cuando volvió se sentaron en la mesa. Anna no podía tragar ni un trozo de vianda. Miraba fijamente a Philip con ojos interrogadores.

Él comía y, sobre todo, bebía mucho. Paladeaba y tragaba como una máquina. La Roser sirvió el café en la tribuna y, seguidamente se encerró en la cocina. Se escuchaba el ruido del aluminio, de la loza, del cristal y de la cubertería de plata, todo mezclado con una tonada del año de la pera que la mujer tarareaba.

Anna se hechó hacia adelante de la poltrona.

—¡Philip!

—No digas nada. Ya te lo explicaré todo.

Le ofreció un cigarrillo. Ella lo rechazó con un movimiento de cabeza. Philip encendió el suyo y se sirvió una buena copa de coñac. Se humedeció los labios y después pasó la lengua.

—He alquilado un pisito en la calle de Petritxol.

Sin mirar el rostro de Anna, espiraba el humo por la nariz, bebía otro trago de coñac. Parecía esperar que ella protestara, se quejara, diera una prueba u otra de sorpresa.

Anna callaba, pero sus ojos estaban llenos de lágrimas.

Philip la miró de reojo, volvió a chupar el cigarrillo.

—¿Te sabe mal?

Lo aplastó en el cenicero.

—Es un pisito amueblado, pequeño, pequeño. Ya vendrás, algún día.

Anna tampoco no respondió.

—¿Qué te parece?– Preguntó Philip con una cierta impaciencia.

Ella dijo.

—¿Has dormido allí esta noche?

Philip sonrió.

—Sí, quería saber cómo se estaba.

—Y... y... ¿se está bien?

Philip alzó los hombros.

—Yo soy capaz de dormir en cualquier lugar. Sí, no se está del todo mal.

—¿Dormirás allí cada día, ahora?
—De vez en cuando.
—¿Y, no me avisarás?
—¿Por qué? Ahora ya lo sabes. Si no vengo es que estoy allí. Haré instalar el teléfono. Podremos comunicarnos.

Anna se secó los ojos y la boca con el pañuelo de bolsillo.

—Y este apartamento nuestro... Los sollozos le ahogaban. No pudo continuar.

—Todo puede seguir igual,– observó Philip.

La puerta de la cocina se abrió. Anna se precipitó a su cuarto. Al pasar, llamó a Roser.

—Hasta mañana.
—Adiós, señorita.

Roser se acercó a la tribuna.

—¿No se encuentra bien?
—Tiene migraña– explicó Philip.– La migraña le da mareos.– Añadió en otro tono: –¿Le debemos alguna cosa, Roser?
—No señorito. La señorita me paga por semana. ¿No necesita nada más?
—Nada más, Roser, y, gracias.
—Adiós, señorito.

Philip entró en el dormitorio. Anna lloraba estirada boca abajo. Él se sentó al pie de la cama.

—Me tienes que perdonar, Anna. Yo no quiero hacerte sufrir, pero es inevitable que lo haga. He de vivir mi vida. Y, al vivirla, tal como yo la entiendo, no puedo evitar herirte. Perdóname.

Ella seguía llorando sin responder. Philip continuó:

—Ya te lo dije. Lo sabía bien que no podía hacerte feliz. Fui bastante insensato al creer que tú me comprenderías, me aceptarías tal como soy.

Ella se incorporó, se apoyó en un codo, la mejilla sobre la palma de la mano.

—¿Y, cómo eres, Philip? Todavía no lo sé.

Él sonrió y levantó los hombros.

—Yo todavía lo sé menos que tú. Soy como soy, no puedo hacer nada.

Anna se sentó en la cama con las piernas colgando.

—Pero, ¿por qué, de repente, te estorbo?

—No me estorbas. Quiero ser enteramente libre, quiero tener mi apartamento, recibir a quien quiera y a la hora que quiera. Allí será mi casa. Aquí será la tuya.

Anna protestó con vehemencia.

—Yo no quiero casa para mí sola. Yo no aspiro a ser libre como tú, ni a recibir a nadie a ninguna hora de la noche o de día.

Philip alzó los hombros.

—Haz lo que quieras y como quieras. Sal y entra cuando te vaya bien. Recibe o no recibas, como te convenga. Sólo deseo que conserves este apartamento. De aquel me cansaré cualquier día. Y siempre volveré aquí, a tu lado. Dime que me comprendes, que me perdonas, que procurarás ser feliz sin mi, que nuestra buena amistad no se romperá nunca.

Anna hacía un gran esfuerzo para dominar sus sentimientos, su emoción.

—Sí, Philip, te perdono. Sé libre, sé feliz. Yo no puedo serlo. Tú no tienes ninguna culpa. Somos amigos, muy amigos, Philip.

Se le echó a los brazos, llorando. Él la estrechó. Le besó los cabellos y la frente.

—Gracias, darling.

XIV

Desde que Philip se había instalado en el pisito de Petritxol, Anna no frecuentaba el grupo. Continuaba viviendo en el apartamento de la Diagonal, pero pasaba muchas horas del día –y, a menudo, de la noche– en casa de sus padres.

Seguían jugando al bridge dos o tres veces por semana. Agustí no faltaba nunca. Por obra y gracia de las circunstancias, el bridge se había convertido en el póquer y el póquer en el siete y medio y en la brisca. Para Francesca lo que importaba era distraer a Anna, para Agustí, estar cerca de Anna. Respecto a él, Anna seguía tan fría, tan inaccesible como antes, pero Agustí no podía dejar de hacerse cortas ilusiones, de concebir ciertas esperanzas. Anna sólo tenía veintiún años. A los veintiún años, una mujer normal no puede vivir mucho tiempo de quimeras, amando el fantasma de un hombre. Francesca no dejaba nunca a Anna tranquila.

—¿Por qué no vas más a menudo al club de tenis? ¿Por qué no te relacionas con chicos y chicas de tu edad?

—En el club de tenis, todo el mundo me conoce. No puedo aparecer sin que alguien me pregunte por Philip. ¿Qué quieres que responda?

—¿Eso te preocupa? Responde: «Bien, gracias. Está estudiando mucho para aprobar las últimas asignaturas de la carrera».

—Yo no sé hacer comedia. La mentira me repugna. Además, la mayoría de la gente que me interroga sabe muchas más cosas que yo respecto a Philip. Sólo lo hacen para ver qué digo y entretenerse con mis respuestas. «Después de un año y medio de casada, ya vive separada del marido», dicen las miradas y las sonrisas de las mujeres. Y las de los hombres: «Pobre muchacha, tan joven y ya abandonada. ¿Si tratásemos de consolarla?»

—Deja que digan y haz la tuya.

—¿La mía? ¿Y cuál es la mía, mamá?

—No lo sé. Una cosa u otra. No puedes vivir siempre más como una monja. Déjate galantear por los hombres, flirtea un poco, ¡que diantre!

Anna movía la cabeza.

—Parece mentira que hables así, mamá. ¿No sabes quién son los hombres? No se limitan a flirtear. Me dedican frases de simpatía e incluso de amor. Hacen todo aquello que suelen hacer con una mujer abandonada, joven y no del todo repulsiva. Saben que vivo lejos de Philip y esperan convertirse en mis amantes.

—No les aceptes como amantes. Limítate a flirtear.

—¿Dejarme festejar por un hombre, permitirle que se entusiasme y después negarme? No hace para mí. Lo considero una cosa inmoral. Más inmoral que entregarse.

—Pues entrégate.

—¡Mamá!

—Divórciate. Tienes la nacionalidad ingles, tu marido vive en otro domicilio y Dios sabe cómo. Ganarás el proceso y quedarás libre para casarte con quien quieras.

—No conozco a ningún hombre que me atraiga.

—Entre estos hombres que te cortejan en el Club de Tenis, ¿no hay ninguno?

—Todos están casados y con hijos.

Anna no se atrevía a explicar a Francesca que alguna vez se había dejado acompañar hasta casa por uno u otro de estos galanteadores sistemáticos. Sólo había encontrado uno de correcto. Los otros, en vez de emprender el camino directo guiaban el coche pasada la Diagonal hasta Pedralbes o Salmerón arriba hasta los Penitents o la carretera de la Rabassada. Anna les preguntaba:

—¿Dónde vamos?

Ellos le respondían:

—A dar una vueltecita. Supongo que prisa no tienes.

¡*Una vueltecita*! Para estos hombres *dar una vueltecita* quería decir detener el auto en un lugar solitario, pasar un brazo por la cintura o por el cuello y tratar de besarle más o menos científicamente o groseramente.

Cuando esto ocurría, Anna protestaba con indignación. Y, cada vez, ellos se enrabiaban. Algunos incluso le tiraban en cara el gasto de gasolina y el tiempo que les había hecho perder.

El único que no mostraba nunca ningún atrevimiento con ella era Agustí. La primavera pero le había contagiado cierta audacia. Propuso a Anna una paseada por las afueras de Barcelona.

Anna no se atrevió a renunciar.
—¿Dónde iremos?
—Cogeremos el tren de Sarrià, y, una vez allí, subiremos por la montaña. La vista es magnífica. Te gustará muchísimo.

Anna hizo ver que se entusiasmaba.
—¡Sí, que me gustará!
—Tendrá que ser un domingo, claro, los demás días trabajo.
—De acuerdo. Iremos el domingo que tú digas.
—¿Te parece bien el próximo? Las aulagas ya tienen flores y todavía se encuentra alguna violeta[49].
—¿Vas a menudo al campo, Agustí?
—La mañana de los domingos, cuando hace bueno, la dedico invariablemente a dar paseos por los alrededores de Barcelona.

Anna parecía interesada.
—No te conocía esta afición. Es un descubrimiento que me complace.

Él, el eterno mejilla-amarilla, se sonrojó.
—Siempre me ha gustado la naturaleza, aunque no haga, como otros, bucólicas y entusiastas descripciones.
—¿Y el mar, no te gusta, Agustí?
—Prefiero la montaña. Armoniza mejor con mi temperamento.

Anna suspiró:
—Yo prefiero más el mar.

Agustí suspiró también.
—Si yo tuviera pareja, quizás también me gustaría más el mar. Ir solo, resulta insoportable.

Ella le miró a los ojos y sonrió.
—Tienes razón, Agustí.

El domingo, por la mañana, cogieron el tren de Sarrià a Provença. Bajaron a la última estación. Siguieron por la Avenida de Pedralbes. En un cierto momento la abandonaron, subieron por un caminito pedregoso.

Agustí iba delante. Anna se detenía a menudo.
—¡Uf!

Él se giró.
—¿Te cansas?

---

[49] Las aulagas, argilagues en catalán, son arbustos espinosos pertenecientes a la familia de las leguminosas, con hojas lisas lanceoladas y con flores amarillas.

—Como no camino nunca, y menos cuesta arriba...

—Cuando lleguemos arriba, quedarás maravillada de la vista.

Era un día ventoso, un día típico de la primavera barcelonesa. El cielo se veía mucho más azul que en la ciudad. Nubes anhelosas oscurecían el sol, lo volvían a dejar ver. Toda la ladera de la montaña amarilleaba de aulagas floridas.

La pareja seguía subiendo por el camino pedregoso. Anna jadeaba, suspiraba, se detenía. Volvía a suspirar y a caminar.

Agustí no se atrevía a mirarle por miedo de descubrir alguna señal de reproche en su rostro.

Cuando estuvieron casi arriba del todo, se giró, extendió el brazo, le mostró el paisaje.

—¡Mira!

—¡Oh, es fantástico! No lo habría dicho nunca.

—¿Estás cansada?

—No... Pero me gustaría sentarme un rato y contemplar la llanura desde aquí.

—Toca mucho el viento. Buscaremos un resguardo donde estaremos de primera.

Una vez resguardados, Anna se quitó el sombrero y se alisó los cabellos con la mano. Agustí extendió la gabardina en el suelo.

—Siéntate encima.

—Gracias, no hace falta.

—Estarás más cómoda.

Anna se sentó finalmente encima de la gabardina. Se volvió a poner el sombrero.

—¿Vienes cada domingo aquí, Agustí?

—Cada domingo no, pero a menudo.

Más abajo se extendía la ladera florida, una o dos pinedas. Todavía más abajo: Huertos, casitas campestres, algún cañaveral... Al fondo, el mar lucía su azul intenso.

Mientras contemplaba con goce el paisaje Anna sintió de repente que el pensamiento le huía. Se le detuvo en la calle de Petritxol. Eran las once menos cuarto. Philip debía dormir todavía. Anna habría querido contemplar a Philip sin que él la viera ni la escuchara. Hizo un movimiento involuntario como si fuera a levantarse.

Agustí la observaba inquieto.

—¿No estás bien?

—Sí, sí, gracias.

¿Por qué Philip no le había telefoneado ni una sola vez? Ya no se debía acordar ni que existía.

—¿No te gusta este paisaje, Anna?

Anna giró la cabeza, dirigió una sonrisa a Agustí.

—Sí, mucho.

Preguntó:

—Pronto estaremos en la primavera, ¿verdad, Agustí?

Él movía la cabeza, indulgente.

—Ya estamos, de lleno.

Había preparado un discursillo y esperaba la ocasión para colocarlo. ¿Quizás la evocación que ella dedicaba a la primavera lo haría oportuno? Pero no, Agustí no se atrevía. No podía engañarse. Por muchas ganas que tuviera. Anna estaba allí y no estaba allí. Seguramente pensaba en Philip. Habría querido ver y saborear aquel paisaje al lado de Philip. En estas condiciones ¿qué podía importarle su discursillo?

Agustí volvió a contemplar la ladera florida y las pinedas y los cañaverales y las casitas campestres y la franja de arena y el azul del mar y, más arriba, el del cielo mucho más pálido.

Un día u otro Anna se curaría de su desafortunada pasión amorosa. Se daría cuenta que en el mundo no existía solamente Philip. Agustí Bruguera no quería ser el único candidato a marido. Deseaba que Anna frecuentara a otros hombres, escogiera. Todo, menos verla desilusionarse y marchitarse en su virginidad forzada.

La mirada del Agustí abandonó la contemplación del paisaje para fijarse en Anna. Vestía un abrigo de tono claro y un sombrerillo color violeta, alrededor del cual, flotaba un velo ligerísimo. Llevaba las piernas enfundadas dentro de unas medias gris perla, los zapatos del mismo color. Agustí sentía una falta de coraje infinito: ¡nunca una mujer tan bonita y elegante sería suya!

En aquel momento Anna giró la cabeza y le sonrió.

—¿Notas Agustí qué olor de violetas del bosque?

—Todavía debe haber algunas por aquí cerca. Antes de irnos las cogeremos.

—¿Qué hora tenemos?

Él examinó su reloj de pulsera.

—Todavía no son las once y media. ¿Tienes prisa?

—Al papá no le gusta almorzar tarde. A la una tendría que estar en casa.

—Estarás. Tenemos tiempo de sobras. Bajaremos en un santiamén. Cada diez minutos sale un tren.

—Podríamos comenzar ahora mismo la caza de las violetas; ¿verdad, Agustí?

—Como quieras.

Le pesaba abandonar aquel lugar sin haber soltado su discursillo. Pero Anna estaba demasiado distraída. No le habría escuchado. Quizás peor todavía: se habría reído en su cara. Era necesario pero intentarlo un día u otro... Uno nunca sabe... A veces se producen ciertos milagros...

Habían encontrado pocas violetas. Apenas un ramo que ofrecerían a Francesca.

Todo el camino de vuelta Agustí permaneció con la cabeza gacha y la cara larga como si le hubiera fallado algún cálculo.

—¿No estás contento de nuestro paseo, Agustí?

—Sí, muy satisfecho, Anna.

Añadió después de haberse tragado violentamente la saliva.

—¿Volveremos, Anna? Es necesario aprovechar el buen tiempo.

—Sí que volveremos. Hemos pasado una mañana deliciosa. ¿Verdad, Agustí?

Una tarde al volver a su casa después de haber almorzado en casa de los Valls, Anna encontró a Philip en el apartamento de la Diagonal. Estaba revolviendo armarios y cajones. En un momento había trastocado el orden, tan minuciosamente observado por ella.

Era la primera vez que se encontraban cara a cara después de un montón de tiempo.

—¡Hola Anna!

Parecía como si la hubiera visto dos horas antes.

—¿Qué es todo este bullicio?– Preguntó ella herida por aquel: «Hola Anna» que no acompañaba ni una mirada ni un beso.

—Busco el traje de baño y el albornoz. ¿Dónde diantre los has metido?

Anna recordó que ya debían estar a más de la mitad de mayo.

—Los tengo guardados en el armario de la habitación de Pilar. Como ahora nadie duerme allí, hay muchísimo espacio.

Con el albornoz y el bañador colgados en el brazo, Seyin seguía revolviendo un armario.

—¿Qué más te falta, Philip?

—Querría un par de camisas de manga corta, dos o tres pares de calzoncillos y la toalla grande.

(Quizás Philip se preparaba para emprender un viaje).

—Te lo buscaré.

Debía ir con alguien. Seguramente a la Costa Brava o a Mallorca. Quién sabe si a Ibiza con Briget y Marià.

Durante los primeros meses de casados ella y Philip habían pasado unos días en el Puerto de Andraix: Quietud de agua y cielo, sinfonía de azules, rumor de olas, ritmo de remos en transparencias cristalinas, *sa Dragonera* en el fondo. Tierra adentro, cerros con olivares de plata, algún cordero pastoreando... Olor a hojas de higuera recalentadas por el sol, y, por encima de todo, la presencia de Philip, la sonrisa y la conversación de Philip...

Seyin había abierto las puertas de un gran armario que hacía olor de alcanfor. Se asomó, lo olió.

—Me gusta este olor.

—¿Qué más quieres, ahora?

—Aquel jersey color de almagre que llevaba en Calella.

Ella lo sacó de un cajón.

—Ten, también lo llevabas aquella tarde de lluvia y frío, en Marken.

Él se detuvo cerca de Anna, la observó boquiabierto.

—Tienes memoria, Anna. Mira que recordarte del jersey que llevaba aquella tarde en Marken...

—Yo siempre recuerdo aquello que me ha impresionado o conmovido. ¡Me gustó tanto Holanda!

Philip pidió:

—Ahora me tendrás que buscar la maleta. No sé dónde diantre la escondes.

—En seguida te la doy.

Añadió con cierta melancolía:

—¿Cuándo te vas?

Él estaba distraído buscando algo en una estantería. Tardó en contestar:

—¿Qué dices, Anna?

—¿Que cuándo te vas?

—Ahora mismo.

—¿Y dónde vas si se puede saber?

—A los baños de la Barceloneta[50].

—Siempre habías dicho que no irías, que antes renunciarías a bañarte. El agua es infecta, sucia y maloliente. Flotan lunas de aceite, hilachas de algodón, motas negras y todo tipo de objetos asquerosos.

—Como no puedo moverme de Barcelona me tengo que contentar con los baños de San Sebastià[51]. Eso me permite seguir estudiando y a la vez tomar baños de sol y nadar.

—¿No vendrás este año a Calella?

—No lo sé, Anna. No me preguntes nada.

Anna le ordenó la maleta. Lo hacía con mucho cuidado. Cada pieza de ropa quedaba bien plana, contrapeada con la pieza correspondiente[52].

—Ponme también el traje de hilo crudo.

Miró a Anna con una especie de vacilación.

—¿Funciona el calentador eléctrico del cuarto de baño?

—Sí. ¿Por qué?

—Me gustaría tomar un buen baño caliente. En Petritxol dispongo únicamente de una mala cabina con ducha. ¿No te importa?

—Pero, Philip, veamos. ¿No estás en tu casa?

Él sonrió.

—Me temo que no. Me parece que no tengo ningún derecho, Anna.

Se fue al cuarto de baño. Anna se quedó sola delante de la maleta abierta. La miraba intensamente y revivía su estancia en Holanda durante el viaje de novios. Volvía a ver en su imaginación la ciudad de los múltiples canales: Ámsterdam, bajo un cielo color perla, sus casas uni-

---

50   A principios del siglo XX el agua de las playas de la Barceloneta estaba contaminada por el petróleo que vertían los barcos y por las cloacas que iban a parar al mar sin ningún tipo de filtro. Para que los ciudadanos de Barcelona pudieran disfrutar de los baños, el ayuntamiento construyó piscinas con agua limpia a lo largo del paseo marítimo de la Barceloneta. Estos baños eran los siguientes: Orientals, Club Natació Atlètic, Sant Miquel, Astillers, Sant Sebastià y Club Natació de Barcelona. Las piscinas eran públicas, pero se tenía que pagar para entrar. Por eso pocos vecinos los frecuentaban, tan sólo personas de un alto poder adquisitivo se lo podían permitir.

51   El baño de San Sebastià era uno de los más importantes de la Barceloneta. Era donde hoy están las instalaciones del Club Atlético-Barceloneta. Tenía siete piscinas. La más grande estaba delante de un edificio que reproducía al casino de San Sebastián, en el País Vasco. El edificio se construyó en 1928, y el arquitecto fue Antoni Millàs, el mismo que había hecho el casino del País Vasco. Funcionaba como casino, pero también tenía restaurante, barbería y otros servicios para pasar el día. El baño de San Sebastià fue el primero en el que hombres y mujeres se bañaron juntos.

52   Contrapear significa poner cosas en posiciones alternas para que estén bien encajadas.

formes, todas del mismo estilo, con las fachadas festoneadas, las ventanas guarnecidas con flores y espejitos. Aún le parecía escuchar los comentarios de Philip —quizás se acordaba más de los comentarios que de la misma ciudad—. Philip poseía el don de colorear y dar relieve a los seres vivos y a las cosas que comentaba.

Al evocar Holanda y su penetrante encanto, Anna no sabía si atribuirlo al valor intrínseco del país o a la magia que Philip ejercía sobre ella.

La visión del Volemdam y la travesía hacia la isla de Marquen, quedaban en su memoria como una de las más suaves y luminosas de su vida: un pequeño puerto, con atmósfera nórdica, tufo a pescado oxidado y ahumado, olor de patatas fritas... Vendedores ambulantes con calzones cortos y anchos, zuecos recién barnizados y chalinas coloreadas, todo, visiblemente preparado para los turistas.

Llovía y hacía frío, un frío húmedo y agresivo que invitaba a permanecer cerrado en un café más que a embarcarse. El petrolero cabeceaba en el mar ondulado y gris, esparcía un vapor maloliente que el viento de proa les rebatía en el rostro. Los salpicones de la oleada les entraban por la boca y los ojos, les chorreaban las mejillas. Anna sentía en su mano la presión y el calor de la mano de Philip.

La presencia de la maleta, bien ordenada, llena hasta arriba de cosas de Philip, hacía comprender a Anna que Philip se preparaba para vivir todo el verano, quizás por siempre más, lejos de ella, seguramente en compañía de otra persona.

Philip había salido del cuarto de baño.

—¿No vas quizás al extranjero, Philip?

Él se echó a reír.

—Si la Barceloneta puede considerarse *el extranjero*, sí. Voy simplemente a los Baños de San Sebastián. Ya me lo has preguntado hace un rato. De vez en cuando también vamos a barquear al puerto. Me he hecho socio del Club Náutico. Tengo un amigo que posee una yola. Nos invita a menudo.

Ella notó que Philip hablaba en plural.

Él examinaba la maleta. Hacía una señal aprobativa.

—Muchas gracias, Anna. Para hacer maletas eres un as.

Ella sonrió.

—Para una cosa u otra tengo que servir.

—Sirves para muchas y muchas cosas. El mal es que yo no puedo apreciarlas o, mejor dicho, sí que las aprecio, pero no puedo aprovecharme de ellas.

Se acercó a su esposa. Le puso afectuosamente las dos manos encima de los hombros.

—Te invito a tomar el té en la Valenciana.

—¿No sería mejor que lo hiciera yo aquí?

—No. Tengo que encontrarme allí a las cinco en punto con un amigo.

—Entonces yo os estorbaré.

—Tú nunca estorbas, Anna. Al contrario. A Johnny le gustará conocerte.

—¿Quién es Johnny?

—Es un muchacho impresionante. Inglés, veinte años, profesor de inglés en la Berlitz. Se llama Wirt, John Wirt.

—El apellido es alemán.

—Es posible que él lo sea también de origen. Pero habla muy bien el inglés.

Anna permanecía indecisa.

—Ala, arréglate y vámonos.

—Sí, Philip.

Mientras se retocaba el maquillaje y se peinaba los cabellos, Anna pensaba que hacía una estupidez aceptando ir a tomar el té con Philip. Ni Francesca, ni Pere ni Agustí lo aprobarían. Pero a ella le dolía ver desaparecer nuevamente a Philip de su vida. En aquel corto instante que habían pasado juntos Anna había revivido el tiempo de su noviazgo, cuando todavía creía en la felicidad de aquella unión.

El Studebaker estaba abajo, delante de la puerta de la calle. Subieron.

Seyin guiaba de prisa.

—A ver si Johnny se hace esperar. Siempre se retrasa.

Philip ya no se acordaba de quién llevaba al lado. Su única preocupación, en aquel momento, era encontrar a Johnny. Pero, ¿por qué quería entonces que ella conociera a Johnny o que Johnny le conociera a ella? Philip seguía siendo un misterio.

Johnny Wirt no estaba todavía en la Valenciana. Seyin escogió una mesa en la acera, pidió té para dos. Lo sirvió a Anna distraído. Miraba aquí y allá de la Granvia.

Bebían la infusión sin hablar.

Philip suspiró.

—Johnny tarda mucho.

—¿No dices que hace de maestro en la Berlitz? Ahora debe estar en pleno trabajo.

—No. Hoy terminaba a las cinco. Me dijo que vendría enseguida.

—Probablemente el director o algún alumno le ha entretenido.

Para llenar el silencio Anna preguntó:

—¿Vives sólo en Petritxol?

—Sí, me gustaría que vinieras un día.

Volvía a examinar su reloj de pulsera.

—¡Veinte minutos de retraso!

¿Qué hago aquí? pensaba Anna. No me ve ni me escucha. ¿Por qué me habrá invitado? Quizás ni él mismo lo sabe.

—Johnny es la criatura más hermosa que he encontrado en mi vida,– declaró de repente con entusiasmo.

Anna replicó.

—¿Más que el Esteve?

Una nube pasó por el rostro de Seyin.

—No se pueden comparar. Ya lo verás.

Anna tomaba el té en pequeños sorbos. Examinaba las mesas vecinas. Estaban sentadas mujeres muy bien vestidas y todas parecían satisfechas de vivir.

—¡Has tardado casi una hora!

Anna giró la mirada.

—Te presento a John Wirt, mi esposa.

Anna alargó la mano a Wirt. Él la besó.

Mientras los dos hombres estaban sentados ella examinaba el nuevo ídolo. Era un muchacho no muy alto, robusto, con los cabellos muy rubios, casi amarillos, peinados hacia atrás y profundamente ondulados –posiblemente a máquina–. Los dientes muy blancos y la sonrisa fácil. Anna se lo había imaginado delicado y frágil, género *bibelot*[53]. Y era una especie de Sigfrid bastardo[54], deportivo y plebeyo.

—¿Qué tomarás Johnny, quieres merendar?

—Solamente un baso de leche helada.

—¿No comerías también unas pastas?

---

53   Objetos de adorno normalmente de exquisita belleza o rareza.
54   Sigfrid o Siegfried, se refiere al héroe guerrero de los Nibelungenlied y otras epopeyas medievales germánicas, correspondientes generalmente al héroe Sigurd del mito nórdico.

—Como tú quieras.

Los dos hombres parloteaban en inglés. Anna, distraída, no les escuchaba. Pero la voz de Philip iba subiendo de tono.

—No seas tonto, acepta.

Anna les miró de reojo, interesada.

—No sigas malgastando el poco dinero que ganas.– Insistía Philip –En Petritxol comerás mejor y te ahorrarás la pensión. Yo cocinaré. Soy un buen cocinero. ¿No es así Anna?

Anna no recordaba que hubiera cocinado nunca. Sin duda esta actividad era nueva, desde que vivía en Petritxol, quizás.

—Comeremos juntos. Será divertidísimo.

Philip se giró hacia Anna.

—Estoy proponiendo a Johnny que venga a vivir a Petritxol. Gana un sueldo miserable en la Berlitz. No llega ni a poder pagarse dos comidas al día. ¿Qué dices, Anna?

—Yo... Haced lo que queráis.

—La señora no parece muy entusiasmada.

—Ni entusiasmada ni contrariada. Me es indiferente. Todavía no he puesto los pies en el pisito de mi marido.

—Allí están mis exclusivos dominios, ¿comprendes, Johnny?

—A mí me interesa conocer la opinión de tu mujer.

—En este caso no la tengo,– declaró Anna.

—No le desanimes, Anna,– rogó Philip.

Se giró hacia su amigo.

—Acepta, Johnny.

—Acepto, entonces.

Por el rostro de Seyin pasó como una oleada de júbilo.

—Vamos a beber una copita para celebrarlo.

XV

Los Valls habían llegado a Calella de Palafrugell. Se habían instalado una vez más en la casita de Sant Roc. Se disponían a pasar el verano.

Philip había dicho:

—Seguro que vendré un día u otro.

Anna pensaba que la ida a Calella de su marido dependía de los proyectos de Johnny, de lo que hiciera Johnny. Todavía trabajaba en la Berlitz. Tendría vacaciones para Agosto. Él quería ir a pasarlas a Brighton con sus padres. No sabía si tendría suficiente dinero para el viaje. Anna sospechaba que Philip terminaría por pagárselo. Entonces él, quizás se decidiría a ir a Calella. Calella sin Philip resultaba un poco aburrido, siniestro. En todas partes flotaba el recuerdo de las horas vividas juntos. Todo le recordaba a Philip: el rumoreo de las olas, el olor del yodo y las algas recalentadas, los gritos demasiado agudos y jubilosos de los bañistas...

Francesca le había anunciado:

—He invitado a Agustí a pasar unos días con nosotros.

Anna alzó ligeramente los hombros.

Francesca continuó:

—Philip quería invitar aquella especie de parásito llamado Johnny.

—¿De veras? ¿Te lo dijo?

—Lo insinuó.

—¿Y tú, qué le respondiste?

—Que la casa era demasiado pequeña. Es la verdad. Apenas cabemos nosotros.

Anna suspiró con irónica compasión.

—¡Pobre Philip!

Después preguntó:

—¿Le has invitado para julio, a Agustí?

—Para la última semana. Comienza las vacaciones el veinte.

—No me haría ninguna gracia que él y Philip se encontraran. Nunca se han llevado bien.

—Philip no vendrá y, si viene, será en agosto cuando la *monada* de Johnny ya esté en Inglaterra. Todavía es capaz de irse con él. ¿Qué te juegas?

Anna se disponía a salir. Francesca preguntó:

—¿Vas a la playa?

—Me voy hasta el Canadell paseando.

—¿Con este sol que derrite las piedras?

—Cuando el aire viene del mar, no molesta.

Francesca movió la cabeza. Sabía que Anna evitaba la cala de Sant Roc, saturada todavía por el recuerdo de Philip.

A medio camino del Canadell, se encontró con Esteve Batlle. Esteve le dio la mano.

—¡Anna!

Ella se la estrechó con efusión.

—Hola, Esteve.

La mano del pescador se había encastado en la suya. Anna notaba las duricias y la aspereza. Era la mano de un hombre que trabaja.

—¿Y Philip?

La voz de Esteve vibraba de emoción.

—No ha venido.

El rostro de Esteve se oscureció.

Anna explicó.

—Está muy ocupado estudiando.

—¿Y no vendrá?

—Quizás sí, un día u otro.

Esteve parecía mucho más viejo que el año pasado. Algunas arrugas se le insinuaban ya en el rostro, cerca de los ojos. Se le veía más flaco, más mustio.

—¿Ya estás bien sano?

—Fuerte como una roca. Ayudo a mi padre, de lo lindo.

Hablaba de prisa, nervioso.

—Me paso media noche y parte de la mañana en el *mar*. Ahora regresaba.

—¿No vas nunca a la playa de Sant Roc?

—¿Qué haría allí? No tengo energía para bañarme ni barquear. Ando demasiado cansado, ahora.

Anna sonreía, triste.

—Yo tampoco voy.

Se miraban a los ojos. Dentro de los ojos de cada uno había la imagen de Philip.

Se quedaron unos instantes silenciosos. Revivían escenas pasadas, tiempos que parecían lejos.

La voz de Anna se hizo más ligera.

—¿Ahora te vas a dormir?

—Sí, ¿por qué?

—Porque nos habríamos quedado un rato en la arena, hablando.

—Nos podemos quedar esta tarde, después de las seis.

—De acuerdo. ¿Te espero en el Canadell?

—Prefiero en la cala de Sant Roc. Vendré con el laúd del Xacó. Iremos a barquear un rato.

—¡Espléndido!

A las seis el mar estaba calmado. Era de un azul pálido tirando a gris. No soplaba ningún tipo de viento. El tiempo era bochornoso.

Ambos habían llegado a tiempo. Esteve saltó a tierra. Dejó el laúd arrimado a la orilla.

—¿Se ve con ánimos de subir de una zancada?

—¡Naturalmente!

Él se había cambiado la ropa. Lucía unos pantalones gris claro y un pullover color fresa. Los colores que habrían hecho exclamar a Philip: «¡Chico, qué bien se te ve!» Anna le prefería vestido de pescador, como iba por la mañana: camisa y calzones azules, viejos, descoloridos, con manchas de sal y humedad marina.

Una vez embarcados, Esteve maniobró con los remos.

—¿Dónde quiere ir?

—Me da igual. Donde quieras. Pero trátame de tú.

—No me atrevo.

—Tienes que atreverte. ¿No somos los mismos de siempre?

Iban costeando cerca de las rocas. El agua era profunda, transparente como encantada. El olor de algas y de yodo resultaba más y más penetrante. Olas minúsculas chapoteaban en el fondo de las grutas. Visión, olor, música, todo evocaba a Philip. La quietud era demasiado desolada sin Philip.

Anna y Esteve revivían con la misma intensidad aquellas horas luminosas del último verano.

Esteve preguntó:

—Entonces, ¿Philip no vendrá para nada este verano?

Anna movía la cabeza.

—¿Quién sabe? Quizás algún día…

No quería revelar a Esteve la existencia de Johnny. Pero tampoco quería fomentar su esperanza. Dijo en voz baja:

—Es mejor que no pienses en Philip.

La fisonomía de Esteve se alteró. Se puso a remar con violencia.

—Philip no tiene corazón,– comentó.

Anna movía la cabeza.

—Es posible.

Remaba mar adentro como cegado. El agua se rizaba, se oscurecía. El laúd saltaba y se balanceaba encima del oleaje. A lo lejos, la costa se esfumaba coronada de verde.

—¿Dónde vas, Esteve?

Él parecía despertar de un sueño. Sonrió, humilde.

—No lo sé.

Ya volvía a estar cerca de las rocas. Entraban en una gruta profunda. Todo era encanto, irrealidad, magia.

—Lo que Philip ha hecho conmigo no tiene nombre.

La voz de Esteve vibraba con violencia lo mismo que una explosión.

—Merecería que le estrangulara.

—Perdónale, y olvídale.

—Perdonar todavía podría. ¡Olvidar, nunca!

La barca se movía con balanceo suave en el agua casi inmóvil de la gruta. Los remos, en las manos nerviosas de Esteve, comenzaron a imprimir un rápido chapoteo. La ligera resaca subía[55], bajaba, entraba y salía por las grietas del roquedal con un ruido de gargarismos.

Esteve fijó la mirada en Anna.

—Le estoy muy agradecido. Sin él me habría costado mucho rehacerme, pero me lo ha hecho pagar demasiado caro, ¡caramba!

—¿Has sufrido por culpa de él?

Esteve soltó los remos con violencia. Los ojos se le habían llenado de lágrimas. Se inclinó hacia Anna con un susurro.

—Sufriré toda la vida.

—¿Tanto?

Él alzó más la voz.

—Tanto y más. Me la ha destrozado, la vida.

—¡Calla! ¡Calla!

---

55   Aquí resaca se refiere al oleaje.

Esteve suspiró, vencido por la intensidad del recuerdo.
—Era demasiado bonito. Era como una borrachera.
—Bien que lo sé.
—¿A usted también le ha destrozado la vida, Anna?
—Peor que a ti. Me casé bien enamorada y él... él...
—¿Él qué?– dijo Esteve anhelando.
—¿Él? Nada. No me ha amado ni me ha querido nunca. Todo era comedia.
—¡Pobre Anna!
El pescador añadió con gravedad:
—¿Pero usted le ama, todavía?
Anna vacilaba.
—No lo sé. A ratos le odio, a ratos le compadezco. Pero siempre, siempre, pienso en él. Es como si le llevara dentro de la sangre o entre piel y músculo.
—A mí me pasa lo mismo. No me lo puedo sacar de la cabeza. Le veo de día. Le sueño de noche. No encuentro ningún goce en salir con amigos. Mejor dicho, no tengo ningún amigo. Y las mujeres no me interesan.
Anna exclamó alarmada:
—¡No digas eso, Esteve! Poco a poco le olvidarás. Conocerás a otros chicos y a otras chicas. Amarás a una. Tu vida será clara y luminosa, como tú mereces.
Esteve movía la cabeza.
—No sabe, Anna, como me sedujo. Casi podría decir: *me embrujó*. No sospechaba que se pudiera querer tanto a un amigo. Ahora por culpa de él, por culpa de la traición, de sus mentiras, ya no podré creer en nadie más. Ni en los hombres ni en las mujeres. El mundo me da asco.
—¡No, Esteve!
—Cuando vi que ya no se acordaba de mí, que no me escribía como me había prometido ni contestaba a una sola de mis cartas, estuve a punto de tirarme de arriba abajo del Cap de Sant Sebastià.
—Philip no vale la pena.
—Ya lo sé.
—Ni él ni ninguna criatura humana.
—Claro, y por eso no lo he hecho. Tengo a mi padre, mi madre y mis hermanos pequeños. Ahora vivo sin ilusión, pero les soy útil.

—Y, si Philip volviera, ¿qué harías?

Esteve reflexionaba. Su rostro se crispaba contraído por las dudas, por el esfuerzo de imaginación que representaba querer ser absolutamente sincero con Anna.

Le miró directo a los ojos, resignado y humilde.

—Probablemente lo que él quisiera.

—Entonces más vale que no venga.

XVI

El día 18 de julio había estallado la revuelta militar en Marruecos. El día 19 ya se extendía por toda España. En Palafrugell, como por toda Cataluña, los obreros se apoderaban de las fábricas, expulsaban a los amos, formaban comités. La mayoría de estos comités actuaban según los impulsos sentimentales de sus componentes. La vida y la fortuna de muchos hombres se encontraba, de repente, en sus manos. En pocas horas, la situación se había vuelto escabrosa para los patrones.

El día 20, Pere Valls fue despedido de su propia fábrica. Un capataz le acompañó a Calella. Regresó inmediatamente a Palafrugell con el coche de los Valls, requisado.

Antes de irse había aconsejado a Pere que huyera cuanto antes mejor. Era probable que los del comité de la fábrica le fueran a buscar para declarar. Cuando eso ocurría, nadie podría prever cómo acabaría el asunto. Lo mismo podía ser que le dejaran volver a casa, como que le llevaran hasta el Castillo Militar de Figueres, como que le fusilaran en una curva de carretera.

Los Valls no dudaron ni un momento de las excelentes disposiciones del capataz respecto al ex-amo ni de la prudencia de sus consejos. Durante las primeras horas de la guerra civil muchos patrones habían estado ya detenidos y fusilados. Para hacer huir a Pere y con él Francesca, que no quería separarse de él, hacía falta una barca y la complicidad de unos marineros.

Anna acudió a los Batlle. Y los Batlle aceptaron ayudarles.

Al día siguiente, Francesca y Pere, Anna y Pilar, acompañados de dos cestos llenos de víveres, como si fueran a pasar el día a una playa de Begur o de Palamós, se embarcaban en la cala de Sant Roc, en el laúd del Xacó. Esteve y su padre les acompañaban.

En la puerta de una casa vecina, dos mujeres estaban comentando la revuelta. Al ver salir a los Valls por la puerta de atrás olvidaron la conversación y les contemplaron embelesadas. Una observó:

—La gente de *cuartos* no sabe qué hacer para hacerse ver[56]. Ahora se visten de pontifical, ahora se ponen de *negligé*.

La otra mujer opinó:

—Quieres que te lo diga, Ció, esta comida campestre no es para nada natural. Quizás huyen.

—¿Huir? ¿Qué te lo hace creer?

—Dicen que todos los ricos se dan prisa para hacerlo. ¿No te has fijado como iban disfrazados los viejos?

—No…

—Siempre limpios, pulidos, presumidos, y ahora salen con esparteñas y vestidos de algodón como los pobres.

Mientras los Valls y los Batlle se embarcaban, dos pescadores de caña les contemplaban desde arriba de las rocas. Uno de ellos no se pudo aguantar de remarcar:

—He aquí un par de sardineros que se mofan del levantamiento militar y de la revolución social.

—Vaya, como tú y yo. Mientras los locos se matan por la *idea* ellos se van de francachela con los ingleses; nosotros torturamos a los pescados.

Preocupados con la caña y el anzuelo, los pescadores olvidaron pronto a los Valls y a los Batlle. Habían visto cómo la embarcación doblaba la primera punta, salía mar adentro, doblaba la segunda, se iba haciendo más y más pequeña, hasta que ya sólo era un puntito negro poco atisbador. Al fin, desaparecía detrás del roquedal del Cap Roig, acompañada por la indiferencia de los pescadores de caña.

En el pueblo, dos viejos conversaban.

—Dicen que todas las barcas irán a manos de los pescadores. El patrón pasará a ser uno de tantos. Se repartirán *las ganancias*.

—Ya veremos la cara que harán los patrones. Se han gastado todos los ahorros en las barcas. Algunos han tardado más de veinte años para poder mantener una embarcación y ahora, de repente, hala, ya te la roban. ¿Lo encuentras justo?

El otro alzó los hombros.

—Esta mañana uno de Palafrugell decía que ya no habrá más amos. Las fábricas también pasan a ser propiedad de los obreros.

—¿Y las pensiones?

---

56 La gente de cuartos se refiere a la gente de dinero.

—También de los mozos, supongo. Ahora nos atiborraremos de gratis,– se reía.

El más viejo movía la cabeza.

—Pensándolo bien, ni tanto ni tan poco, creo. Yo, de ti, no me involucraría.

—Nos liarán a todos, ya lo verás. A ti también, Janot, no lo dudes.

Aquella noche misma, entre dos crepúsculos, entraba el laúd Riteta de retorno de la francachela. Navegaron cerca de las rocas, y los marineros, golpe de remo tras golpe de remo, la acercaban a la playa de Sant Roc. Era la única embarcación visible en toda la rada. En la arena tampoco se veía a ningún vecino: ni hombres, ni mujeres, ni chiquillos. Todos estaban en el café escuchando la radio.

Con un ligero chapoteo y en el absoluto silencio de sus navegantes, la barca se acercó a la arena, la embistió con un suave rasguño. Saltaron Esteve y Anna. Él alargó los brazos a Pilar. Inmediatamente después, Esteve volvió a bordo. Anna le susurró a la oreja:

—Gracias, Esteve.

Ya era oscura la noche. Padre e hijo remaron hasta el Canadell. Al haber dejado el laúd bien amarrado en su estaca, los dos hombres comenzaron a subir la cuesta. El viejo Batlle quería avisar al Xacó del feliz retorno del *Riteta*.

—No está,– le dijo su mujer. –Ha ido al café.

El padre Batlle mandó:

—Acércate, Esteve.

El Xacó, como casi todos los caleños, escuchaba la radio. Esteve la escuchó también. Lo que decían era espeluznante, una gran tragedia para España. Esteve ya no se acordaba de lo que había ido a hacer al café. Sólo cuando vio al Xacó dirigirse a la salida, pensó en darle el aviso.

—Ya tienes la *Riteta* atracada, Xacó.

Este le miraba con aire de mofa.

—¿Cómo ha ido la paseadita?

—Muy bien.

—Mientras vosotros pasabais el día barqueando y atiborrándoos, por aquí y por allí, encarcelaban y fusilaban a militares, burgueses y capellanes.

Lo había dicho riendo y provocando. Esteve le miró, indignado.

—¿Y esto te da risa?

—Un día u otro les tenía que llegar la hora. Habían ido demasiado lejos.

Esteve alzó los hombros. El Xacó ya no reía.

—Si hubiera sabido que era para hacer huir a uno, no te lo habría dejado, el laúd.

—¿Qué hablas, pedazo de animal? Nadie huía. Les hemos desembarcado ahora mismo, en la playa de Sant Roc.

—¿A todos? ¡Mira!

El Xacó le hacía un corte de manga.

Esteve insistió.

—¿Qué mal te han hecho, los ingleses?

—A mí, ninguno.

—¿Y entonces?

El Xacó calló. Quizás no les denunciaría. En el fondo, no era un mal hombre. Un poco exaltado, bocazas y come-curas, por rutina.

Dio uno o dos pasos hacia la puerta.

—¿Te quedas?

—Un rato más.

—Venga, pues.

Era todo justo mediodía del martes 21 de julio. Anna había vuelto del café donde iba a escuchar la radio. Las novedades eran cada vez más alarmantes. La guerra civil se extendía por toda España. Los militares rebeldes luchaban contra las fuerzas leales a la república, los sindicatos y partidos de izquierda. La nación entera, dividida en dos bandos, se acometía, hermanos contra hermanos.

Anna se sentía abrumada y cada vez más inquieta por la suerte de sus padres. No había recibido ningún mensaje de Palamós. El teléfono y el telégrafo estaban intervenidos por los comités; entre Calella y Palamós, las comunicaciones interrumpidas. Grupos de hombres armados controlaban las carreteras. No pasaba ningún coche que no llevara sellos de las organizaciones sindicalistas, y, por encima de todo, anarquistas.

De momento, la C.N.T, el P.O.U.M. y la F.A.I eran los amos de la situación[57]. En los pueblos alejados de Barcelona el gobierno de Ca-

---

57 La C.N.T. (Confederación Nacional del Trabajo) es la confederación de sindicatos de ideología anarcosindicalista que desempeñó un papel fundamental en la consolidación del anarquismo en España durante el primer tercio del siglo XX. El P.O.U.M. (Partido Obrero de Unificación Marxista) fue un partido marxista y comunista español fundado

taluña ya no mandaba. Nadie acataba la bandera catalana ni la de la república. Las banderas que prevalecían, las que ondeaban en la mayoría de los coches, eran la roja y negra de los anarquistas o la roja, con la hoz y el martillo, de los comunistas.

Anna esperaba a todas horas el mensaje de los Valls. Salía a hablar con la gente de la calle, volvía corriendo, interrogaba a Pilar:

—¿No ha venido nadie?

—Todavía no, señorita.

—¡Quién sabe lo que les ha pasado a los papás!

—Si Dios quiere, nada.

A fuera se abrían y se cerraban los portillos: dos golpes rápidos y secos. Chirriaba la puerta del cancel. Pasos de hombres pisaban la grava del jardín.

Temblando, Anna salió al pasillo. Tres individuos hablaban entre ellos delante de la puerta. Uno de ellos se giró.

—¡Anna!

Era Agustí.

Anna se había echado en sus brazos. Él la estrechaba con calor. Se giró hacia sus compañeros:

—Te presento a Joan Miró y a Joaquim Cendrera. Dos buenos amigos, compañeros de trabajo.

Anna les estrechó la mano.

—Los dos son del comité de la *Banca Regional*. El coche es requisado. Hemos venido a buscarte.

Miraba inquieto alrededor.

—¿Dónde están Pere y Francesca?

—No lo sé del cierto. Se han escapado a Palamós. Habían amenazado a papá después de sacarle de la fábrica y requisarle el coche.

Agustí se giró hacia Joan Miró.

—¿Podríamos detenernos un momento, en Palamós?

—Os lo agradecería muchísimo– dijo Anna.

—Si no nos entretenemos demasiado aquí, sí.

Explicó:

—Tenemos que darnos prisa a volver a Barcelona. Conviene que nadie sospeche que utilizamos el coche para trasladar a familiares.

---

en 1935 que también participó activamente en la revolución social española del 1936. La F.A.I. (Federación Anarquista Ibérica) es otro de los grupos revolucionarios y anarquistas que participaron en los actos violentos de la revolución durante la Guerra Civil española (1936-1939).

Agustí se dirigió a Anna:

—Hala, haz las maletas y nos vamos.

—¿Pero primero querrán almorzar, verdad? Pueden hacerlo los tres aquí en casa.

Miró y Cendrera movían la cabeza negativamente.

—Nos retrasaríamos demasiado. Tú, Agustí, puedes quedarte si quieres. Nosotros iremos a la fonda.

Agustí aprobó con la cabeza. Se dirigió a Joan Miró, moralmente cabecilla del grupo:

—¿A qué hora nos vendréis a buscar?

Consultaron los relojes.

—Ahora es la una. ¿Qué os parece, a las dos?

—De acuerdo.

Cuando se quedaron los dos solos, Agustí cogió a Anna por los hombros:

—¡He pasado un miedo!

—¿Por mí?

—Más bien por el pobre Pere. ¿Estaba muy afectado?

—¡Catastrófico!

—¿Y Francesca?

—Ella siempre animada y optimista.

Mientras embalaba rápido y corriendo, Anna había pedido a Bruguera:

—¿No has sabido nada, de Philip?

Él arrugó el entrecejo, movió la cabeza.

—¿Qué quieres que sepa? No le veo nunca.

—Estoy con un poco de ansia. Él también es fabricante.

—Pero no se acerca nunca a la fábrica. Los obreros no le deben conocer.

—Es lo que a mí me tranquiliza, pero puedo equivocarme. Si le conocen, le deben odiar.

El coche requisado por los empleados de la *Banca Regional*, era un magnífico hispano-suizo último modelo. Todavía llevaba delante la hoja de matrícula con el nombre del ex-propietario, uno de los principales accionistas de la banca. Delante hondeaba la bandera roja y negra de la F.A.I. La nueva documentación del coche iba a nombre de la *Banca Regional*, avalada y sellada por la C.N.T. Encima del capó y del maletero, llevaba pintadas las iniciales de las organizaciones anarquistas y sindicalistas.

Se habían detenido en Palamós en casa de los Stephenson, cerca de Sant Antoni de Calonge. Una vieja sirvienta les dijo que los Valls habían llegado el lunes por la noche cansados, sudados, asustados y con una o dos llagas en cada pie. Después de reposar un rato y tomar un poco de alimento habían ido al puerto, donde el capitán se encargó de buscarles pasajes a bordo de no sabía qué nave.

—Seguramente les encontrará ya en Barcelona, señorita.

Siguieron el viaje más tranquilos.

Era necesario detenerse en cada control, mostrar los papeles, explicar que Anna era la mujer de Agustí Bruguera. Joan Miró lo repetía una y otra vez con indiferencia, Agustí lo escuchaba cada vez con una cierta emoción.

Pilar *era* la mujer de Cendrera. Regresaban todos a Barcelona, de donde los hombres acababan de llegar en búsqueda de sus compañeras.

Los milicianos encargados de los controles arrugaban el entrecejo o movían la cabeza con sospecha. La mayoría no sabían leer, pero conocían el sello de las organizaciones sindicalistas o políticas.

La documentación era correcta. Les dejaron pasar.

Los controles se multiplicaban a medida que se acercaban a Barcelona. Al llegar a los pueblos industriales de más importancia, las patrullas exigían que los ocupantes del coche se presentaran al comité. En San Celoni les tuvieron detenidos más de una hora. A pesar de la corrección de los papeles, les veían sospechosos.

—Se ve de tres horas lejos que sois burgueses.

Señalaban a Pilar.

—Y esta mujer hace toda la pinta de una monja disfrazada.

—Pues no lo es, ni tiene ninguna intención de hacerse– declaró Agustí.

Cendrera afirmó:

—Es mi compañera.

En un rincón de la sala había un hombre sentado, medio decaído. Ninguno de ellos se había fijado. El presidente del comité se le dirigió:

—*Puedes marchar con ellos, Martinez*[58].

El hombre se levantó con lentitud.

—Está herido,– les explicó. –Acompañadle hasta el primer hospital de sangre que encontréis.

---

58   En la versión original (escrita en catalán) esta oración aparece en español y subrayada.

Joan Miró osó insinuar:

—Ya somos cinco, dentro del coche.

—Estrecharos.

Agustí se apiñó delante, entre Miró y Cendrera. El herido, detrás, entre Anna y Pilar. Llevaba un trapo sucio de sangre atado en la frente y una mano más o menos vendada. Durante todo el camino conservó el arma entre las piernas: una escopeta de caza de dos cañones. No se estaba nunca quieto; giraba el arma de un lado al otro. Los dos siniestros agujeros apuntaban ahora a Anna, ahora a Pilar. Ellas permanecían con el torso bien tieso, rígidas, paralizadas, aterradas. Nadie abría la boca.

Al llegar a las primeras casas de Mollet, el herido se puso a gritar:
—*¡Para! ¡Para!*[59]

Miró que iba al volante, frenó, pero no paró.

—*¡Para, te digo!*

Cendrera explicó:

—*Aquí no hay ningún hospital.*

—*Ni falta que hase. ¿Crees que quiero haserme asesinar por uno de vuestros medicastros fascistas?*

Un grupo de hombres armados y un trozo de árbol atravesaban la carretera.

Miró paró.

El herido saltó a tierra de un salto.

—*Vengo herido.*

—*Y estos ¿quiénes son?*

—*Unos que me han traído desde San Celoni.*

—*La documentación camaradas.*

El que parecía el capitoste del grupo examinó minuciosamente los papeles.

—*Podéis seguir.*

Miró le ofreció un cigarrillo.

---

59 A partir de aquí todos los diálogos de los milicianos y los miembros de los comités van en cursiva. En el manuscrito escrito en catalán, Bertrana los subrayó y los escribió en español. También mantengo los errores de ortografía como en las palabras hase y haserme. Estos errores enfatizan el origen y el nivel cultural de los personajes. Las ces y las zetas pronunciadas como una ese son un fenómeno llamado seseo particular de Andalucía, en el sur de España. Muchos andaluces emigraron a Cataluña durante el siglo XX para trabajar en las fábricas, en la construcción y la restauración o para hacer de sirvientas y mayordomos. La mayoría eran gente muy humilde con muy pocos recursos económicos y bajo nivel educativo. El analfabetismo en España durante la primera mitad del siglo XX era muy alto entre las personas de clase trabajadora.

—*No fumo*.
Otro lo aceptó.
—*Gracias*.
Siguieron.

En Montcada, el control de entrada al pueblo estaba representado por un grupo de milicianos armados hasta los dientes. Se asomaban a las ventanillas; se tiraban literalmente encima del capó.

Todos estaban sudados, despechugados, sucios. Pupilas y dentaduras lucían con un resplandor bárbaro y candoroso a la vez. Vibraban de entusiasmo y de celo revolucionario.

Mientras examinaban la documentación del Hispano, a unos metros de distancia, otro grupo de milicianos hizo salir de un automóvil a un hombre vacilante, pálido. La expresión de sus ojos era de espanto. Le empujaban pendiente arriba hacia el cementerio. Al comprender que iban a fusilarlo, se puso a protestar a gritos. Se debatía desesperadamente. Consiguió escaparse. Corría carretera adelante. Los otros le perseguían, le atrapaban, le conducían entre todos senderillo hacia arriba. El hombre gritaba:

—¡No he hecho nada! ¡No he hecho nada! ¡Dejadme!

Los alaridos se alejaban, pero no paraban. Pronto se escuchó la descarga. El hombre había enmudecido para siempre.

Anna estrechaba los dientes. Pilar cerraba los ojos. Entre los párpados cerrados le sobresalían las lágrimas.

Uno de los milicianos que examinaba a los salvoconductos lo vio.

—*No llores, palomita. A otros verás de cara a la pared*.

Otro quería también colocar su comentario:

—*A miles los has de ver fusilados*.

Al fin llegaron a Barcelona. Las calles de la ciudad aparecían desiertas. Ya no se veía ningún incendio en ninguna parte, pero la atmósfera estaba impregnada de emanaciones de pólvora y de humo.

Miró les hizo bajar en una esquina de arriba del todo del Paseo de Gracia.

—Es peligroso circular con mujeres.

Desembarcaron todo el equipaje en medio de la calle.

Agustí cargó dos maletas, una en cada mano. Pilar llevaba tres más. Anna otra.

Se habían despedido rápidamente de Miró y de Cendrera. Ahora se iban por la calle de Provença a casa de los Valls.

Encontraron a Francesca y a Pere. Hacía todo justo un rato que habían llegado. Se abrazaron todos con gran emoción. Pilar lloraba.

—¡Ay, señorita, qué miedo que hemos pasado!

Agustí preguntó a Pere:

—¿Y vosotros?

—Todo ha ido bien.

Anna aclaró:

—Para nosotros la cosa ha sido un poco más difícil. Primero hemos ido a Palamós con el coche requisado por los amigos de Agustí. Agustí quería ante todo salvar a papá.

Francesca se giró hacia Bruguera.

—¿Cómo te lo pagaremos, Agustí, este favor? ¡Irnos a buscar hasta Calella con los peligros que has tenido que pasar!

Agustí sonreía:

—Si no lo hubiera hecho, habría sufrido más todavía.

—Dios te lo pague, Agustí,– dijo Pere.

Francesca explicó:

—Suerte del capitán del puerto. Nos presentó a un italiano llamado Farina. Por bien que revolucionario y antifascista, es propietario de un yate. Habla por los codos. Dice pestes de los curas y los militares, pero enseguida se puso a nuestra disposición.

Nos ha traído con su barco hasta Barcelona.

Anna suspiró:

—¡Gracias a Dios!

Añadió:

—Ahora falta saber dónde está Philip.

Agustí preguntó alarmado:

—¿Cómo quieres saberlo?

—No creo que sea tan difícil. Iré hasta la Diagonal. Si él no está, la portera sabrá, quizás, alguna cosa.

—¿Quieres ir ahora mismo?

—Sí.

—Te acompaño.

Al otro extremo de la calle Llúria se escuchaban disparos. Unos guardias de asalto[60], escondidos detrás de los troncos de los árboles, dis-

---

60 La policía de la Generalitat de Cataluña durante la Segunda República. En 1936 se mantuvo fiel a la República. Al finalizar la Guerra Civil fue suprimida y substituida por la policía armada de España.

paraban contra el convento de las Carmelitas. Desde el convento, respondían. Silbaban las balas muy cerca.

Agustí empujó a Anna dentro de una portería medio abierta. Él se arrimó a la pared.

—¡Ve con cuidado, Agustí!

Ya no se escuchaban disparos. Agustí avanzó algunos pasos hacia los guardias parapetados detrás de la fuente y los troncos. Les gritó:

—¿No se puede pasar?

Uno de ellos le contestó sin girarse:

—El que tenga huevos que pase.

Siempre arrimado a la pared, Agustí volvió a la portería donde había dejado a Anna.

—Vamos por la calle Mallorca. Por la Diagonal es peligroso.

Recularon.

El trozo de calle entre Llúria y el paseo de Sant Joan se veía enteramente desierto. Se volvían a escuchar disparos del lado de la Diagonal. Hasta allí llegaba el tufo de la pólvora. En el suelo humeaban montones de muebles y cuadros medio quemados. Por aquí y por allí se veían montañas de basura. Las tiendas y las puertas de las casas permanecían cerradas. Algunas, muy pocas, a medio abrir.

Cerca del Paseo de Sant Joan, Agustí suspiró:

—Ayer comenzaban mis vacaciones.

—¡Qué vacaciones, pobre Agustí!

—Cuando estoy cerca de ti, siempre son vacaciones.

Lo había dicho en un tono humilde, pero apasionado. Ella se detuvo un momento, le miró y sonrió.

—¿Todavía estamos así, Agustí? ¿Todavía lo piensas?

—Claro que lo pienso. No pienso en nada más. Lo pensaré mientras viva.

Anna callaba. No era el momento de darle esperanzas. ¿Quién sabe lo que le había pasado a Philip? Una bala perdida le podía tocar yendo por la calle. El comité de su fábrica podía requerirle para aclarar algún asunto y quedárselo detenido, como a muchos otros.

En la portería de la Diagonal, Teresa se lanzó a los brazos de Anna.

—¡Ay, señorita, qué trastorno!

Anna se alarmó.

—¿Le ha pasado alguna cosa al señorito Philip?

—No señorita, está bien tranquilo. No hace mucho que ha salido con dos o tres libros bajo el brazo.

Anna recordó que Philip no podía dormir sin leer un rato. Seguro que había agotado la provisión de novelas policíacas de Petritxol. Había ido a proveerse a la Diagonal.

Anna volvió a casa de sus padres mucho más tranquila.

Pero esta tranquilidad no duró mucho. Nuevos conflictos, nuevas complicaciones se presentaban. Parece que Pere Valls tampoco estaba seguro en Barcelona. O, al menos, así se lo aseguraron sus amigos del gobierno de Cataluña. Ayudado por uno de los consejeros de la Generalitat, se preparaba para marcharse a Suiza. Entretanto, vivía escondido en casa de una antigua criada. Francesca y Pilar le acompañarían a Ginebra. Anna, no. Anna no quería abandonar a Philip, el cual se obstinaba a creer que la revuelta duraría apenas tres o cuatro semanas y todo volvería a ser como antes.

Manufactura de Hilos Marca Acero ya había pasado a manos de los obreros como todas las otras fábricas de Barcelona. Seyin disponía todavía de algunos miles de pesetas, resto del último ingreso obtenido dos días antes del 18 de julio. Seguía viviendo con John Wirt en Petritxol. Este ya no trabajaba en la Berlitz. De momento, Philip había tomado la costumbre de presentarse a casa de los Valls cada día a la hora de comer. Francesca sospechaba que cuando ellos se fueran a Suiza Philip continuaría haciendo lo mismo en casa de Anna. Trataba sin éxito de convencerla de seguirles. Anna estaba bien dispuesta a pasar al lado de su marido todos los peligros, todas las penalidades que se presentaran.

Pere Valls, más prevenido que Seyin, había guardado en su casa una cierta cantidad de dinero. Había dicho a Anna que, al irse ellos, podía disponerlos. Este ingreso le resolvería por algunas semanas el problema de la alimentación.

Cuando los Valls y Pilar estuvieron afuera, Anna comenzó a darse cuenta que la guerra iba para largo. Poco duraría el dinero de papá con la tremenda subida de los precios de los alimentos y lo que era necesario añadir para obtenerlos. Tenía que espabilarse para ganarlos. No se le ofrecía ningún otro recurso que dedicarse al *mercado negro*. El *mercado negro* comenzaba a funcionar a gran escala. Anna sacrificaría sus joyas, ciertos objetos de arte, la cubertería de plata… Antes de irse, los papás le habían autorizado para vender todo lo que hiciera falta del paramento de casa. No querían que sufriera necesidades. Agustí le ayudaría a encontrar clientes. Lo había prometido a Pere antes de separarse.

La venta clandestina de objetos comenzaba a practicarse ya desde el principio de la guerra. Un gran nombre de ciudadanos y, sobre todo, de ciudadanas, se dedicaba a ello. Era la única manera de ganar algunas pesetas. Anna esperaba ganarlas para mantenerse a ella y a Philip. Este continuaba presentándose, más o menos regularmente, a las horas de las comidas. Se quedaba poco rato, justo para comer. Y siempre hablaba de su amigo Johnny, con quien seguía viviendo en Petritxol.

Tiempo hacía que Wirt quería irse a Inglaterra con Seyin, aprovechando la invitación del cónsul inglés repetida un día y otro por la radio. Pero Philip seguía creyendo que la guerra no duraría. Acostumbrado a disponer de dinero en abundancia, la idea de irse como inmigrante y encontrarse en Inglaterra con pocos recursos, le desanimaba. En Barcelona tenía la fabrica, de la que esperaba volver a ser amo pronto.

Una mañana, apenas levantada, Anna escuchó sonar el timbre de la puerta. Presentía algo desagradable, se acercó recelosa. Preguntó desde dentro:

—¿Quién es?

—Vengo de parte de Philip– dijo una voz masculina en inglés.

Al escuchar este nombre, Anna abrió. Era John Wirt. Sonreía con todo el resplandor de sus dientes sanos y fuertes.

—Lo siento, señora, le vengo a molestar.

—¿Qué hay? ¿Le pasa algo a Philip?

—Philip sigue bien, pero tiene que huir. Alguien le ha denunciado. Ya sabe lo que quiere decir una denuncia en estos momentos.

—¿Una denuncia? ¿De quién?

—No recuerdo su nombre. Creo que de un muchacho que había vivido con él en Petritxol.

Anna exclamó.

—¡Dios mío! ¡Dios mío!

Wirt volvía a sonreír.

—No se preocupe, señora, le salvaremos. Ahora está en el consulado de Inglaterra. De allí saldrá hacia el muelle en un coche con matrícula consular. Se embarcará en un barco inglés y ya no se moverá hasta que el vapor se haga a la mar.

—Pero Philip no tiene dinero en Inglaterra. ¿Cómo se lo hará?

—De momento vendrá a casa de mis padres. Después… se espabilará de una manera u otra. Usted no tiene que preocuparse por nada.

—¿Y… y… usted se va con él, Wirt?

—¡Claro! Yo ya me habría ido con el primer barco, si Philip me hubiera hecho caso. Desde un principio no me gustó el aire que tomaban las cosas. Pero Philip insistía que la revuelta no duraría, que pronto ganarían unos u otros, y dodo volvería a ser como antes.

—¡Qué iluso!– suspiró Anna.

—Ahora, si me lo permite, llenaré dos maletas, las más grandes que tenga, con los trajes de Philip. En Inglaterra hace frío. Tan pronto las tenga a punto me iré directo al consulado. Philip ya debe impacientarse.

Anna iba sacando las piezas de vestir de los armarios, de las cómodas. Johnny las colocaba en las maletas.

Anna se lamentaba:

—¡Y yo que no he querido irme con mis padres para estar al lado de Philip! Dile que me iré a Ginebra tan pronto como pueda. Lo mejor que puede hacer es venir él también. El papá tiene algo de dinero allí y todos juntos viviremos mejor.

—De momento no se preocupe por Philip. Vivirá en mi casa. Mis padres estarán encantados de recibirle.

—Gracias, Wirt. Dígale a sus padres que cuiden de él. Es un muchacho malcriado. No ha vivido nunca momentos difíciles. Tengo miedo que no sabrá hacer frente a la adversidad.

Añadió con pesar:

—Si yo pudiera acompañarle...

Wirt opinaba que sería complicar la situación.

Cogió las maletas. Se dirigió a la salida. Anna le seguía por el pasillo. Al llegar a la puerta, él las dejó al suelo. Alargó la mano a Anna.

—¿Qué quiere que le diga a Philip?

—Que venga a Suiza cuanto antes mejor. Le esperamos.

Se despidieron con un apretón de manos. John comenzó a bajar.

—Dele un abrazo de mi parte– gritó Anna asomada a la escalera.

—Él también me ha encargado que le abrazara.

—¡Buen viaje! ¡Buena suerte!– le gritó todavía ella.

XVII

Habían comenzado los ensayos de bombardeo aéreo. El Ayuntamiento había dado órdenes a los ciudadanos de acudir rápidamente a los refugios, dejar las ventanas abiertas y cerrar los grifos del gas.

Al escuchar el lúgubre mugir de las sirenas, Anna se horrorizaba. Pero al recordar que se trataba de una operación de prueba, olvidaba las ordenanzas municipales, corría al balcón. Giraba la mirada hacia arriba. Se habían apagado todas las luces. La oscuridad era intensa. Aquel cielo, generalmente invisible detrás de la neblina enrojecida por el alumbrado urbano, aparecía a los ojos ciudadanos, por obra y gracia del apagamiento, como un cielo de montaña: negro y profundo. Centelleaban las estrellas altísimas, misteriosas, indiferentes a los juegos bélicos de los hombres.

Uno tras otro se abrían balcones y ventanas. Todo el vecindario estaba en la parte de afuera de las habitaciones. Nadie tenía miedo del bombardeo, probablemente nadie lo creía. Aquel dramático ensayo no parecía impresionarles. ¿No sería una payasada más de las desacreditadas autoridades?

No entrar en los refugios, quedarse en los balcones y en las ventanas, en las porterías, en las aceras o en medio de la calzada con las manos en las caderas y la nariz en alto, mientras bramaban las sirenas y se apagaban todas las luces, era una manera como otra de protestar por la falta de alimento, el exceso de desorden y suciedad. Era, también, un desafiador desacatamiento al Ayuntamiento y a la Generalitat. Los únicos que creían en aquella operación de prueba, a parte de los funcionarios municipales predispuestos a la defensa pasiva, eran los perros. Tan pronto como mugían las sirenas, ellos se ponían a aullar como unos desesperados. Sólo se calmaban cuando las sirenas enmudecían. En el silencio que seguía, los pasos más o menos precipitados de algún paseante repercutían en el asfalto empedrado. Se escuchaba la voz ronca de un sereno o un guardia.

—¡*Al refugio!* [61]
—¡*Al refugio!*

En el cielo, alto y oscurecido, se veían pasar los rayos potentes de los reflectores aéreos. Proyectaban líneas luminosas en el espacio desde diferentes lugares altos de la ciudad. Se topaban entre ellos, se cruzaban, se repelían. Dibujaban ángulos abiertos y ángulos cerrados, paralelos y oblicuos, de una geometría simple y grandiosa. Anna lo encontraba divertido. Se extasiaba con el espectáculo. Saboreaba, como la mayoría de los ciudadanos, aquella diversión poco corriente. Como tantos y tantos otros no podía sentir, con anticipación, el escalofrío de miedo de un bombardeo, ni tan sólo imaginárselo.

En el ensayo de la defensa pasiva no faltaba nada, excepto de los únicos elementos que habrían procurado una real emoción: el zumbar de los aviones y el estallido de las bombas. Hasta que la dramática realidad ocurrió, los ciudadanos no comprendieron la importancia de aquellos ensayos.

Eran casi las diez de la noche. Un gran estallido retumbó en el espacio y, seguidamente, una explosión, y otra, en diferentes lugares de la ciudad.

No habían sonado las sirenas ni se habían apagado las luces. No se escuchaba el ruido de ningún avión. De repente los terribles aullidos de la alarma desgarraban la noche. Todo quedó a oscuras.

Anna salió al balcón. Los reflectores ya funcionaban. El cielo, desierto y mudo, iluminado por partes, no dejaba divisar el más leve indicio de ataque. Pero las explosiones continuaban: ahora lejos, ahora cerca.

Anna no sentía miedo, sólo estaba conmovida, excitada, temblorosa. Acababa de comprender que no se trataba de una operación de prueba, sino de un ataque enemigo en regla. Era una sensación nueva para ella. Recordaba que tenía cita, con Agustí en el café de la esquina. Tenían que discutir la posible venda de unos objetos de plata, a unos conocidos de Bruguera.

Se precipitó a la cocina, buscó una cerilla a tientas. La encendió y miró la esfera de su reloj de pulsera. Marcaba las nueve y media pasadas. Faltaban unos veinte minutos para la hora convenida. Temía no poder llegar a tiempo. Era una preocupación estúpida, ella lo sabía.

---

61   En la versión original las intervenciones del sereno o el guardia están escritas en español y subrayadas.

Pero no podía evitarlo: no tenía miedo de las bombas. Sólo temía que los guardias de la defensa pasiva no la dejarían pasar. No llegaría al café a tiempo.

Volvió a salir al balcón. Todavía se escuchaban explosiones. Pasos precipitados resonaban en el empedrado. Voces nerviosas gritaban:

—¡Al refugio!

—¡Date prisa, Martí!

En medio del zumbido de sus orejas, donde repercutía el latir acelerado de su pulso, le parecía escuchar unos golpes cada vez más enérgicos que venían de la puerta del piso. No comprendía que nadie pudiera llamar de otra manera que con el timbre. Pero, de repente recordó que habían cortado el flujo eléctrico. Corrió. Era el Agustí.

—¿No me escuchabas?

—Sí, pero no hacía caso. Había olvidado que el timbre no funciona.

Él la cogió por un brazo.

—Venga, vamos al refugio.

—¿Quieres decir?

—Claro. ¿No has escuchado estallar las bombas?

—Déjame coger la llave.

Bajaron la escalera corriendo. Otros vecinos lo hacían, también. Mientras bajaban los unos decían a los otros:

—Ahora va de veras.

Pero, una vez en la calle ya no se escuchaba ningún estallido.

Un grupo se dirigía al refugio del Paseo de Sant Joan, el más cercano. No era un verdadero refugio, simplemente el sótano de una casa de pisos. Se bajaba por una escalera estrecha y oscura. Los refugiados encendían cerillas y se empujaban al bajar. Al llegar Agustí y Anna, ya estaba abarrotado de gente. Quemaba un quinqué de petróleo. En el fondo, arrimada a la pared, había una hilera de bocoyes, un gran número de cajas apiladas y también botellas vacías. El sótano debía ser la bodega de un café. Una vez adentro, todo el mundo se mostraba despreocupado y charlatán. Se formaban grupos entre gente desconocida. Reinaba una especie de excitación simpática y comunicativa. Se escuchaba el trémolo de las voces masculinas y el arpeo nervioso de las risas femeninas. Entre este rumor de palabras y risas podía escucharse, un poco atenuado por la profundidad del local, el tintinar breve y perdedor de las ambulancias y, más lejos, el claxon de la policía.

Cuando estos síntomas lejanos de la existencia de las primeras víctimas del ataque llegaban hasta el sótano, había un momento de silencio, una pausa expectante y dramática. Pero duraba poco. Unos segundos más tarde, volvía a levantarse el murmullo del parloteo y las risas ahogadas.

Apoyado prudentemente a una pared maestra, un hombre comentaba:

—No es un bombardeo aéreo.

—¿Cómo lo sabe?

—No se han escuchado pasar los aviones.

—Todo ha ido tan rápido…

Una mujer se mezcló en la conversación.

—Primero se han escuchado los estallidos y luego las sirenas.

—Antes que las activaran ha pasado un buen rato.

—Es que esperaban el ataque por el aire y ha venido por mar.

—¿Por mar, dices?

—Sí. Bombardeaban desde un *barco*. Lo ha dicho la radio.

—¿Y cómo lo ha hecho, usted, para escuchar la radio sin haber corriente?

—No la han quitado rápidamente. Yo tenía la radio encendida. Estaban tocando la sardana *Empordà*. De repente se ha escuchado una gran explosión y, a continuación, dos o tres más. La música ha parado y una voz de hombre, muy nerviosa, ha dicho: «Ciudadanos, nos están atacando por mar: ¡corred a los refugios!»

En otro grupo, otro decía:

—Parece que el objetivo es la casa Elizalde.

—¿La Casa Elizalde? ¿Por qué?

—Dice que fabrican material de guerra.

—¡Claro! Si se ponen a fabricar material de guerra, en medio de la ciudad, nos harán añicos a todos.

Agustí miraba a Anna con preocupación y ternura.

—Te tendrás que ir a Ginebra, Anna.

—¿Por qué? ¿Por este bombardeo?

—Es el primero. Vendrán otros; es natural que vengan. No estaré tranquilo si te quedas aquí.

Anna sonreía.

—No seas pesimista, Agustí.

—Estos por quien, ahora mismo, corrían las ambulancias, no han sido suficientemente pesimistas. ¡Ahora ya es tarde!

Anna comentó:

—Todos nos tomábamos a broma el ensayo de la defensa pasiva. Nadie quería creer que, un día u otro, estos refugios podían sernos útiles.

Bruguera movía la cabeza.

—No me fío para nada de estos refugios. Imagínate que un obús toca precisamente esta casa, se derrumba una parte encima de la salida, y quedamos todos enterrados. Nuestra agonía sería mucho peor que si la metralla de las bombas nos atrapaba en plena calle. Más vale morir de cara al cielo, Anna.

—Entonces, ¿por qué me hacías venir a toda prisa?

Él alzó los hombros, sonrió.

—No lo sé. Por una especie de automatismo. Por un miedo de animal, irreflexivo.

En aquel momento se volvieron a escuchar las sirenas. Tocaban el fin de la alerta. Anna respiró, aliviada.

—¡Gracias a Dios! Ya empezaba a marearme.

—Son los vapores del alcohol.

—El vaho de la gente.

Salían poco a poco, todos juntos, como de misa, los unos bien cerquita de los otros. Esparcían una tufarada cálida de humedad más o menos limpia.

En la calle Anna volvió a respirar a fondo. Agustí le empujaba por el brazo.

—¿Dónde vamos?

Sin pensarlo, ella decidió.

—A casa.

La portería estaba abierta. La portera, en la calle. Al verles, exclamó:

—¡Ay, señorita, que susto que he tenido!

—¿Se ha asustado, Teresa?

—Mucho. Ahora se lo decía a mi marido. Si vienen muy a menudo me parece que me enfermaré del *corazón*[62].

Peret se separaba de un grupo formado en la acera.

---

62   En la versión original aparece la palabra cort subrayada. La –t final es un error ortográfico. La forma correcta en catalán es cor y significa corazón. Este error señala la falta de educación formal que ha tenido la criada del idioma. La lengua que se estudiaba en las escuelas era el castellano y muy pocas personas de clase trabajadora recibían una educación formal, especialmente las mujeres. Hoy en día es común escuchar la palabra cort (para decir corazón) en los pueblos y entre la gente mayor. En un contexto distinto, la palabra cort podría significar la corte, pero este no es el caso en el diálogo.

—Dicen que hay muertos y heridos.

—Ya lo suponíamos. Hemos escuchado las ambulancias desde el refugio.

—Han caído dos obuses muy cerca de aquí. Entre Roger de Flor y Nàpols.

—¿Vamos a verlo, Agustí?

Él aceptó enseguida. Un poco extrañado, pero, de la curiosidad morbosa de Anna. Unos pasos más allá ella le dio la explicación.

—No podría dormir. Estoy demasiado nerviosa.

—Yo tampoco podré dormir. ¿Dónde quieres ir?

—A ninguna parte. Simplemente, caminar, Diagonal abajo si te parece.

—¿Por qué no vamos al café? ¿No teníamos que encontrarnos allí?

—Sí. Tú me tenías que comunicar el resultado de ciertas diligencias encaminadas a vender el azucarero, las pinzas y el cenicero de plata de los papás.

—No he podido hacer nada. Los pretendidos clientes se han desdicho. Dicen que es una estupidez comprar azucarera y pinzas cuando no hay azúcar, y cenicero cuando no hay tabaco.

—Les sobra la razón. Paciencia. Venderé algunas sábanas. Una vecina está interesada.

—¿Quieres hacerme caso? No vendas nada. Cuando los Valls regresen estarán muy contentos de encontrar el paramento de casa intacto.

—Oh, intacto… Es que yo tengo que comer cada día, y las viandas se están poniendo por las nubes.

Las noticias de los Valls y de Seyin eran relativamente buenas. Los Valls, con Pilar, se habían instalado en Satigny, un pueblecito cantón de Ginebra, en casa de un amigo viticultor y granjero. Roger Thorens les había cedido el primer piso de la granja.

Francesca escribía que se estaba de lo más bien allí. Pere Valls era casi feliz, aunque sólo a ratos. Lo hubiera sido plenamente en otras circunstancias, pues, Anna tenía que recordarlo, el papá estaba enamorado de la llanura del Ródano[63]. Incluso había soñado en retirarse allí. Ahora, pero, preocupado por la incautación de la fábrica de tapones y por la inseguridad de su estimada hija en Barcelona, no podía llegar a serlo del todo.

---

63   En francés Rhône, es parte de la región Auvernia-Ródano-Alpes de Francia.

Pilar no podía acostumbrarse al país. Encontraba el paisaje triste, la gente aburrida, la comida insustancial... Aborrecía principalmente las comidas preparadas con mantequilla de vaca y el uso demasiado frecuente de té.

Esta carta había llegado sin pasar por la censura. Un delegado de la Cruz Roja Internacional la había entregado a manos de Anna personalmente.

También se habían recibido cartas de Philip. En la primera decía que los padres de Wirt le habían acogido con un júbilo *auténticamente paternal*. Vivía en casa de ellos, a pensión. Vibraba de entusiasmos hacia Inglaterra (¡aquella vieja Inglaterra olvidada!), sus costumbres, su paisaje... Pero por encima de todo ponderaba a los Wirt. Les dedicaba todo tipo de adjetivos encomiásticos, el más pálido de los cuales era: *maravillosos*.

Esta carta venía fechada de Brighton y Philip parecía el hombre más feliz de la tierra.

Había transcurrido un mes entre la primera y la segunda. El tono de esta otra era ya muy diferente. El entusiasmo por los Wirt y por Inglaterra parecía palidecer. Se hablaba únicamente de dificultades pecuniarias. Había agotado el dinero. Aunque, con palabras poco claras, parecía esperar que Anna le enviaría algo. (A ella, esta inconsciente esperanza le hizo estremecer de indignación). Los Wirt habían dejado de ser *sencillamente adorables*. No estaban en condiciones de mantenerle y él no disponía de recursos para pagar la pensión.

Anna había respondido en seguida a esta segunda carta. Explicaba su propia situación. Comía y pagaba el piso, gracias a la generosidad de Bruguera. El asunto de la fábrica continuaba igual. No se podía sacar ni un céntimo. Ella no le podía enviar nada. Lo que tenía que hacer, como súbdito inglés refugiado en Inglaterra, era buscar trabajo. Tenía algunos años de medicina. Quizás se podría colocar en una farmacia o en un hospital. Pero, si no se sentía con ánimos de trabajar, lo mejor que podía hacer era reunirse con los papás en Satigny. Ella estaba a punto de ir allí. Sólo esperaba resolver el asunto del piso. Es decir, encontrar la manera de evitar que pusieran refugiados.

Poco tiempo después, Anna recibía la tercera carta de Philip. Ya volvía a mostrarse optimista. El nombre de los Wirt, con o sin adjetivos, ya no figuraba. Parecía haberlos definitivamente sacado de su vida. Ahora la estrella luminosa, el astro refulgente, el ángel de bondad inefable era Miss Margaret Wood, bibliotecaria en el *British Museum*. Poseía un delicioso apartamento y le había cedido una habitación (*a very pretty room, indeed*), con derecho a cocina. No hablaba de ningún tipo de retribución destinada a miss Wood. Anna supuso que la generosa bibliotecaria se la había cedido por amistad. Al comienzo de la carta, Philip llamaba a su nueva amiga, miss Margaret Wood, pero al final, simplemente: Peggy. Peggy era la generosidad misma, pura inteligencia, pura comprensión… Su apartamento resultaba exquisito. Un auténtico hallazgo: confortable, silencioso, lleno de libros interesantes e incluso un clavecín y un tocadiscos. La casa olía a trementina y a cera, a humo de leña recién quemada y a mantequilla fundida (¡unos olores tan típicamente ingleses!). La calle y el bario eran: Cheyene Row en Chelsea («¿Tú que has estado largas estancias en Londres, no recordarías esta calle?» «Imagínate que, en una casa vecina a la nuestra, vivía Carlyle. ¡*And there he sucked his pipe with FitzGerald and Tennyson!*»).

Anna hizo leer la carta a Agustí.

Agustí movía la cabeza y levantaba los hombros.

Anna dijo:

—La pobre Peggy ya ha caído en la trampa. ¡Este Philip es terrible!

Agustí comentó:

—Al menos ahora, su *charme* le sirve para alguna cosa. ¡Le mantienen!

—¡Qué asco!– dijo Anna.

Agustí le miraba por abajo.

—¿Supongo que no estás celosa de Peggy?

—¿Yo? ¡Que va! La compadezco. Si supiera lo que le espera… Debe ser solterona y sentimental. ¡Vivir con un hombre como Philip! Pobre desventurada Peggy.

Añadió.

—¿Quizás gana un buen sueldo en el *British Museum*?

Se preocupó.

—¿Quién sabe si, para mantenerle, se priva de alguna cosa? Philip es capaz de obtener eso de una mujer y hasta de un hombre, cuando el hombre no es un gorrero como Johnny.

Bruguera se mostraba reticente.

—Peggy debe obtener, de Philip, una recompensa u otra, desengáñate.

—Oh, claro. La debe engatusar de la manera que él lo sabe hacer. Besadas de mano largas y sabias; estiramiento de cabeza encima de las rodillas; algún beso refinado al filo del cabello… Y ella, la pobre, debe creer que Philip está enamorado de ella.

Anna suspiró.

—La vida es bien estúpida, Agustí. ¿Por qué la tenemos que pasar soñando en cosas imposibles, siempre, siempre imposibles?

—Como ahora yo, siempre soñando que tú me quieras.

—Y te quiero. Pero a mi manera. Tú, claro, querrías que fuera de otra… y no puede ser.

—Mientras me quieras, sea de la manera que sea, ya estoy contento.

XVIII

Agustí propuso a Anna:

—Tenemos que celebrar el fin de año.

Ella le observó con melancolía.

—¿Qué celebraremos, Agustí?

—El vivir todavía, a pesar de todos los peligros, el tener salud, el recibir buenas noticias de los Valls.

—¡Tienes razón, celebrémoslo!

Después de un breve silencio, ella preguntó:

—¿Y cómo lo celebraremos?

—Con una cena. Habrá las tradicionales uvas y el no menos tradicional champán.

—De acuerdo. Prepararé una cena sencilla con lo que dispongo.

—No te preocupes por la cena. Traeré todo lo que haga falta.

—¿Crees que es fácil obtenerlo?

—De hecho, resulta más fácil obtener pollos, caviar, champán y whisky que un quilo de patatas o una pastilla de jabón ordinario.

—¿Y las uvas?

—Procuraré encontrarlas.– Reía –Y si no haremos la ceremonia con pasas.

—Oh, entonces estamos seguros de nuestra felicidad. Tragarse doce pasas es mucho más fácil que tragarse doce granos de uvas.

Agustí parecía rejuvenecido.

—Ya verás. Encontraré todo lo que haga falta. Haremos una buena cena y procuraremos estar bien alegres.

—Sí, Agustí.

Le miraba con una cierta admiración.

—¿Sabes que has cambiado mucho, últimamente? Eres más decidido y hasta te vuelves agudo.

—¿Agudo? No te burles de mí, Anna.

El día treinta y uno de diciembre por la noche, Bruguera había llegado a casa de Anna con los brazos llenos de paquetes.

—¿Dónde vas tan cargado, Agustí?

—Todavía no lo tengo todo. Me faltan los pollos y el whisky.

Mientras él volvía a salir en búsqueda de lo que le faltaba, ella se sintió bruscamente desprovista de alegría. Aquellos preparativos de fiesta, en ausencia de los papás y de Philip resultaban penosos. Otras veces, para aquella misma fecha, estaban todos juntos. Philip consentía sacrificar algunas horas de su sacrosanta independencia. Estaba alegre, risueño, engolosinado por la perspectiva de los buenos manjares y, aún más, de los buenos vinos.

Anna había recibido una carta muy afectuosa de los Valls. Le deseaban unas buenas fiestas. De Philip, nada. Ella, en cambio, le había enviado algunas cartas. Le felicitaba la Navidad y el Año Nuevo. Le deseaba salud y alegría. No dudaba nada de su capacidad de ser feliz por poco que Peggy estuviera dispuesta a serlo. Y ciertamente lo estaría. ¿Qué mujer resistiría los halagos y el encanto de Philip? Aquel fin de año constituiría, sin duda, una fecha memorable en Cheyene Row.

Justo en aquella hora, Philip y Peggy debían estar preparando la cena, exactamente como ella y Agustí. Pero Philip y Peggy no cenarían solos. A Philip no le gustaban los *tête à tête*[64]. Debían haber invitado a algunos amigos: pintores, actores, gente extravagante y bohemia. Y quizás alguna rata de biblioteca, amiga de Margaret Wood. Comerían y beberían copiosamente. Todos terminarían embriagados y Peggy se pondría tierna. Cuando los amigos se irían, ella, gesto clásico y fatal, se lanzaría a los brazos de Philip.

A este punto se detenía la imaginación de Anna. Hasta aquí resultaba fácil. Pero a partir del lanzamiento de Peggy encima de Philip, era imposible imaginarse lo que ocurriría. Anna conocía, por desgracia, las imprevisibles reacciones sentimentales y sexuales de Philip. La velada podía terminar con el triunfo amoroso de Peggy o en un fracaso irreparable. Tan probable era que Philip se convirtiera en su amante (suponiendo que no lo fuera ya), como que la rechazara con un frío e implacable: «Déjame en paz» «Tengo un seño que no me aguanto».

Anna había empezado a poner la mesa. Quería que se viera hermosa. Deseaba demostrar a Agustí que aquella cena no le era indiferente. Sacaba y colocaba el mantel, las servilletas y los cubiertos sin entusiasmo, pero con cuidado. Lo hacía con el espíritu ausente como si los que iban a cenar no fueran ella y Agustí sino otros cualquiera.

---

64   Expresión francesa que significa a solas, uno con el otro. Una conversación privada entre dos personas.

Agustí volvió satisfecho de sus adquisiciones: whisky, un pollo y, además, un ramo de narcisos.

Miró a Anna con asombro.

—¿Qué tienes, Anna?

Ella sonreía.

—¿Yo? Nada...

—Has llorado.

—No puedo escondértelo. Pensaba en los papás. Hace tanto tiempo que pasábamos juntos esta velada...

Los ojos se le habían vuelto a llenar de lágrimas.

El rostro del Agustí se contraía. Expresaba decepción y pesar.

Anna se le acercó. Hizo un esfuerzo para sonreír. Le rodeó el cuello con los brazos y le besó la mejilla.

—No te imagines que me sabe mal pasar el fin de año contigo, Agustí. Al contrario, estoy muy contenta. Sólo querría que *ellos* estuvieran aquí.

Cogió el ramo de flores, las olió.

—Gracias por los narcisos, Agustí. Sólo faltaba este detalle para enjoyar mi mesa.

Se metieron los dos en la cocina, a preparar la cena. Discutían el orden de los platos mientras limpiaban y preparaban el pollo. De las menudencias harían caldo. Lo tomarían para comenzar.

Agustí Bruguera escribía el menú en un cartoncito. Lo hacía en francés, con una caligrafía perfecta y una gran lentitud. Consultaba la ortografía con Anna.

—Consomé, ¿con una o dos emes?

—Con dos.

Un rato después:

—*Hors-d'oeuvre*[65], ¿en cuántas palabras?

—*Hors*, rallita, *de* apostrofada y después, *oeuvre*.

El menú se componía de: consomé en la taza, entremeses variados, pollo asado acompañado de guisantes en conserva. Turrones, fruta, vino francés, champán, whisky.

En dos cucuruchos, Agustí había traído, ya contados y limpios, doce granos de uvas para cada uno. Tenían que comérselos mientras tocaban las doce.

Anna había sacado del armario el mejor paramento de mesa: por-

---

65   Significa aperitivos.

celana, cubertería de plata y cristalería. Las puntas almidonadas, los calados bien planchados, los bordados bien en relieve. La plata de los cubiertos y el cristal irisado de las copas, resplandecían en el blanco de la tela. Las flores perfumaban el ambiente.

Agustí se emocionó.

—¡Oh! ¡Oh! Qué elegancia, chica. ¡Parece que recibas a un ministro.

Anna servía el *consommé*, en la taza.

—Hala, hala, bebámoslo caliente.

Era la primera vez que comían solos en aquel comedor. Estaban sentados uno enfrente al otro. Sin proponérselo, Agustí ocupaba el lugar de Philip. Y, cada vez que los ojos de Anna se levantaban hacia él, se quedaban clavados. Después, rápidamente, huían. Aquel rostro, pálido y ascético, presentaba un punzante contraste con el recuerdo que ella conservaba del rostro rosado, móvil y sensual de Philip. Aquella noche la nariz de Bruguera parecía más larga y los labios más delgados. Como si se diera cuenta de alguna cosa, él fijaba en Anna su mirada inquieta, interrogadora y triste. Sus manos cogían el tenedor y el cuchillo con más cuidado que nunca. Todo él parecía tímido y escrupuloso, como un escolar delante del maestro.

—¿Te gusta este *beaujolais*[66], Anna?

—Es perfumado y gustoso, y está a la temperatura ideal. ¡Excelente, Agustí!

—¿Cuándo beberemos el champán?

—Si no te importa después de las uvas, a medianoche.

—Entonces no lo descorcharé hasta un momento antes de las doce.

De repente Anna recordó a los compañeros de Philip.

—¿Dónde debe estar Briget Allingam?

—Figúrate, en Inglaterra.

Anna mostró un cierto pesar.

—Quizás ya se han encontrado con Philip.

—Verdaguer también debe haberse ido. Probablemente a París.

—Y Marià, siempre en la última pregunta. ¿Por dónde debe estar?

—Seguramente en el *barrio chino*[67].

---

66   Se refiere al vino de los viñedos de Beaujolais, en la región vinícola de Francia que se extiende del sur de Borgoña al norte de Lyon.

67   El barrio chino (barri xinès, en catalán), fue el distrito rojo de Barcelona durante el siglo XIX y XX. Estaba ubicado en lo que hoy es El Raval: la Rambla, el Paralelo y la calle Hospital. El barrio chino era conocido por su peligrosidad, la pobreza y la prostitución.

Después de un corto silencio, Agustí preguntó:
—¿Un poco más de vino, Anna?
—Todavía tengo. Pero, sí. Lléname la copa. Quiero estar alegre.
—A tu salud, Anna.
—A la tuya, Agustí.
—A la salud de tus padres.
—Por todos los ausentes– dijo ella.
Vació la copa.
—¿Qué hora es?
Él alzó la vista hacia el Duward.
—Ui, ¡sólo faltan diez minutos para las doce!
Le dio el cucurucho de uvas. Después fue a descorchar el champán y a servirlo.
—¡Prepárate Anna!
—¿Qué campanadas seguiremos?
—Las del Duward.
—Toca demasiado de prisa. Los granos se me atravesarán.
—No tengas miedo. El Duward toca con calma.
—Me atragantaré. Estoy segura.
—No, mujer, no. Es necesario que estemos convencidos del éxito. Si nos tragamos los doce granos de uvas mientras toquen las horas, seremos felices todo el año.
—¿Sólo todo el año? Casi no vale la pena que me exponga a ahogarme.
—No te ahogarás. ¡Atención!
Sonaba el *carillón* del Duward.
—Respira hondo, Anna.
—Calla. No me hagas reír.
—¡Venga!
Tocaba la primera campanada de las doce. Anna y Agustí se metían el primer grano de uva en la boca. Se lo tragaban. Y, a continuación, el segundo, el tercero. La operación parecía ir por buen camino. De re-

---

Su denominación surgió por la realidad marginal que se vivía allí. Los inmigrantes orientales llegaron a Barcelona mucho más tarde, a finales del siglo XX. El barrio chino existió hasta el final del franquismo (1939-1975) y los primeros años de la transición. El urbanismo democrático propició una serie de transformaciones orientadas a mejorar las condiciones de vida del barrio. La peligrosidad y la marginalidad del barrio llegó a su fin cuando se llevaron a cabo grandes planes urbanísticos en la ciudad con motivo de las Olimpiadas de Barcelona en 1992. El barrio marginal y su nombre barrio chino, con sus connotaciones negativas, fueron desplazados y substituidos por lo que hoy es El Raval.

pente, Anna tuvo la sensación que el Duward emprendía una carrera casi desesperada. Se encontraba exactamente en la quinta uva. Precipitadamente, se la introdujo en la boca. En aquel momento giró la mirada hacia Agustí. Él se tragaba los granos con una seriedad cómica. Anna estalló a reír. Ya no se pudo tragar la sexta uva a tiempo. Comenzó a toser. Los ojos se le llenaron de lágrimas. Agustí seguía imperturbable. Se introducía y tragaba los granos de uvas sin dejarse impresionar por el fracaso de Anna. Al final de la última campanada, él había vaciado el cucurucho. Lo agitaba, triunfal.

—¡Victoria!
—Me parece que has hecho trampa, Agustí.
—¿Yo, trampa? ¿Y cómo?
—¿Quieres decir que tenías 12 granos? Me parece que habían algunos menos.
—Oh, ¡cómo sois las mujeres! ¡Qué mala fe! Ten, bebe champán y cree en mi felicidad. Lástima que yo no pueda asegurar la tuya.

Le daba una copa llena de champán. La mano le temblaba. Le brillaban los ojos.

Se levantó, fue a besarla.
—Feliz año Nuevo, Anna.
Ella le devolvió el beso.
—Feliz año Nuevo, Agustí.
—Que el año que empieza te sea propicio.
—Lo mismo te digo.

Se habían besado fraternalmente como cada año, el mismo día, a la misma hora. Siempre, para desearse un año feliz. Deseo que jamás de los jamases se realizaba. Cada año que pasaba, al contrario, mataba una o dos esperanzas de las más fundadas y un montón de ilusiones más o menos legítimas.

Él esperaba, siempre, que el año que comenzaba haría comprender a Anna la inutilidad de seguir queriendo a un hombre que valía tan poco la pena. También esperaba que comprendería hasta qué punto, y con qué constancia, él estaba enamorado de ella y la importancia que este hecho podía tener en la existencia de una mujer joven.

Anna también soñaba, cada año, en la propia felicidad, sin olvidar la felicidad de Agustí. Deseaba, con sinceridad, que solucionara su problema sentimental y sexual. Que le olvidara, a ella. Que encontrara a una muchacha, bonita y buena, y se casara.

Aquel fin de año, sin embargo, era diferente de todos los otros. Lo pasaban solos y el país estaba en guerra. Cada minuto del día y de la noche transcurría bajo la amenaza de las bombas aéreas. Una de aquellas bombas podía, en unos instantes, procurar una trágica solución a cualquier problema, fuera de la clase que fuera. Aquel espacio inmenso, que se extendía encima de la ciudad, mantenía, latente, la horrible incógnita. Al pretender disfrutar de aquel fin de año, precisamente de *aquel* tan especial, Anna experimentaba la sensación de traicionar algo, no sabía qué, o de representar una comedia, ignoraba cuál. En cambio, Agustí parecía perfectamente feliz. Pasar todas aquellas horas sólo, con Anna, era mucho más de lo que nunca habría osado esperar. Había olvidado las amenazas de guerra aérea, las dificultades financieras presentes y a venir, y el amor inmerecido de Anna hacia Philip. El fantasma de Philip había dejado de existir aquella velada. Se llenaba la vista de la presencia, casi milagrosa de Anna. Aspiraba su perfume delicado y embriagador. Escuchaba su voz baja, grabe y aterciopelada. Se sentía atraído por Anna con una fuerza nueva, desconocida, deliciosa.

Fumaba un cigarrillo inglés, uno de los últimos de unos paquetes adquiridos en el *mercado negro*. Bebía a pequeños sorbos, saboreando gota a goa, la segunda copa de champán mientras sus ojos, impregnados de aquella inefable dulzura de los miopes, no se apartaban ni un momento de Anna. Ella no le había prohibido mirarla. Era lamentable que le hubiera prohibido hablarle de amor. Se sentía inspirado. Le habría dicho una infinidad de cosas, dulces y halagadoras.

—Tengo una sed que me abraso, Agustí.

—¿Por qué no me lo decías antes?

Le sirvió champán.

Ella bebía con avidez.

—Nos emborracharemos.

—No importa.

Añadió:

—Mejor.

Se quedaron un rato silenciosos. Ella parecía ausente. Sonreía con vaguedad. De repente alzó la copa, dijo:

—A la salud de Philip y de Peggy.

Permaneció un momento seria, como atormentada. Se levantó de la poltrona. Se acercó a Agustí, le puso las dos manos encima de los hombros.

—¡Perdóname!

Volvió a sentarse.

—Perdóname Agustí, soy una estúpida.

Suspiró.

—El champán no me sienta bien. Me idiotiza.

—Bebe whisky.

—Quizás sí...

—Voy a destapar la botella.

Lo hizo.

—¿Con sifón?

—No, sólo.

Él se reía.

—Bien hecho. Yo también.

Bebían whisky devotamente, en silencio: una o dos medias copas.

Él encendió otro cigarrillo.

—Dame uno. ¿Quieres, Agustí?

—Perdona.

Se lo alargó. Se lo encendió.

Seguían silenciosos. Chupaban los cigarrillos. Bebían un trago de whisky de vez en cuando. Bien apoyados cada uno en el respaldo de su poltrona, se observaban entre los párpados medio cerrados. Se sonreían a flor de labio.

El Duward dejó oír su *carillón*[68]. Después, mucho más solemne que para las doce, tocó dos campanadas.

—Me parece que ya es hora de ir a la cama, Agustí.

—Para ti, es fácil. La tienes cerca. Para mí es imposible. No me siento capaz de llegar a casa. Estoy como una sopa.

—No te vayas. Aquí lo que sobra son camas. Te prepararé la de la Pilar. Te pondré sábanas y mantas. Estarás muy bien.

Se enderezó, se pasó una mano por la frente.

—Todo me da vueltas, Agustí.

Él se echó a reír.

—¿También estás *moña?* [69]

Se había puesto de pie. Se acercó a Anna, oscilando.

—Apóyate en mí. ¿Dónde quieres ir?

—¿Adónde iba? Ah, sí, a prepararte la cama de la Pilar.

---

68   Se refiere al sonido de las campanadas del reloj.
69   Borracha.

Caminaban cogidos. Los hombros de ella apoyados en el pecho de él. Cuando estuvieron en la habitación conyugal, ella abrió el armario de luna, buscó las sábanas con dedos desmañados.

—Te daré la ropa de la cama. Tú mismo te la harás. No me veo capaz de hacerla.

Le resbalaron de la mano dos sábanas y una funda de cojín. Agustí se agachó a recogerlos. Se habían desplegado y mezclado. Exhalaban un delicioso olor de lavanda. Él se los acercó a la nariz, los olió.

—Mmmm...

Anna se volvía a agarrar de su brazo. A medio pasillo se detuvo.

—Ahora no me acuerdo dónde tengo las mantas.

—¿Dónde tienes, qué?

—Las mantas.

—Dormiré sin.

—Te pelarás de frío.

Anna hizo girar el conmutador de la habitación de Pilar[70]. Entró, Agustí le seguía. Comentó:

—¡Qué poca luz!

—La bombilla es de cuarenta bujías. Como no duerme nadie aquí...

Parecía haber olvidado las mantas. Miraba vagamente alrededor, como si tratara de recordar. Finalmente se sentó en la cama. Suspiró.

—¡Qué mareo!

Agustí examinó la cama.

—Veo que tengo una colcha de cobija.

La palpaba, la ablandaba.

—Es ligera y caliente. Dormiré de primera.

La habitación estaba toda ordenada. Exhalaba un vago olor de naftalina mezclado con un débil perfume de agua de colonia desvanecida.

Anna se había acostado en la cama. La cabeza no reposaba en el cojín, ni el cuerpo se abrigaban con la colcha.

Agustí protestó.

—Al menos, acuéstate bien.

Le colocó la cabeza encima del cojín. Le arropó con cuidado. Anna permanecía inmóvil, adormecida. Respiraba acompasadamente, como una niña.

Agustí temblaba de frío. Miraba la cama con fijeza, preocupado, indeciso. Encogió los hombros. Se decidió.

---

70   Conmutador o interruptor.

Se había acostado bajo la colcha, al lado de Anna. Procuraba no tocarle. Se sentía invadido por un sueño muy dulce. Aspiraba el perfume que exhalaba el vestido de ella y también la fragancia de tabaco inglés y de whisky de su aliento.

Se quedó profundamente dormido.

Al cabo de un tiempo, ninguno de los dos habría podido decir si eran unos minutos o unas horas. Anna se giró, suspiró, se quejó. Uno de sus brazos se proyectó encima del rostro de su compañero de cama. Él se despertó. Sintió el contacto de aquella mano cerca de sus labios. La besó con avidez, una y otra vez.

Cuando Anna habló, él creyó que era para regañarle. Pero no.

—Apaga la luz,– decía con voz adormecida.

Él buscó el conmutador, lo giró. La habitación quedó a oscuras.

—Tengo frío,– suspiraba ella.

Él se metió por segunda vez debajo de la colcha. Abrazó el cuerpo de Anna, lo estrechó firmemente contra el suyo.

Anna se despertó tarde. Se extrañó de encontrarse en la cama de Pilar, vestida y calzada.

Sentía un ligero enturbiamiento en la cabeza, que se disipaba poco a poco. En todo su cuerpo, laso, pero relajado, circulaba una corriente de satisfacción física.

Iba recordando cada detalle de la cena de fin de año y todo lo que había ocurrido hacia la madrugada entre ella y Agustí. Este había desaparecido sin hacer ruido.

A pesar de la hora avanzada, la ciudad reposaba en un silencio impresionante. Parecía talmente que los habitantes la hubieran abandonado. No circulaba ningún automóvil ni ningún tranvía. Aquel pitar en el cruce de las calles Diagonal y Roger de Flor, aquel chirriar de ruedas y de frenos en la curva no venían, como de costumbre, a romper el silencio matinal del barrio.

Anna saltó de la cama, se acercó al balcón. El cielo era bajo y gris. Lloviznaba. Todo lo que la vista abastaba de la Diagonal y las calles cercanas aparecía luciente, esmaltado y cubierto de reflejos de fachadas y farolas.

No pasaba ni un alma por las aceras. Por la calzada no circulaba ningún vehículo. Barcelona parecía una ciudad muerta.

Anna se volvió a la cama.

El Duward tocaba las doce. Agustí no daba señales de vida. ¿Cómo y cuándo se presentaría a ella después de lo que había ocurrido aquella madrugada entre ellos dos? Quizás no osaría volver y ella tendría que pasar el día sola. La presencia de Agustí se estaba volviendo cada día más necesaria. No podía imaginarse sin angustia todo un largo día privada de él.

Hacía rato que habían tocado las doce y el timbre del teléfono, igual que el de la puerta, permanecían mudos, inexplicablemente, dolorosamente mudos.

La vida y la integridad física de Agustí eran tan vulnerables como las de cualquier otro ciudadano. Y cada día desaparecía alguno misteriosamente. ¿Le habría tocado a él aquella madrugada?

En aquel momento el Duward tocaba las doce y media. Anna se indignó una vez más contra los relojes que tocaban horas. Siempre los había odiado. Eran como un aviso impertinente del tiempo que se escurre en una fatalidad a veces inquietante. Eran como una risa burleta escarneciendo nuestra impaciencia, nuestras dudas...

Cuando sonó el timbre del teléfono, Anna corrió envuelta en su bata. Perdió una zapatilla por el camino. Llegó saltando encima de un pie.

—Diga. Diga.

—Soy yo, Agustí.

Su voz era baja, insegura. La de Anna, al oírle, se volvió ligera, juguetona.

—Todavía estoy en la cama. ¿Has visto? Hace un día horrible.

Como que del otro lado del hilo no llegaba ningún comentario, ella añadió:

—¿No me escuchas?

Entonces él dijo con voz ronca:

—¿Me perdonas, Anna?

—¿Perdonar?

Reía nerviosamente.

—¿Vendrás a comer? Hay quién sabe la de sobras aprovechables.

La voz de él se animó.

—¿A qué hora quieres que venga?

—Ven a la una y media. Ahora me vuelvo a la cama. Estoy temblando de frío.

Le daba pereza encender la calefacción, Anna esperaba que Agustí la encendiera. Era gracias a él que disponía de una cierta cantidad de antracita. La economizaba en previsión de días como aquel.

Mientras esperaba la llegada de Agustí, pensaba en la simplicidad con que se había realizado aquel trascendental acto de su vida. Tenía un amante. Era aquello que, según Briget, tenía que restablecer el equilibrio en el hogar de los Seyin. Aquello que, también según Briget, tanto deseaba Philip. para estar a la altura de las circunstancias, ahora se lo tendría que escribir, procurarle este gozo. Así al pensar en ella, si es que pensaba alguna vez, lo haría con un poco más de respeto. El mal era que Philip no habría escogido nunca para su esposa un amante como Agustí Bruguera. Y, justamente, ¡era Agustí Bruguera!

Anna no podía olvidar las palabras de Philip: «¿Te has fijado, Anna? Bruguera alza el dedo pequeño para remover el té y también para cortar la carne». Y otro día: «Cuando Bruguera habla o come, mueve la nuez de la garganta arriba y abajo de una manera grotesca».

No, decididamente, no podía comunicárselo a Philip.

Cuando sonó el timbre de la puerta, Anna estaba todavía en la cama. Fue a abrir en bata.

—¿Eres tú, Agustí?

—Soy yo.

Se besaron con toda naturalidad. La iniciativa salía de Anna. Lo hizo sin reflexionar. Pero, acababa de comprender que, de ahora en adelante, se besarían siempre al encontrarse y al separarse.

—¿Quieres encender la calefacción mientras me visto?

—Sí, Anna.

Se sentía feliz de ser útil. Ella le había encontrado una ocupación que, de momento, le desquitaba del embarazo de estarse cerca y encontrar su mirada.

Todavía no podía creer en la felicidad de haberla poseído. No soñaba en volver a poseerla. No quería pensar en el futuro. Quería disfrutar días y días, meses y meses, el recuerdo de aquellos momentos sublimes.

La calefacción estaba encendida. Agustí se dedicaba ahora a recoger, apilar y llevar a la cocina los platos, los cubiertos y la cristalería de ayer, sucia y en desorden todavía.

—Veo que has comenzado a ordenarlo todo.

Anna se había presentado vestida y peinada.

Agustí contestó sin mirarle.

—Bien hacía falta, ¡es increíble la cantidad de cosas que ensuciamos!

—Ahora las lavaremos y después nos ocuparemos de discutir y organizar la comida.

Abrió la despensa, examinó las provisiones.

—Hay quién sabe las cosas comestibles.

Era maravillosamente confortable trajinar cerca de ella sin tenerle que mirar el rostro ni aguantarle la mirada.

Anna fregaba, Agustí secaba los vasos y los cubiertos. De repente ella dijo:

—Freiré unas cuantas patatas con grasa de pollo. Aceite, no tengo. ¿Qué te parece?

—Excelente.

Agustí se acercó a los fogones.

—¿No podríamos hacer una sopita?

—Ya la he puesto en el fuego. Tengo caldo de ayer. La herviré con un puñado de arroz.

Habían puesto la mesa. Anna le daba los últimos retoques.

—¿Quieres traer la botella del *beaujolais*? Me parece que todavía queda un dedillo.

Él la llevó.

—Justo los restos.

La sopa resultó de primera. Así como las sobras de embutido y pollo, acompañadas de patatas fritas.

Agustí y Anna saboreaban estos alimentos con mucho más gozo que en tiempos ordinarios. Eran alimentos de guerra, obtenidos difícilmente, a fuerza de incontables idas y venidas y una cantidad casi astronómica de dinero. Sólo Agustí lo sabía.

Los ojos de Bruguera ya se atrevían a fijarse en el rostro de Anna. Descubría que ella no era del todo la misma de antes. ¿En qué había cambiado? La sentía más suya y a la vez, más lejana, como si una parte de su ser persistiera en escapársele después de habérsele librado.

Después de los postres, pasaron a la tribuna para tomar el café.

Agustí se sentó en la poltrona de Philip. Continuaba contemplando a Anna. Entre ellos dos estaba la mesita de cristal con las tazas, un paquete de cigarrillos y el cenicero, fumaban. Cambiaban una que otra palabra sin importancia, apenas hablar por hablar.

Se había ido haciendo de noche. Cada uno veía el rostro del otro borrado en la penumbra.

Bostezaban de vez en cuando.

—¿Sabes qué pienso, Anna?

—¿Qué?

—¿Y si saliéramos un ratito? Un poco de aire nos iría muy bien.

Ella tardó en responder.

—Tengo pereza, Agustí.

Seguían cada uno en su poltrona. Se veían cada vez más borrados. Se iban amuermando.

Anna volvió a bostezar.

—¿Qué hora es, Agustí?

Él había proyectado todo su cuerpo hacia adelante, como si fuera a levantarse.

—¡Calla! ¿No escuchas las sirenas?

No podía haber duda. De todos los ámbitos de la ciudad se levantaba y se extendía aquel bramido estremecedor. Casi al mismo tiempo, se oían explosiones lejanas.

En unos segundos, los aviones zumbaban en el espacio aéreo, justo encima del barrio.

Dejaban ir la siniestra carga. Las bombas estallaban muy cerca.

Sin saber como, Anna y Agustí se encontraron en el recibidor. Ella helada y temblorosa, se había refugiado en los brazos de él. Estaban de pie, inmóviles, los cuerpos estrechamente unidos, apoyados en la pared.

En la escalera se oían gritos, pasos precipitados, cierre de puertas.

De repente estallaron los cristales de la claraboya central. Al mismo tiempo una explosión formidable hacía temblar el edificio.

Los cristales hechos pedazos tintineaban escaleras abajo. Se rompían todavía más. Las voces horrorizadas de los fugitivos se perdían del lado de la calle hacia los refugios.

Anna había escondido el rostro en el pecho de Agustí. Si una bomba les tocaba, morirían juntos.

No se separaron hasta que los bramidos de las sirenas anunciaron el final de la alerta. Antes de hacerlo, Agustí besó largamente a Anna.

—¡Gracias a Dios!

Le palpaba la cabeza y los hombros.

—¿No estás herida?

Ella sonreía, temblorosa.

—No. ¿Y tú?

—Yo tampoco.

—Nos hemos salvado de un gran peligro. Pero volverán. Volverán Agustí y entonces...

—¿Tienes miedo, Anna?

—Pienso en lo horrible que sería, para los papás…
—¿Y para mí?
—Habríamos muerto juntos, ahora.
—Es cierto. Pero siempre no lo estaremos.
—Procuraremos estar juntos lo más frecuente posible.
—Sí, Anna.
La estrechó en sus brazos. Después la empujó pasillo adentro.
—¿Sabes qué pienso, Anna? Lo mejor es que te vayas a Ginebra, cuanto antes mejor. Mi egoísmo me hacía desear que prolongaras tu estancia aquí. Pero ahora te digo: vete. Yo me cuidaré sólo. Te conservaré el piso. Me instalaré en él, vigilaré, de lejos, la fábrica y te mantendré al corriente de su marcha.
—Gracias, Agustí.

En aquel momento, ella le quería. Ya no pensaba en regatearle la donación total de su cuerpo. El tiempo que les quedaba de vivir juntos en Barcelona, o simplemente, *de vivir*, transcurriría bajo la constante amenaza de los aviones. ¿Qué otra cosa podían hacer si no entregarse en absoluto, el uno al otro?

XIX

Anna llegó a Ginebra entre las nueve y las diez de la mañana. Una vez resuelto el paso de la aduana y la presentación del pasaporte, se encontró en el amplio vestíbulo de salida un poco indecisa respecto a lo que iba a hacer.

Había viajado bastante por Europa. Había vivido sola en Inglaterra y en Suiza. No vacilaba, entonces, por falta de experiencia, de decisión u orientación. Conocía Ginebra mejor que Barcelona. Pero nunca había llegado en circunstancias tan especiales: sin un céntimo en el portamonedas, cansada de un viaje larguísimo, adormilada, hambrienta, debilitada.

En la frontera de Portbou le habían quitado el poco dinero que llevaba. Después la habían hecho registrar por una miliciana amarga y suspicaz. La había obligado a desnudarse, a descalzarse, a despeinarse. Buscaba, en los lugares más inverosímiles de su persona, joyas o documentos que, por suerte, no escondía. Pero, cuanto más se demostraba su inocencia, más exigente y ruda se volvía la consumera[71]. Parecía talmente que al no encontrar nada comprometedor en la viajera, fuera una auténtica falta o un insulto a la revolución social en la cual ella, a su manera, colaboraba.

Al fin le dejaron pasar.

No había podido ni dormir, ni comer ni beber en todo el camino. Y ahora, al llegar a Ginebra, después de tantas horas de viaje (sólo de Barcelona a Portbou, el tren había tomado unas diez o doce), sentía una necesidad imperiosa de beber un café con leche bien caliente. El café le habría reanimado, le habría aclarado las ideas. ¡Pero no podía pagarlo! Nunca se había encontrado en una situación parecida.

Seguía parada en la ancha acera, en la misma salida del vestíbulo. Incesantemente circulaban viajeros. Pasaban cerca de ella sin ni tan solo verla. Iban bien vestidos, bien equipados: abrigos y maletas nuevas, me-

---

71 En catalán burot/a: antiguo funcionario municipal encargado de cobrar los derechos de entrada de ciertos artículos.

jillas rosadas de salud y satisfacción gastronómica, postura triunfante.

Desde allí veía de refilón un buen espacio de la *Place Cornavin*. Una gran cantidad de público caminaba, se detenía, tomaba y dejaba tranvías y trolebuses[72], se sentaba en las terrazas de los cafés: comía, bebía, hablaba, reía...

Anna no tenía suficientes ojos para abastar aquella atmósfera de país próspero y pacífico, contraste emocionante con aquella Barcelona que había abandonado treinta horas antes: pobre, sucia, desordenada, aterrorizada...

Todavía no había dado ningún paso fuera de la estación. Seguía vacilando, con la maleta en la mano. Ni los papás ni Philip sabían el día de su llegada. No se lo había podido comunicar porque, a ella, tampoco la policía podía garantizárselo. Los trámites del visado, fueron complicados y laboriosos. Por bien que con pasaporte británico, al querer abandonar el territorio todavía en poder de los republicanos, se había hecho sospechosa. Y, una vez que ya tenía los papeles a punto, todavía faltaba poder coger el tren. Sin Agustí, no habría llegado nunca. Para coger el que iba a Portbou, y lo mismo ocurría con cualquier otro, se tenía que librar a una batalla campal con los otros viajeros. La Estación de França había sido bombardeada y[73], en parte, destruida. Los trenes salían del Poble Nou. Uno tenía que ir a primeras horas de la mañana y esperar un tiempo indefinido, hasta que el convoy se formaba. Ya lo esperaban centenares de personas. Tres o cuatro veces más de las que cabían. Las que se preparaban a entrar por las ventanas de los vagones donde no quedaba ya ni un pedazo de cristal, eran muchas más de las que se disponían a entrar por las puertas. Gracias a la energía y rapidez de Agustí, Anna había tenido un lugar cerca de la ventana. Cuando el vagón era todavía un vagón, aquel lugar había sido un asiento. Ahora ya no quedaba más que el marco de madera donde este se sentaba. Medio de pie medio sentada encima de la barra de madera de seis o siete centímetros de ancho, Anna había pasado unas horas penosas hasta la frontera. Había sufrido de incomodidades y de miedo. Temía

---

72   El trolebús era una forma de transporte público común en algunas de las grandes ciudades de Europa. Consistía en un vehículo eléctrico, sin carriles, que tomaba la corriente de un cable aéreo por medio de un trole doble.

73   La Estación de Francia, es una estación de tren de Barcelona situada en la Avenida del Marquès de l'Argentera, en el barrio del Born. Esta estación fue construida a principios del siglo XX (se inauguró en 1929) y fue una de las primeras conexiones de Barcelona a París. El edificio, diseñado por el ingeniero Andreu Muntaner y el arquitecto Pedro Muguruza, es uno de los ejemplos más importantes de la arquitectura modernista de Barcelona.

que el tren fuera interceptado o bombardeado. ¡Suerte de los compañeros de viaje! Después de haber sido capaces de matarla para subir antes que ella y quitarle el sitio, ahora tranquilizados o resignados, resultaban fraternales. Le explicaban los dramas de familia, se interesaban por los suyos. Insistían por compartir, con ella, las provisiones que llevaban para el camino.

De Barcelona a Figueras, unas ocho horas bien completas, tres o cuatro individuos permanecieron dentro del lavabo, del cual se habían posesionado al partir. No dejaban entrar a nadie. Ni ruegos ni amenazas valían.

¿Qué debía hacer Agustí? ¿Habrían ido a bombardear otra vez? ¿Y si ahora ya no existiera? ¡Pobre Agustí! ¡Cómo le quería!

Anna no olvidaría nunca la excursión matutina desde su casa a la estación del Poble Nou, a través de los suburbios. Agustí había pasado la noche con ella. Ni el uno ni el otro habían dormido. Apenas clareaba cuando abandonaron el pisito de la Diagonal. No podían calcular exactamente cuánto tiempo necesitarían para llegar a la estación. Era una larga distancia que ni el uno ni el otro había hecho nunca a pie. Iban diligentes; él trajinaba la maleta. Mientras caminaban se había hecho de día y, con el día que llegaba, también el miedo del bombardeo. Una luz suave impregnada de falsa inocencia se alzaba cielo arriba por el lado de Levante. A Poniente, y encima de las colinas vecinas, unas nubes grises se teñían de rosa. Del mar venía una brisa tibia y húmeda.

El tren, ya lleno desde los estribos de la plataforma, con más gente de pie que sentada, apiñada en el pasillo central, no se decidía a ponerse en marcha. Nadie adivinaba por qué. Los ojos de Agustí, de pie en la andana, quedaban constantemente fijos en ella, impregnados de una indescriptible expresión de amor y de pesar.

Ahora Agustí estaba bien lejos de ella. Ya no podía resolvérselo todo. Se tendría que espabilar sola y sin un céntimo en la bolsa. El único recurso que le quedaba era ir a la dirección que le había dado Philip. Quién sabe si Philip, suponiendo que le encontrara, podría pagarle un café con leche y el billete hasta Satigny.

La dirección decía: *Winkelried*, 4. Anna había vivido en Ginebra y conocía infinidad de nombres de calles, pero *Winkerlried*, no.

Volvió a agarrar la maleta. Se disponía a cruzar la plaza cuando vio a una pareja que se dirigía a la consigna para depositar el equipaje. Ella también dejaría el suyo. Hasta entonces no lo había pensado. Sin maleta ya se sentía más animada. Iría a pie en búsqueda de la habitación de Philip, en aquella calle que no sabía si estaba lejos o cerca.

Caminaba sin ningún deleite. Con la mirada reseguía los paseantes. Se interesaba sobre todo por las mujeres jóvenes. Daban gusto de ver. Los vestidos y los peinados primaverales les favorecían. Decididas y coquetas, ellas miraban de reojo a los hombres en búsqueda de su admiración. Anna iba deslucida, sucia, debilitada, lasa…

Ningún hombre se fijaba en ella. Era triste y humillante.

Bajaba por la calle del *Mont Blanc* abarrotada de transeúntes. Escuchaba hablar diversas lenguas. El internacionalismo de Ginebra le había entusiasmado en otros tiempos. Ahora le era indiferente.

Al llegar al nivel de la *rue Levrier*, recordó que no lejos de allí había una gendarmería[74]. Le orientarían respecto a la dirección que buscaba. Se fue para allá.

—*La rue Winkelried, madame? Pas loin d'ici*[75].

Era una calle corta y estrecha, detrás del hotel *Les Bergues*. Una calle escondida y silenciosa, en un barrio burgués y concurrido. Cerca, muy cerca, estaban los claros y risueños muelles del Ròdan; el extremo Sur del lago Léman; la *Île Rousseau*. Desde la acera derecha mirando hacia el encumbramiento de la *cité*, se distinguía una lonja de agua azul, mezcla de lago y de río.

El número cuatro correspondía a un portal estrecho y oscuro.

Anna se adentró. ¿Era posible que Philip viviera allí? La entrada era honda y a cada paso más tenebrosa. Se respiraba una nauseabunda mezcla de olores: verduras podridas, moho, especias… (Seguro que había una droguería, cerca).

Volvió atrás para ver si la casa era ciertamente el número cuatro. De la dirección se acordaba bien. Había escrito un par de veces desde que Philip le notificó que acababa de llegar a Inglaterra y se había instalado en casa de su amigo, Raoul de Morienne. Este nombre pomposo se merecía otro tipo de alojamiento. Anna se había imaginado un casal señorial en una vieja calle de los alrededores de *Saint Pierre* o del *Hotel de Ville*, donde viven las familias ginebrinas de rancio linaje.

Examinaba uno a uno los buzones que se alineaban a un lado de la entrada con el nombre del habitante correspondiente. Ya comenzaba a creer que se había equivocado de casa, lo esperaba casi con ilusión,

---

74 Una comisería.
75 ¿La calle Winkelried, señora? No está muy lejos de aquí.

cuando en la última caja, pudo leer los nombres que buscaba: el de Morienne, en una plaquita dorada, y el de Seyin, en una simple cartulina.

Anna comenzó a subir. Se detuvo en cada rellano, leía las tarjetas clavadas con chinchetas en las puertas de los pisos. Seguía hacia arriba. Entre el tercer y el cuarto, había un poco más de claridad. Venía de una claraboya colocada en la cima de la escalera.

Desde allí la subida parecía más bien la de un granero o un palomar.

Se oían unos pasos ligeros. Bajaban corriendo los peldaños de madera. ¡Si fuera Philip!

—*Pardon*.

El que descendía se detuvo. No era fácil distinguir su fisonomía. Sólo la silueta.

—¿Podría decirme si en uno de estos apartamentos vive Philip Seyin?

—Sí, señora, el de más arriba. Pero Philip no está. Hace apenas quince minutos que se ha ido.

Anna suspiró.

—¿Qué hago ahora, yo?

El jovenzuelo (lo era, se le conocía en la voz y en la manera de moverse) inquirió:

—¿Usted debe ser Anna, la esposa de Seyin?

—Exacto.

—Philip os esperaba un día de estos.

Reprochó:

—Si le hubiera avisado...

—Era imposible. No sabía cuando podría venir.

—Por suerte tengo la llave. Podrá esperarle.

Subieron.

—¿Usted también vive aquí?

—Oh, no. Hoy he dormito aquí porque ayer celebramos una fiesta. A las tantas de la madrugada todavía duraba.

La puerta no era como la de los otros apartamentos. Una simple puertita no barnizada, sin agarrador ni pestillo.

—Esto no es propiamente un apartamento, ¿sabe?

—Ya lo veo.

—Del lado de la calle está la buhardilla, el desembarazo de la casa. De este lado, dos estudios de pintor. Antiguamente, talleres de relojería. Todavía se ve la tubería del gas que pasaba a lo largo de los bancos obradores.

Había abierto la puerta y se arrimaba a la pared para dejar pasar a Anna.

—Entre, señora.

En la claridad mortecina de las encortinadas ventanas orientadas al Norte, Anna descubrió al jovenzuelo. Era desmedrado y pálido. Gastaba cabellera aceitosa, brillante y planchada. Tenía unos ojos febriles, un poco de alucinado.

Miraba la esposa de Seyin interesado y admirado.

—¿Me permite que le diga Anna? Su nombre ha sido repetido centenares de veces por Philip. Es como si fuéramos viejos amigos. Además, entre artistas, *monsieur* y *madame* suena a mofa.

Ella sonreía.

—Como quiera.

—Mi nombre es Georges Ducrest, pero el grupo me llama Marcel Darling. Raoul de Morienne pretende que soy Marcel Proust, pastado, cuando el gran escritor tenía mis años.

—¿Sois artista?

—Pintor. Ahora todo justo empiezo, ¿sabe? Sólo tengo dieciocho años. Dicen que prometo.

—¿Quién lo dice?

—Raoul y Philip. Los dos entienden mucho, de pintura. Raoul también pinta. Todos estos cuadros que veis aquí colgados, son de él.

Anna los miró vagamente, la cabeza le daba vueltas.

—Y... ¿cree que Philip tardará mucho en volver?

—Lo mismo puede tardar media hora, que dos o tres días.

—No me asuste. ¿Qué haré si no viene?

—Tome posesión de la casa. Instalaros tranquilamente. Raoul tendrá una alegría.

Con una cierta amplitud de gesto, como si fuera él, el propietario, Georges le acompañó a dar la vuelta por el taller.

Anna iba tomando nota de ciertos detalles. La ancha cama deshecha. Los almohadones de limpieza dudosa, la imprenta de dos cabezas que se veía.

Por el suelo se esparcían botellas vacías, infinidad de vasos sucios.

Cerca del diván turco que servía de cama, había un mueble antiguo a guisa de mesa de cabecera. En sus estanterías se alineaban libros y, encima se veía una bandeja con tetera, azucarera, un pote de leche condensada, taza y cuchara.

Georges se inquietaba.

—Oh, por favor, no contemple este desorden y esta suciedad. Me avergüenza.

—No miraba el desorden y la suciedad, sino la tetera. Pensaba... En la frontera de España, los aduaneros me quitaron todo el dinero que llevaba. No he comido ni bebido nada desde entonces.

—¡Misericordia! Y yo sin pensar que venís de un país en guerra... Perdonad, Anna. Corro a hacer té.

Hablaba desde atrás del biombo que formaba la cocina, dentro de la misma habitación.

—No sé si habrá alguna galleta.

—No os preocupéis. Una taza de té caliente con leche me reanimará.

La pared del taller estaba pintada de rosa. La cubrían pinturas y dibujos. Muchos desnudos de hombres y mujeres. Por el suelo, y a guisa de asientos, había un colchón cubierto con una cretona rameada y algunos cojines. Una sola silla, pero suntuosa, puro estilo Luís XVI, tapizada con las flores de lis.

—Aquí tiene el té, Anna.

—Gracias, Georges.

—No encuentro nada de comer. ¡Qué pena! Yo mismo he desayunado té sólo.

—No os preocupéis. A mí también me basta, por ahora.

—Lo peor es que yo tampoco tengo dinero. No puedo prestaros, ni invitaros a desayunar.

Anna bebía el té con avidez.

—¡No importa!

Georges explicó:

—Mis padres son unos modestos verduleros, pero en casa vivimos bien. El mal es que ellos están furiosos porque yo frecuento este grupo. Adoro a Raoul. ¡Ya verá qué criatura más exquisita! Sólo tiene un defecto: es muy avaro... A mí me da el dinero con cuentagotas. Ahora hace un rato que se ha ido a su castillo de la Saboya. ¿Quizás ha mencionado a Philip? Si es así ya tenemos para rato. No se ha preocupado de preguntarme cómo me lo haría para comer. Y eso que sabe que estoy reñido con mis padres, por culpa de él...

Anna se echó a reír.

—Ya estoy viendo que si yo trajera dinero os tendría que invitar a desayunar.

Por las pálidas mejillas de Georges pasó una ola de rubor.

—¡Oh, no! Tendría que ser yo quien os invitara. Pero no puedo.

Anna decidió:

—Tendré que ir al consulado inglés a pedir dinero para llegar a Satigny.

—Excelente idea. ¿Vos sois inglesa, verdad, igual que Philip?

—Lo soy por matrimonio. De lo contrario, española.

—Antes de ir al consulado inglés, contemplad los dominios de Philip.

—¿Pero Philip no vive aquí?

—En el taller de al lado. Venid.

Georges mostraba a Anna una habitación muy parecida a la primera, pero más chica. Tenía cuatro ventanas en lugar de seis. Se abrían al mismo patio del hotel *Les Bergues*. También había sido un taller de relojería. La tubería del gas corría toda la alargada de la pared. Había un diván turco más estrecho que el otro y con un sólo cojín. La cama estaba deshecha y las sábanas y la funda de la almohada tenían una *blancura* de garbanzo.

Georges explicó:

—Aquí vive nuestro Philip. Pero no tiene ni agua ni gas. Para lavarse y hacerse la comida, tiene que pasar al taller de Raoul.

—Raoul no vive ahí, ¿verdad?

—Sólo cuando está en Ginebra.

—¿Así se puede decir que Philip dispone de todo el apartamento?

Georges suspiró, con simpatía.

—¡Pobre Philip! ¡Qué apartamento!

Quién se lo iba a decir, pensaba Anna, él, el refinado, el exigente, el de los dos baños diarios, el del litro de *lavanda* inglesa por semana, el de las viandas y los vinos refinados... Efectivamente, ¡pobre Philip!

Anna se dirigió a la salida.

—Me voy al consulado inglés.

Georges volvía a lamentarse:

—¡Qué mal me sabe no poderos ayudar!

Ella levantó los hombros.

—*Tant pis. Au revoir, Georges*[76].

Le estrechó la mano.

—Y gracias.

---

76 Lástima. Adiós, George.

Él murmuró:

—No sé como excusarme. ¡Ni una galleta!

En el consulado inglés le habían dejado unos francos. Le habían dado un horario de la región. Antes de dejar la cancelería, ya sabía el tren que tenía que tomar. Salía a las cuatro menos cuarto. Con todo, Philip podía haber vuelto a Winkelried. Pero, ¡daba igual! En aquel momento lo que más importaba a Anna era comer.

Se dirigió al restaurante de la estación. Había recogido su maleta en la consigna y, con el utensilio colgando de una mano, buscaba un lugar tranquilo.

Los platos que le servían le parecían excelentes. La carne no era ni de caballo ni de perro, sino de ternera. Las patatas no tenían gusto de moho ni de podrido. El pan era blanco y tierno. La cerveza, resultaba todavía más deliciosa que el té aguado de *Marcel darling*. No recordaba nada al salfumán, como la de Barcelona.

Tiempo hacía que Anna no había comido tan a gusto ni con el espíritu tan reposado. Era casi feliz, de una felicidad simple y olvidada: ¡Paladear e ingerir alimentos sanos, bajo un cielo que no deja caer bombas!

Pero al recordar el lugar donde vivía Philip, tan diferente de cómo ella lo había imaginado, el gozo se le aguaba.

Resultaba difícil imaginarse a Philip en un cuadro tan sórdido. Hasta ahora siempre que ella le evocaba, le veía rodeado de abundancia y de confort. El Philip que Anna conocía no podía respirar a gusto ni expansionar su brillante fantasía en aquella lóbrega buhardilla de *Winkelried*, fiándose de la caridad de Raoul de Morienne.

Trataba de imaginarse la transformación de Philip. Le veía preparándose la comida detrás del biombo. ¿Pero qué tipo de comida? ¿Tendría suficiente dinero para comprar un buen bistec cómo a él le gustaba? Le veía fregando los platos, poniéndolos en orden. Le veía lavándose las sábanas en el minúsculo fregadero. Recordaba el color de garbanzo que tenían. Quizás no los había lavado nunca, todavía.

Hasta la hora de subir al tren, Anna permaneció en la mesa del restaurante. Tomaba café, hojeaba periódicos. El café lo saboreaba como un néctar. Comparado al café de guerra que, a veces y Dios sabe, a fuerza de qué combinaciones y a qué precios conseguía Agustí en Barcelona, el del restaurante Cornavin era una delicia.

Se sorprendía al descubrir que el mundo que le rodeaba desde hacía unas horas y al cual se referían los periódicos, era un mundo astronómicamente alejado de aquel donde había vivido aquellos últimos tiempos, con Agustí. Apenas hablaban de aquella terrible guerra civil que había trastocado su vida y la de centenares de miles de personas. Como si fuera un episodio alejado, sin interés: una lucha entre tribus africanas o australianas.

El tren ómnibus iba chano chano des de Ginebra a la frontera de Bellagarde. Se detenía un minuto en cada estación Y se marchaba sin demasiada prisa.

Los vagones de tercera estaban limpísimos y eran confortables. Grandes ventanales de cristal permitían contemplar el paisaje sin separarse del respaldado.

Viajaba poca gente: un puñado de campesinos y agricultores, hombres y mujeres. No se movían ni gritaban como lo habrían hecho, en Cataluña, incluso en tiempos de paz. Leían el periódico, se adormecían, mirando sin interés lo que había afuera.

Desde atrás del cristal, Anna veía deslizarse el paisaje. Era lo que quería tanto el papá, en el cual soñaba pasar los últimos años de su vida. El mismo que ella había cruzado ya esta mañana en dirección contraria. Visto desde un tren rápido no presentaba el mismo aspecto. Entonces las montañas aparecían, volteaban, cambiaban de forma, desaparecían. Los árboles se perseguían alocadamente. Las granjas y las masías se deslizaban en un tapiz mágico. Las casitas de las estaciones lucían como un relámpago, se escabullían vertiginosamente hacia el furgón de cola. Ahora era diferente. Anna podía contemplar el país. El *Mont-Salève* levantaba su altísima pared vertical encima de los mismos suburbios de Ginebra. Anna, sentada de espaldas a la marcha, veía la masa de precipicios superpuestos, inmensa muralla rallada, que el sol declinante de la tarde teñía de rosa.

La llanura, tranquila y verdeante, no corría tampoco como huyendo del tren. Daba vueltas con parsimonia. Lucía una a una todas su galas. Anna podía distinguir los cerezos y los manzanos en flor, los viñedos bien alineados y los árboles de guarnición. Aquí y allí, como verdaderos señores de la región, se perfilaba un cedro azul, un abeto negro, un abedul ufano… El Ròdan aparecía y desaparecía entre conreos y viñas. Ahora huidizo y verdoso, hundido en acantilados, ahora calmado y azul en una recta o una curva.

Las modestas estaciones donde el tren se detenía sin pena, eran pequeñas, limpias, con las ventanas floridas de geranios y el huerto detrás. Casitas que por un momento, Anna soñaba en habitar con el hombre que amara...

XX

Toda la familia Valls estaba reunida alrededor de Anna en el primer piso de la granja Thorens, en Satigny. Se abrazaban, lloraban, interrogaban...

Pere se secaba las gafas con el pañuelo.

—No puedes imaginarte, Anna, lo que hemos sufrido al leer la prensa de aquí. Parecía como si nadie no pudiera salvar la vida en Barcelona.

—Quizás no es demasiado exagerado. Han fusilado una enorme cantidad de personas. Entre ellas el gerente de *Manufactura de Hilos Marca Acero*.

—¡Pobre Santaló! ¡Tan buen hombre como era! Había consagrado toda la vida a los Seyin. ¡Malogrado!

—A propósito de los Seyin– observó Francesca –¿sabes que Philip no se ha querido quedar en Satigny?

—¿Y eso te extraña? El pueblecito es demasiado tranquilo, demasiado gris para él.

—Llegó de Londres hecho un San Lázaro, andrajoso, manchado, con una cabellera de palmo, toda esparcida por el cuello del abrigo. Estaba delgado, pálido, sin voz. Debía haber pasado hambre y todo en Inglaterra.

Pere Valls dijo:

—De momento parecía entusiasmado con Satigny. No hablaba más que de sus aires puros, de su paz, del paisaje. ¡Incluso se volvía poeta!

—¡Oh, él es tan propenso a entusiasmarse!

Francesca replicó:

—Quería que el papá le comprara una viña. Iba a hacerse campesino, agricultor.

—Suerte que desconfié de su entusiasmo. Le aconsejé que empezara por ayudar a nuestro amigo Roger Thorens. Este estaba dispuesto a darle trabajo, fuera como obrero viticultor, como empleado de despacho, en la correspondencia, en facturas...

—¡Él, facturas! Dios guarde a Roger Thorens de probarlo. ¡Qué galimatías!

—Bien. Una cosa u otra tenía que hacer. Un hombre a los treinta años, y con salud, no debe aceptar que le mantengan sin intentar ganar, al menos, una parte de lo que se come.

—Ahora comprendo mejor su huida. Se sentía incapaz de trabajar y no tenía suficiente descaro para desafiar vuestra opinión.

—Podía, al menos, haberlo probado.

—Sí, yo también había esperado que en Inglaterra se decidiera a trabajar. Como súbdito inglés, allí todavía mejor que aquí, habría podido encontrar una colocación aceptable.

Francesca parecía francamente indignada con él.

—Al cabo de ocho días de vivir en Satigny pidió dinero a papá para ir a Ginebra. Tenía una carta de presentación para el aristocrático propietario de un castillo, en la *Haute Savoie*.

Pere Valls explicó:

—No sabía del cierto si le encontraría en Ginebra. Necesitaba dinero para comer y dormir en un hotel, un par de días. Le di una cierta cantidad y…

—¿Y no le habéis visto más?

—No ha vuelto a dar señales de vida. ¿No te parece inconcebible, hijita?

—De él no me extraña nada. Fue a encontrarse con el famoso Raoul de Morienne. Se entusiasmaron, el uno con el otro. Raoul le invitó a su castillo de Frangy. Pasaron unos cuantos días de absoluta embriaguez. Y cuando el maravilloso sueño se desvaneció, Philip ya no se atrevió a volver. La poca vergüenza que le quedaba se lo prohibía.

—Pero podía haber escrito o telefoneado. Roger tiene teléfono. Él lo sabe.

Anna movía la cabeza con pesar.

—Comienzo a conocer a Philip. No sabía como deciros que este pueblo no es para él, que se moriría de asco. Se lo debió decir a Raoul, y Raoul le instaló en su antro de la *rue Winkelried*, donde yo he ido a encontrarle hoy sin tener éxito.

—¿Pero tú tenías la dirección?

—Me la envió él a Barcelona con la esperanza de que yo le enviaría algo de dinero.

Suspiró:

—Ya no le veremos nunca más, aquí.

—No pienses en Philip– dijo Francesca –procura reposar en Satigny. Olvida las preocupaciones de Barcelona y no te busques nuevas. Disfruta de esta paz bendecida.

Un rato después, Pere preguntó:

—¿Cómo está Agustí?

—Bien. Al menos hasta la mañana de ayer. Me acompañó a la estación del Poble Nou. Se peleó a golpes de rodilla y de codo con la gente que quería entrar en el vagón. Gracias a él pude subir.

Pere se volvió a quitar las gafas, se secó los ojos.

—Siempre le he tenido por un excelente amigo. De aquellos que no fallan cuando llegan los malos tiempos. ¡Dios se lo pague!

En aquel momento se escuchó una voz firme, con acento campesino. Era Roger Thorens.

—Vengo a saludar a la viajera.

Anna le alargó la mano.

—Encantada de conocerle. Y gracias por su hospitalidad a los papás.

La mano de Anna se perdía en la mano ancha, grande y áspera del viticultor. Él sonreía mostrando una dentadura admirablemente sana y limpia.

—¿Quiere callar? La familia Valls es como si fuera la mía. Además, me hacen mucha compañía. Mi mujer ha cogido a *Madama Francesca* por modelo. Quiere imitarla en todo y le es placentera su compañía.

Francesca protestó.

—No le hagas caso. Monique es una cocinera excelente y una administradora incomparable. Soy yo quien debe aprender de ella.

Roger Thorens vestía como un señor campesino, confortablemente, simplemente, prácticamente. Consintió a sentarse un rato para escuchar con interés la relación del inconfortable viaje de Anna, de Barcelona a la frontera de Portbou.

Un momento después quiso saber todo lo que había de cierto sobre aquellos encarcelamientos, juicios sumarísimos, ejecuciones en masa, asesinatos...

Anna explicó:

—Eso era, sobre todo, al principio. Ahora la vida se va normalizando dentro de las privaciones, claro, y la miseria, cada vez más grande.

Roger tenía prisa. Un montón de trabajo imponente le esperaba todavía. Aquellos meses del año eran los más ocupados para los agricultores. Estaban deshojando la viña. Era necesario hacerlo cepa por cepa, para que el sol tocara bien las uvas. Y, aunque tenía gente alquilada, Thorens tenía que vigilar. Tampoco podía dejar de lado el huerto.

—Estoy contento de verla aquí, Anna. Ya nos veremos.

Golpeó afectuosamente la espalda de Pere.

—¡Ahora ya estareis más tranquilo, padre inquieto!

Nuevamente su mano estrechaba la de Anna. Le dejó un calor y una aspereza reconfortantes.

Pere había seguido, con la mirada, la masiva silueta de Roger hasta que desapareció por la puerta.

—Es un buen amigo. Un carácter admirable de hombre.

—Admirable también como tipo físico. Es el hombre más hermoso y apuesto que he visto en mi vida. ¡Qué altura, que hombros, qué dientes!

Francesca añadió:

—Y trabajador, instruido. Tiene una biblioteca completísima. Lee alemán, inglés, italiano y, naturalmente, el francés, que es su lengua materna. Está al corriente de todo lo que se publica en el mundo en materia literaria. ¡Es un gran lector!

Añadió en otro tono.

—El papá le paga un alquiler. Le costó Dios y ayuda hacer que lo aceptara.

Pere explicó.

—Roger es rico, y mi alquiler no significa más que una gota de agua en un río. Pero así estoy más tranquilo.

Ya hacía casi diez días que Anna estaba en Satigny. Diez días de una bienaventuranza plácida: comer sin tenerse que preocupar de conseguir alimentos, dormir sin tener a toda hora el miedo en el pecho con la oreja parada al posible y escalofriante bramido de las sirenas. Pasear sin el temor de escuchar frenar un coche a su lado y ver salir de él hombres armados, con caras fuertes, dispuestas a llevarse a cualquiera que pasara.

Pere, Francesca e incluso Pilar respiraban también mucho más tranquilos desde aquella tarde cuando ella había cruzado la puerta, con una maleta medio vacía en la mano, el rostro delgado y pálido, pero animada y afectuosa.

¡Diez días! Philip no había dado señales de vida. El cartero rural, tan preciso como un buen reloj, pasaba cada mañana a la misma hora. Llevaba los periódicos y la correspondencia para los Thorens y los otros habitantes de la granja, pero nunca nada para Anna. Un día, solamente, Monique subió una carta del Agustí. Era una elocuencia apasionada y romántica. Anna no se la leyó a nadie. Bruguera decía que estaba bien y enviaba saludos a todos. El teléfono de los Thorens sonaba a menudo. Anna paraba el oído, pero nunca se escuchaba la voz de Monique gritando: «*Anna, Anna, c'est pour vous!*»

No, nunca era para ella. Y eso que Georges Ducrest se debía dar prisa a explicar, a Seyin, la llegada de su esposa. Anna no se podía explicar el silencio de Philip. Por poco que él la distinguiera, un simple afecto de amigo, él siempre lo había pretendido: «Ya sabes que te admiro y te quiero Anna», y aunque no fuera más que para quedar bien, simple muestra de urbanidad hacia un conocido que llega de un país en guerra, tendría que haber escrito o telefoneado.

—El silencio de Philip comienza a inquietarme.

Francesca se ponía nerviosa.

—¿Ya vuelves, con Philip? ¡Olvídale, de una vez! Haz como si no existiera.

—Es que si está enfermo o...

—¿O qué?

—O se las tuviera con la policía...

—¿Por qué con la policía, a ver?

—No sé... Aquel antro de *Winkelried*... No me extrañaría nada...

—Bien, ¿y qué? si les cogen que les cojan. Tú tienes que considerarte desligada de Philip. Haz tu vida aquí. Reposa, engórdate que ya te hace falta. Respira los aires purísimos y gira tus ojos hacia tus padres.

A Anna Satigny comenzaba a pesarle. Su pensamiento giraba alrededor una y otra vez hacia *Winkelried*. Se sentía curiosa, atraída por aquella extraña atmósfera de... no sabía qué.

El recuerdo de la buhardilla miserable donde Philip tenía su residencia tomaba por momentos, en el pensamiento de Anna, un aire obsesionante, alucinador. Philip no estaba solo. Estaba Raoul de Morienne. ¿Cómo era este Raoul de Morienne? ¿Se parecía a Esteve? ¿Era una copia más o menos exacta de Johnny?

Al evocar *Winkelried* Anna veía a Georges. Le recordaba con todos los detalles: el cuerpo enclenque y encorvado, la piel amarillenta y con erupciones, los ojos negros y fulgurantes como con fiebre, la cabellera negra y aceitosa y aquel hablar preciosista y arrastradizo que imitaba seguramente al de alguien que él consideraba como un superior en clase social.

Philip se movía en aquel mundo vago y fantástico, poblado de Marcels Darling y de Johns Wirt... Pero el director de escena debía ser Raoul de Morienne, el rey de la farándula, el protector de aquel grupo vagabundo...

Ciertamente Georges había hablado a Philip de su llegada a Suiza. Quién sabe, pero, si Philip le había escuchado. ¿Le había tan solamente oído?

Los días iban pasando. La primavera desplegaba sus galas y ella... saturada de dudas, atormentada por deseos iracundos, vegetaba en Satigny.

Si se atreviera, pediría dinero al papá para ir a Ginebra. Al menos un día y una noche. Pasearía cerca del lago entre parterres floridos y árboles frondosos, surtidores discretos y pájaros domesticados. Vería los barquitos blancos zarpar y perderse Léman adentro, hacia las costas de la Saboya. Contemplaría, de pasada, los escaparates de las *Rues Basses* con los vestidos y los sombreros de primavera, y, si el día resultaba ser asoleado, se sentaría en la terraza de un café para tomarse un gin-vermut o un martini seco.

—Papá, querría ir a Ginebra.
—¿Tú, también?
Ella sonreía.
—Pero yo volveré.
Pere Valls movía la cabeza, indulgente. Sacó la cartera.
—¿Cuánto te hace falta?
—No lo sé... Querría pasar un día y una noche. Ir al teatro o al cine.
Francesca comentó:
—Igual que Philip.
—Entiéndelo, mamá. Hace tanto tiempo que no veo nada. Ni tiendas, ni cafés, ni espectáculos...
Pere le alargó un billete de cincuenta francos.
—¿Tendrás suficiente?
Ella cogió el papel. No osaba examinarlo.
—¡Claro! Gracias.

—Todavía no lo has mirado.

Anna miró el billete. Le parecía una fortuna.

—Me lo pasaré de lo más bien, papá.

Pere suspiró.

—Los tiempos han cambiado, hijita. Ahora ya no tenemos lo que teníamos.

—Ya lo sé, papá.

—Me habría gustado darte algunos billetes de cien francos. Decirte: «Diviértete, vístete». Pero no puedo. Nos estamos comiendo el capital y somos cuatro. Sin contar a Philip, que puede presentarse de un momento a otro, hambriento, desnudo. Resérvate el dinero para la vuelta: lo que te quede, gástalo alegremente. Ginebra es una ciudad preciosa, alegre, espiritual. Lástima que no pueda ofrecerte una larga estancia.

—Es igual, papá. Mientras pueda ir de vez en cuando…

XXI

Anna circulaba por las calles de Ginebra con aquel sentimiento de inferioridad que ya había experimentado el día de su llegada. En Barcelona, la atmósfera obligatoriamente popular, sus vestidos, un poco pasados de moda, resultaban todavía elegantes. Además, salvo las *situadas* de nuevo, esposas y amistades de *jefazos*, proveídas en los guardarropas de las burguesas fugitivas, ninguna mujer no se atrevía a lucir ni a destacarse. En Ginebra el que tenía dinero no tenía que disimularlo. Las mujeres, sobre todo las jóvenes, se vestían y se calzaban de una manera confortable y elegante.

Contrariamente a lo que ella esperaba, aquella mañana no lucía el sol. El tiempo era gris y húmedo. No se veía a nadie sin paraguas o impermeable. Los de las mujeres eran un detalle más de coquetería y de refinamiento femeninos.

Caminaba calle del *Mont-blanc* abajo, con el maletín en la mano. Tenía que buscar una habitación para pasar una o dos noches, pero no tenía prisa. Los hoteles de aquel barrio, esencialmente turístico, resultaban caros. Anna deseaba administrar con juicio los cincuenta francos de papá. Sacar el máximo rendimiento.

Recordaba cierta pensión en el barrio *des Eaux Vives*. Había pasado una temporada allí. Quizás todavía se acordarían de ella. Si tenían una habitación libre, se la alquilarían por dos o tres noches. Eso y las comidas tomadas en restaurantes económicos, donde acudían generalmente estudiantes y empleados modestos, le permitiría quedarse más tiempo en Ginebra. Pagarse alguna sesión de cine, de teatro, de música...

Comenzaba a lloviznar. Pero las gotas eran tan menudas tan espaciadas que no molestaban nada. Si se ponía a llover de veras cogería un tranvía hasta la *Place des Eaux Vives*. De lo contrario, iría a pie. Atravesaría el Ròdan, por el puente del *Mont-Blanc*, seguiría por el Jardí Anglès, por la *rue du Rhone*... Cuando habría encontrado habitación dejaría el maletín, se iría a tomar un café con leche y un brioche en cierto café del *Carrefour de Rive*. Lo recordaba con particular enternecimiento. Una vez había estado en él, con Philip. Esperaba que todavía estaría ahí. Lástima que la mitad del júbilo de esta eventual estada en el café, la constituía la terraza, donde se tomaba tan bien el sol. Y, hoy, el sol faltaba.

Ya estaba al final de la calle. El muelle *des Bergues* y el del *Mont-Blanc*, el espesor de follaje del *Île Rousseau*, un buen pedazo de lago y la desembocadura del Ròdan estaban delante suyo. *Winkelried* quedaba muy cerca, a su derecha. ¿Por qué no se acercaría? La pérdida de tiempo era insignificante, y quizás encontraría a Philip. La idea de encontrarse con Philip le hacía latir el corazón más de prisa. ¡Hacía tantos meses que no le había visto! Claro que lo más sensato era prescindir de ello en absoluto. Seguir adelante, camino *des Eaux Vives*. Poner seguidamente en práctica su proyecto. No tenía ninguna prisa a realizarlo. Nadie le esperaba. Era, incluso, un detalle un poco desolador comprender que, de tanta gente como habitaba Ginebra y circulaba en aquel momento, ni uno sólo se preocupaba de ella, no contaba nadie con ella. Tenía por delante uno, dos, tres días, todo dependía de la más o menos hábil administración de los cincuenta francos de papá. ¿Quién la hacía precipitarse a alquilar una habitación? Philip, suponiendo que estuviera, se alegraría, quizás, de verla. Y ella... no podía negarlo, también se alegraría de verle, a él.

Permanecía apoyada a la baranda del muelle *des Bergues*. Contemplaba el agua del Ròdan. Apenas salía del Léman para continuar ciudad adentro. Majestuosos cisnes pasaban hieráticos, bajo los arcos del gran puente. Nadaban lentamente alrededor de la *Île Rousseau*, el largo cuello graciosamente arqueado, el aire pretencioso... Apoyados en la misma baranda que ella, otros curiosos contemplaban también a los cisnes.

Anna se imaginaba el gozo de Agustí si estuviera allí, codo con codo con ella, respirando aquel aire húmedo, pero sano, que venía de los Alpes. Le añoró un instante. Después volvió a pensar en *Winkelried*. A aquella hora casi seguro que Philip estaba allí. Le parecía oír la voz de mamá: «Olvídale, de una vez. Haz como si no existiera». Anna sonreía con melancolía. Mamá era una mujer demasiado práctica, incapaz de comprender ciertas cosas.

Volvió a cruzar la calzada, justo delante del hotel *Les Bergues* y, por la misma acera entró a *Winkelried*. Allí el chim-chim de la lluvia y el relente parecían más espesos todavía, y la sombra y el hedor, más densos que el otro día.

Iba bien despacio, con el paso indeciso, cancionero. Miró a la derecha y a la izquierda antes de entrar a la escalera, avergonzada, como si fuera a una casa de citas.

Subió la escalera con lentitud. A duras penas respiraba para evitar aquella mezcla de olores nauseabundos que le entraban por la nariz a cada respiración.

Le costaba comprender, y lamentaba descubrir, que en una ciudad como Ginebra, en uno de los lugares más civilizados de la Confederación Helvética, existieran calles y casas como aquella. Sin la guerra civil española, sin la ruina y la huida de Seyin, Anna, como otros centenares y miles de turistas y admiradores de la ciudad del Léman, habría ignorado siempre la rue *Winkelried*. Uno de los héroes legendarios de la independencia helvética (Anna recordaba vagamente su gesta durante no sabía muy bien qué celebre batalla), se merecía otro tipo de calle.

Llegó al cuarto piso sin toparse con nadie por la escalera. Al final de todo de la casa, seguramente en la rebotica o almacén del tendero, alguien estaba machacando en un mortero, como para polvorizar alguna especia. Dentro de los pisos, señoreaba el silencio. Era, pero, un silencio triste, un silencio sospechoso como de chanchullo o de encubrimiento de delitos.

La mano de Ana temblaba al golpear con los nudos la puerta. Primero, lo hizo con discreción. A medida que pasaba el tiempo y nadie respondía, iba frecuentando y reforzando los golpes.

Le pesaba irse sin ver a Philip. Estaba casi segura que estaba ahí. Recordaba que, con la absurda esperanza de recibir dinero de la fábrica, a Philip le costaba digerir que aquella espléndida vaca lechera, que él había muñido toda la vida, se hubiera secado de repente, él le había escrito dos veces a Barcelona desde que habitaba en la calle de *Winkelried*.

Pero no contestaban. Tendría que volver en otro momento. Con un suspiro se apoyó en la puerta. La puerta cedió. Quedó abierta un par de palmos. Una intensa tufarada de tabaco consumido y de emanaciones de gas salía de las habitaciones. Sin hacer ruido, Anna avanzó uno o dos pasos. El taller de Philip aparecía abierto de par en par. Dentro, el silencio y la penumbra se poblaban de una ligera respiración.

Anna no se atrevía a avanzar ni retroceder. La cama estaba a un metro escaso de la puerta. Entre el revuelto de la ropa se veía una cabellera rubia, despeinada. Y, encogida bajo la sábana y la manta, la forma de un cuerpo demasiado largo para el diván. Era él, estaba segura. Ninguna otra cabeza ni ningún otro cuerpo le acompañaban. Anna se acercó.

—¡Philip! ¡Philip!

Él seguía respirando de una manera regular. Dormía profundamente, como de costumbre. Anna avanzó unos pasos más, le sacudió por los hombros.

—¡Philip! ¡Philip!

Por fin, Seyin se despertó. Giró la cabeza alarmado. Miró de comprender quién le gritaba. Se incorporó. Se frotaba los párpados, se apartaba la cabellera de los ojos.

De pronto había comprendido.

—¿Eres tú, Anna?

La estrechaba en sus brazos. El calor de su cuerpo se comunicaba con ella.

La tuvo largo rato abrazada. Le acariciaba la cabeza. Le besaba la frente y la mano. Anna revivía una felicidad olvidada.

—¡Anna! ¡Qué contento estoy!

Abandonó su mano. Buscó las gafas en el asiento de la silla que le servía de mesita de noche. Se las puso.

Miraba a Anna con curiosidad afectuosa.

—Te has adelgazado un poco.

—¡Claro!

Saltó de la cama; comenzó a vestirse.

Ella le iba siguiendo con la mirada.

—¿No te lo dijo, Georges, que yo había llegado de España?

—Sí…

Se había colocado delante de un espejillo que colgaba de un clavo fijado en el marco de la ventana. Se examinaba la lengua, preocupado. Diagnosticó:

—Hígado. Exceso de embutidos y de conservas.

Se alisaba la larga cabellera, con las dos manos.

Anna preguntó:

—¿No te lavas?

—Hoy no, en honor tuyo— se rió. –Ahora voy a hacer té. Me acompañarás, ¿verdad? Tengo azúcar, leche condensada y hasta un limón.

—¿Supongo que no hay nada comestible?

—¿Comestible, dices?

Parece sorprendido de semejante pretensión.

—Yo no como nunca, por la mañana.

Añadió:

—Ahora, con frecuencia, tampoco por la noche.

Anna pensaba que podrían ir los dos a una lechería, hacerse servir un desayuno completo. Pero temía que Philip, al ver el billete de cincuenta francos, le pidiera una parte, o todo.

—¿Sabes qué?, mientras tú haces el té, yo voy a comprar unos brioches o unos panecillos.

Ya estaba en la puerta. Él la llamó:

—Para mí no compres nada. No tengo hambre.

Cuando Anna volvió con un par de panecillos tiernos, Philip estaba en el taller de Raoul. Había puesto un mantel de blancura dudosa encima de un taburete transformado en mesa y, el servicio de té.

—¿Tomarás leche?

—No, solo.

Él llenaba las tazas.

—¿No sabes nada de la fábrica?

—Agustí Bruguera ha indagado. Dice que el negocio no marcha. No se entienden.

Añadió:

—Si ganan los nacionales, como pienso...

Philip seguía su idea.

—¿No hay manera de hacerles soltar algo de dinero?

—Más bien nos llevarían a hacer la *paseadita*, como al pobre Santaló. Y, si tú no te llegas a ir, en estos momentos ya estarías también en el otro barrio. Considerándome una mujer abandonada por el marido, querían que yo fuera a trabajar como secretaria. Me habrían pagado un sueldo. Agustí no quiso ni proponérmelo. Me lo ha dicho ahora, a última hora, cuando ya tenía todos los papeles arreglados para venir.

Añadió con un cierto aire de duda:

—¡Quién sabe! Estando cerca, quizás habría podido hacer alguna cosa. Al menos, ver como marchaba el negocio.

Un momento después, alargaba el panecillo a Philip.

—¿Quieres?

—No podría tragarme ni un bocado. Tengo mal sabor de boca e incluso un poco de mareo. Tú, en cambio, ¡trajinas un hambre!

—Me he levantado a las siete. He caminado desde la granja Thorens hasta la estación de tren. Le he esperado respirando aquel airecillo vivo de *La Plaine*. Después, he caminado por Ginebra. Son casi las once.

Él suspiró:

—Pronto será la hora de almorzar. Pero no tengo nada que ofrecerte. Lamento no poderte invitar ni al restaurante ni a casa.

—No te preocupes. Si no tienes ningún compromiso al mediodía, te invito yo.

—¿Tienes dinero?

—No mucho. Podemos ir a un lugar económico.

Los ojos de Seyin comenzaron a brillar.

—Primero iremos a tomar un aperitivo.

Ella quería explicarle que pensaba permanecer dos o tres días en Ginebra y tenía el dinero contado. Pero optó por no decir nada. Resultaría inoportuno detallar estas cosas a Philip, ahora que estaba tan ilusionado con el almuerzo y el aperitivo. Ella también comenzaba a entusiasmarse. Olvidaba todas las consideraciones de orden práctico: Satigny, los papás, la Pilar, Monique y Roger Thorens, todo aquel mundo honrado y reflexivo.

Seyin se había espabilado quién sabe cuánto al saber que Anna disponía de una cierta cantidad de dinero e iban a almorzar a un restaurante.

—Entonces, Philip, si yo no llego a venir hoy, ¿dónde habrías comido?

Él alzó los hombros.

—En ninguna parte. Con frecuencia, no almuerzo, ahora. Conoces aquel proverbio francés que dice: «*Qui dort diné*?[77]» Si tú no me llegas a despertar, habría dormido hasta la noche.

—¿Y en la noche?

—Raoul llegará al anochecer. Me llevará a cenar. Acostumbra a invitarme. Lo malo es que también aparecerá Georges con la legítima pretensión de ser igualmente invitado y, seguramente, alguien más con la misma esperanza.

Seyin se había vestido, se había pasado un peine por los cabellos y después una buena capa de brillantina. No parecía recordar los cuartos de baño ni las duchas ni el agua de colonia inglesa ni el gran espejo biselado donde se reflejaba su cuerpo musculado y elástico de nadador,

---

77   ¿Quién duerme cenado?

tostado por el sol mediterráneo.

Ya habían abandonado la buhardilla. Philip llevaba a Anna bien cogida por el brazo con todo el lado derecho apoyado en el de ella.

Llevaba un abrigo ligero de una lana inglesa con pequeños cuadros. Había sido una pieza cara, confeccionada por uno de los mejores sastres de Barcelona. El abrigo tenía cuatro o cinco años, pero conservaba la distinción y la caída de origen.

La cabellera de Philip (debía hacer un montón de semanas que no se lo había hecho cortar) le colgaba encima del cuello del abrigo y, por delante, le tapaba con frecuencia la frente y los ojos. Él no paraba de apartársela con la mano y también con movimientos enérgicos de cabeza.

Llevaba unos zapatos viejos, pelados y polvorientos. La camisa más bien sucia, con el cuello y los puños deshilachados. Y, a pesar de todo, era el hombre más elegante y distinguido de todos los que les cruzaban por la calle. Los transeúntes machos, en los que se fijaba Anna para compararlos con Philip, iban bien vestidos, bien calzados, bien afeitados y peinados, pero ninguno de ellos, por joven y bien apuesto que fuera, no llegaba a la suela del zapato de Philip.

Él, consciente o inconsciente de su superioridad, llevaba la cabeza bien alta y el paso decidido. Ningún hijo de rey o de emperador no le habría ganado en arrogancia.

No aflojaba el brazo de Anna, como si temiera que ella pudiera escapársele. Así cruzaron el puente del *Mont-Blanc*, la *Place du Port*, las *Rues Basses*, en búsqueda del café *Cintra* donde, según Philip, se saboreaba el mejor oporto de Ginebra.

Anna había olvidado mirar los escaparates de las tiendas. Tiendas y escaparates no tenían importancia cuando sentía enlazado al de ella, el brazo de Philip. Un rato antes deseaba preguntarle por qué no había escrito o telefoneado a Satigny, cuando Georges le había hecho saber su llegada de Barcelona. Pero, ahora, la respuesta le parecía sin importancia. Philip hablaba animadamente, y lo que decía resultaba interesante. Su humor era el mismo de siempre. Guerra civil, revolución social, pérdida de todos sus intereses, amenaza de muerte... todo parecía haberles resbalado por encima sin dejar ningún resto de amargura.

Se había puesto a hablar de Raoul de Morienne.

—Posee cualidades magníficas, pero también defectos espeluznantes. Es generoso, pródigo y, repentinamente, mezquino, avaro. A veces alegre, espontáneo, divertido, indulgente con los amigos y, otras veces, amargo, retorcido, exigente, criticón…

—¿Pero tú le quieres?

—Yo… Mis sentimientos dependen de él. Siguen las fluctuaciones de su carácter. A veces le quiero, a veces le odio.

—La primera carta que me escribiste, hablando de él, era entusiasmada y admirativa.

—Sí, su recibimiento fue prodigiosamente afectuoso. Rebosaba generosidad. Después… ¿cómo te lo diré? Pequeñas envidias, ciertas celosías… Raoul está acostumbrado a reinar. No puede sufrir que alguien brille más que él. A mí no me cuesta borrarme, pero a veces me olvido. Entonces él coge una enrabiada y se venga.

—¿Se venga?

—Sí, Me deja tres o cuatro días sin comer.

Anna se inquietaba.

—Pero Philip. ¿Por qué no intentas trabajar en una cosa u otra?

Él alzó los hombros.

—Yo no tengo fuerza para trabajar la tierra, como me proponían en Satigny. Y, para las cuentas y la correspondencia, no sirvo.

Se reía.

—Tú lo sabes, Anna. No soy capaz de sumar una pequeña columna de cifras sin equivocarme. Y hago faltas de ortografía en todas las lenguas.

Añadió:

—A mi manera, ya trabajo. Hago de bufón de Raoul.

—Después de Raoul el mundo no se ha terminado,– dijo Anna.

—Para mí, sí. Excepto Raoul, nadie me ha ofrecido hospitalidad de gratis. El único refugio, para mí, es *Winkelried*. La buhardilla no es muy confortable, en pleno invierno se me congelaba el agua del depósito, pero representa un techo donde cobijarme y una cama donde dejarme caer cada noche.

—Pero…

—No hablemos más de eso. ¿Quieres Anna?

Ella no insistió. Tampoco tenía muchas ganas de amargarse aquellos momentos. Quería imitar a Philip. Vivir el presente con la máxima intensidad. No pensar en lo que vendría, incluso si se trataba de lo que vendría aquella misma noche.

Philip se mostraba afectuosísimo con ella. Desde que salieron de *Winkelried* no se habían separado ni una sola pulgada y, ahora, *Chez Cintra*, la empujaba suavemente por los hombros establecimiento hacia adentro.

Los mozos le saludaban con respeto y él les golpeaba la espalda con familiaridad.

—*Monsieur de Morienne va bien?*

—*Formidable!*

Pidió dos copas de oporto.

—Ya verás, Anna.

El oporto estaba perfumado y a la temperatura adecuada.

—¿Te gusta?

—¡Mucho!

La copa de Seyin pronto estuvo vacía. Él puso una mano encima de la de Anna.

—¿No *podríamos* repetir?

—Yo, no. Tengo suficiente con una. Hazlo tú.

—¡Lo encuentro tan delicioso!

—¡Pide otra copa, venga!

La pidió. Sus ojos lucían detrás del cristal de las gafas. Presentaban un gris verdoso impregnado de humanidad y de alegría. Eran los ojos de los buenos momentos de Philip.

Anna pagó y se levantaron para ir al restaurante. Seyin no quería escuchar hablar de aquellos establecimientos económicos que ella le proponía. La carne era reseca y escasa; las verduras mustias; el vino, inexistente. (Eran restaurantes sin alcohol).

—Por una vez que tenemos dinero, almorcemos bien. Yo conozco un restaurante, en el *Molard*.

—Es que necesito algunos francos para cenar y dormir en un hotel.

—No te preocupes. Cenaremos con Raoul. Para dormir, puedes hacerlo en el estudio.

—¿En qué cama?

—En la de Raoul.

—No deben haber ni sábanas ni fundas de almohada de recambio.

—Puedes dormir en la mía. Yo dormiré en la de él.

—¿Y si se le ocurre quedarse?

—No se le ocurrirá. Georges ha pasado algunas noches en su cama. Y, por muy *Marcel Darling* que sea, a Raoul no le gusta dormir en las sábanas de otros... El otro día se fue a Frangy a las cinco de la madrugada para no dormir con Georges.

—El día que yo llegué, alguien había dormido con Georges. En el cojín se veían dos huellas de cabeza.

—Algún amigo o amiga suyo.

—¿Pero tú dormirás sin escrúpulos en su cama?

—Me da igual. Me he acostumbrado a todo. Ni Georges ni Raoul padecen ninguna enfermedad contagiosa.

Anna suspiró.

—¡Cómo has cambiado!

Sentía una mezcla de piedad y admiración hacia Philip. Su manera de afrontar la miseria era digna de un gran carácter. Ante este hecho, querer seguir dando importancia a la administración de los cincuenta francos de papá resultaba mezquino y ridículo. Era mejor olvidar los principios éticos de los habitantes de la granja Thorens, propietarios e invitados.

Thorens y Valls pertenecían a otro planeta. Si ahora, por unas horas, ella habitaba el planeta de Philip, la única manera de disfrutar de él era cortando la comunicación con todos los otros. Entregarse en cuerpo y espíritu a aquella atmósfera especial que se respiraba en *Winkelried* y cerca de Philip. Cuando el dinero se le acabara, volvería a Satigny. Ya le quedaría tiempo de representar su poco lucido papel de burguesita arruinada separada del amante y del marido.

Aquel almuerzo, en uno de los mejores restaurantes de Ginebra, acompañado de una botella de borgoña, se llevó casi todo su capital. Anna, antes de dar la propina al mozo, separó con cuidado la cantidad que le hacía falta para pagar el billete de tercera de Ginebra a Satigny.

Philip se reía.

—¿Qué es este dinero que reservas?

—La garantía de mi regreso.

Anna habría deseado ir a dar un paseo después de comer. Recordaba con deseo de volver a los frondosos parques de la ciudad y los abruptos y boscosos márgenes del Ròdan. No había ido nunca más allá de la *Jonction*, pero alguien le había dicho que era una maravilla. Cualquiera de estos lugares le habría apetecido para pasar un rato con Philip. Pero Philip era partidario de volver en seguida a *Winkelried*. Justamente al final de la *rue du Mont-Blanc*, cerca del taller de Raoul, había un establecimiento donde servían muy buen café. O quizás sería mejor el de la *rue neuve du Molard*, un lugar semi-clandestino donde lo servían a la turca: muy cargado y en tazas de porcelana decorada.

—¿Tienes suficiente dinero todavía para ir a uno de estos cafés?

Ella dijo que sí. Pero lo hizo con voz insegura. De repente se sentía horrorizada de ver que casi no le quedaba nada de los cincuenta francos de papá. Y no podía alquilar una habitación para pasar la noche, por económica que fuera. Y menos soñar en cenar. De pronto, como Philip, como Georges, como un grupo de parásitos más, se sentía dependiente de aquel Raoul de Morienne que todavía no conocía.

—¿Por qué volvemos tan pronto a *Winkelried*, Philip?

—Tengo que poner un poco de orden. Tengo que hacer un poco de limpieza. Raoul llegará a media tarde. No le gusta encontrarlo todo desordenado y sucio.

—Ya debe estar acostumbrado.

—No lo creas. Tiene la manía del orden y la limpieza. Ya que me quedo allí, es natural que lo haga yo. De lo contrario lo tendría que hacer él, al llegar.

Añadió:

—Tú me ayudarás. Iremos mucho más de prisa.

XXII

No era ninguna perspectiva halagüeña pasar la tarde barriendo y sacando el polvo. Pero Anna, ya no se veía con ánimos de buscarse la vida sola. Al fin y al cabo, la ciudad, bajo el cielo nublado y lluvioso no invitaba a transitarla. Anna no conocía a nadie. Sólo la esperanza de encontrar a un compañero o a una compañera agradable habría podido decidirle a abandonar *Winkelried* y a Philip.

Subió una vez más aquella escalera oscura y maloliente. Respiró su relente, sus olores nauseabundos. Ya no le producían tanto asco.

En la buhardilla había trabajo para rato. Philip se había puesto en ello con entusiasmo. Anna había dejado de existir para él. Sus anhelos se proyectaban hacia el futuro: la llegada inminente de Raoul de Morienne y de los otros.

—¿Me ayudas, Anna?

Ella se acercó sin prisas.

—¿Qué tengo que hacer?

—Detrás del biombo encontrarás una escoba y un recogedor. Recoge todos los papeles y las colillas de tabaco y otros restos que encontrarás por el suelo. Recógelos y tíralos en el cubo que está debajo del lavamanos.

Ahora Philip hacía la cama de Raoul.

—No puedo cambiar las sábanas. No encuentro otras de recambio. Tendrás que dormir con las mías. ¿No te importa?

Anna no contestó. La perspectiva de aquella noche en la buhardilla, donde seguramente había ratas y escarabajos y, quizás chinches, le ponía la piel de gallina.

—¿No hay ratas en el taller, Phillip?

—Hay ratones. Pero los tengo domesticados.

Dejó la faena un momento para explicárselo a Anna.

—¿Ves este armario?

Abría uno que estaba empotrado en la pared.

—He tenido que entregárselo. Todo lo que ponía me lo guarreaban: arroz, queso, azúcar…

El armario estaba vacío. En las estanterías de arriba se veían unos cucuruchos de papel y unas cortezas de queso.

—Lo tuve que trasladar todo a una especie de taquilla que pone en comunicación los dos talleres y tiene una puertita para cada lado. Entre las dos puertas hay un espacio: mi despensa. Esta es la de los ratones. Pongo puñaditos de arroz, cortezas de pan y de queso. Es la única manera de conseguir que me dejen tranquilo. Mientras yo leo, sentado o tumbado, ellos se pasean tranquilamente por toda la casa. Se detienen, me contemplan con curiosidad. Y, cuando pongo un disco, vienen a escucharlo. No puedes imaginarte como les gusta la música.

Volvió a su trabajo. Había sacado una bayeta de lana gruesa. Fregaba enérgicamente las viejas planchas del entablado. A fuerza de puños llegaba a hacerlas brillar. Jadeaba, suspiraba, gemía...

—No friegues más, Philip. Ya están bien brillantes.

—He puesto un poco de cera y de trementina. ¿No te gusta este olor? A mí me gusta más que un perfume.

—Sí, pero no friegues más. No conseguirás nunca que un viejo y desigual entablado haga el efecto de un parquet.

—¡Pero se ve bien, fíjate!

Philip corrió, una por una, las seis cortinas de cretona. Las dejó bien extendidas. No se veía ni un trozo de los cristales enturbiados por el polvo y la lluvia. Giró el interruptor de la lámpara de pie cerca del diván. Esparcía una luz opaca y rojiza. Seyin sacudió y ahuecó los grandes cojines-asientos mientras los iba colocando estratégicamente encima de los agujeros de la alfombra.

Mostraba la única silla del local a Anna.

—¿Te has fijado? Tapizada con las flores de lis. Viene del castillo de Frangy. Herencia de la corte de Luís XVI a un tatarabuelo de Raoul que fue ministro.

Anna sonreía, un poco desdeñosa.

—¿Supongo que este detalle impresionará a *Marcel Darling*?

—Todavía hay otro a quien el detalle impresiona más.

—¿A ti?

—¡Oh, no! A un muchacho amigo mío y de Raoul. Ya le conocerás. Es un puro aristócrata. Está cargado de historias y además, tiene ideas monárquicas.

Se había ido a lavar las manos. Se pasaba el peine por los cabellos. Volvía a ponerse brillantina.

—Ahora nos haremos una taza de té.
Mientras él preparaba la infusión detrás del biombo, ella le gritó:
—Nunca te habría creído capaz de hacer una limpieza como esta.
Philip llegaba con la bandeja y el servicio.
—Creo que, en realidad, es para la única cosa que sirvo.
Esta observación entristeció a Anna. Philip estalló a reír.
—Debo tener alma de mayordomo o de ayudante de cámara.

Anna se había imaginado a Raoul de Morienne alto, moreno, delgado y pálido. Tipo aristocrático, un poco altivo y distante. Raoul de Morienne era un nombre que excitaba la imaginación de cualquier mujer joven. El hombre que entraba en el taller, como una impetuosa ventolera, era el antítesis de la imagen mental que ella se había formado. Bajito, chaparro, el rostro sanguíneo, el cuello ancho y corto, los cabellos teñidos de color de zanahoria.

Seyin se precipitó a su encuentro. Raoul se dejó abrazar mientras descubría a la forastera.

—Es mi mujer, Raoul. Es Anna.

Raoul se precipitó. Tropezó con la silla borbónica. Desplazó un puf. Saltó por encima de los cojines-asientos. Dejó al descubierto un ancho agujero de la alfombra.

Anna le había alargado la mano.

Con una especie de glotonería, como si la mano fuera un bombón o un helado gofrado, Raoul le había encastado los labios. Hablaba en inglés a Anna como lo hacía con Seyin cuando estaban solos.

—Me siento feliz de conoceros, Anna. ¡Philip me ha hablado tanto de vos!

—Really?

Él captó toda la irónica intención del adverbio. Sonreía divertido. Era una sonrisa espiritual que destruía parcialmente la impresión que produjo a Anna su facha de carnicero o pescadero al por mayor.

—Georges nos notificó vuestra llegada a Ginebra. ¿Dice que los rojos os quitaron todo el dinero en la frontera?

—Sí. Era una cantidad insignificante. Pero si me la hubieran respetado me habrían permitido tomar un café con leche a mi llegada a Ginebra y coger el tren de Satigny. Y, si no, por lo menos bajar a la calle del *Mont-Blanc* en tranvía.

—Georges lloraba casi, al explicar vuestra odisea.

Anna estalló a reír.

—¡No hay para tanto!

—Lamentaba por encima de todo no haberte podido ayudar personalmente. No tenía medios para hacerlo. Yo también lamento no haber estado en Ginebra aquel día. Os habría invitado a almorzar y después os habría acompañado con mi coche a Satigny.

Anna no se consideraba digna de tanta atención por parte de los amigos de Philip. Ninguno de ellos le conocía. Y ser la esposa *definitivamente abandonada* de un compañero no le daba carta de especial recomendación. Suponía que en el círculo de Raoul de Morienne, como en otros grupos originales, era costumbre exagerar y dramatizar los acontecimientos. Así los miembros que lo componían tenían ocasión de usar una fraseología un poco teatral y de imaginarse que representaban un papel, más o menos, heroico.

Llegó Georges.

—Voici notre *Marcel Darling*[78],– exclamó Morienne, pasando del inglés al francés.

Al ver a Anna, Georges dio un grito de alegría. Fue corriendo a besarle la mano, a interesarse por su salud. Después, como una especie de rito, presentó su frente granosa a Raoul. Raoul, distraído, puso sus labios encima de la cabellera abrillantada.

Georges ambicionaba más detalles sobre la salud de Anna.

—*Apres cet horrible voyage! Mais vous allez beaucoup mieux. N'est-ce pas?*[79]

Anna explicó que los aires de Satigny eran saludables. La tranquilidad, absoluta. La comida, sana y abundante. Circunstancias bien favorables a su recuperación física y moral. Pero la vida, en aquel rincón del mundo, resultaba un poco monótona.

Raoul aconsejó:

—Lo que tenéis que hacer es venir a menudo a Ginebra. Podéis disponer de mi cama. No duermo ahí nunca.

Se giró hacia Georges, que dormía en su cama cada dos por tres: es decir, siempre que estaba peleado con sus padres. Raoul le miraba maliciosamente.

—¿No es así, *Marcel Darling*?

Georges tardaba en responder. De repente se decidió.

—¡Claro! Yo cedería la cama a Anna, aunque tuviera que dormir en el suelo.

---

78 Aquí está nuestro Marcel Darling.
79 ¡Después de este horrible viaje! Pero estás mucho mejor. ¿No es así?

La puerta, que no se cerraba nunca, dio paso a dos muchachas. Morienne se las presentó a Anna. Estudiaban a l'*Ecole d'Arts et Métiers*. Eran condiscípulas de Georges. Hijas de refugiados políticos anticomunistas, rumanas o yugoslavas. Se llamaban Swenca y Gal.la respectivamente. Swenca era menuda y gordita. Tenía los cabellos rojos, los dientes roídos, las mejillas cubiertas de pecas. Miraba a Anna con una especie de curiosidad admirativa. Gal.la era alta, delgada, pálida de rostro. Los cabellos negros y aceitosos, los ojos, febriles y brillantes, de mirada triste y enfermiza. Debía ser israelita y, probablemente, tuberculosa.

Philip se había puesto de repente a flirtear con ella. Representaba una de las escenas más exitosas de su repertorio. Y, como siempre que la representaba, daba la impresión de sentirla sinceramente. (Quizás la sentía).

Había conducido a Gal.la por la cintura, hasta el diván turco. La colocó con un montón de cojines detrás de la espalda y un par más en los pies. Él se sentó en estos últimos y, como si allí no hubiera nadie más, comenzó a jugar con las manos de la muchacha. Estas manos eran pálidas y finas; los dedos, delgados y flexibles, se doblaban y desdoblaban al capricho de la mano que las machucaba. Philip le ponía los labios. Lo hacía lentamente, sabiamente. Reseguía las puntas y las falanges, después la palma y el revés de la mano.

Gal.la parecía derretirse.

Anna comenzaba a indignarse. No podía acostumbrarse a presenciar con calma estas escenas. ¿Por qué había permanecido con el grupo en vez de seguir su programa? No podía soportar a esta gente ni un minuto más. Se encaminó a la habitación de Philip donde había dejado el maletín. Nadie se fijaba en ella. Raoul, Georges y Swenca estaban concentrados en una discusión sobre la técnica y los procedimientos pictóricos de un tal Stengler que hacía furor en los medios artísticos ginebrinos en aquel momento.

Anna no encontraba el interruptor. Tuvo que volver al taller de Raoul y pedir auxilio a Georges.

—No sé encender la luz de la habitación de Philip.

Georges le acompañó.

—¿Qué buscáis?

—El maletín.

—¿Qué queréis hacer con él?

—Me voy. Creo que todavía hay un tren mixto para Satigny a esta hora.

—¿Os queréis ir sin tomar el aperitivo? Ahora mismo corro a prepararlo. No os vayáis todavía– suplicó.

Ella entró al taller de Raoul con el maletín en la mano. Le habría gustado que Philip se fijara en ella, se diera cuenta que se iba. Pero Philip había colocado la cabeza encima de las rodillas de Gal.la. Permanecía con los ojos cerrados y la judía le acariciaba la frente, y le machucaba la cabellera.

Raoul se precipitó hacia Anna. Le arrebató el maletín de la mano.

—Sois invitada mía, hoy, no permitiré que os escapéis. Cenaréis conmigo y con Philip en el castillo de Frangy. Os quedaréis también a dormir. Conoceréis a mi madre. Es una gran señora.

—Pero Raoul...

—¿Qué prisa tenéis de volver a Satigny? Suficiente tiempo os quedará de moriros de asco allí. conozco la paz del campo. Te gusta unas horas, unos días, después, empalaga. Si yo no tuviera coche y tuviera que permanecer toda la vida en Frangy, acabaría por suicidarme.

Anna miraba a Gal.la y a Philip. Seguían ignorando todo lo que les rodeaba. Representaban todavía la escena de amor. Resultaba cada vez más exitosa. Pero nadie, excepto de Anna, parecía apreciarla.

Alargaba las manos hacia el maletín que Raoul retenía.

—Dejadme ir, Raoul.

—No os dejaré ir a menos que me confeséis que todos os aburrimos y os damos asco.

En aquel momento la puerta de entrada al taller volvió a chirriar. Un jovencillo entró. Anna giró la mirada hacia el recién llegado. Raoul escondió el maletín.

—¡Oh, Maurice Le Brieu!

Philip se había levantado de un salto.

—*Mon cher Maurice! Je commençais à croire que tu ne viendrais pas*[80].

Toda su atención y su fervor iban ahora hacia Maurici. Gal.la quedaba ya olvidada.

Morienne presentó a Anna.

—*C'est la femme de Philip, tu sais?*[81]

Maurici contrastaba con Georges y Raoul. Ninguna extravagancia

---

80 ¡Mi querido Maurice! Estaba empezando a creer que no vendrías.
81 Ella es la esposa de Philip, ¿sabes?

ni en el vestido ni en el peinado. Ninguna afectación ni en el gesto ni en el tono.

Raoul explicaba a Anna:

—Nuestro amigo Maurice Le Brieu es un sabio y un poeta.

—No le escuchéis, señora. No soy ni sabio ni poeta. Escribo versos malos. Me apasiono por la morfología y la sintaxis francesas y también por la genealogía y la heráldica en general. Pero no sé nada de nada.

Al hablar movía las manos con mucha gracia. La mirada de sus ojos era inteligente y firme.

Raoul continuó explicando:

—Sobre nuestro árbol genealógico está haciendo estudios muy interesantes. Por el lado de mi madre ya ha llegado a María Tudor. Mi madre es inglesa, ¿sabéis?

Georges movía la cabeza lleno de una admiración maravillada.

—Descender de María Tudor no es una nimiedad. ¡Una gran reina!

Raoul se echó a reír:

—Una gran reina, sí; pero también una gran lianta, con las manos sucias de sangre.

Maurice suplicó sonriente:

—Por favor, trata con un poco más de respeto a tu parentela.

Philip no había vuelto al lado de Gal.la. Permanecía con el grupo de personas que rodeaban a Maurici, muy atento a todo lo que este hacía y decía.

Ahora Maurici interrogaba a Anna. ¿Era verdad que en España la revolución roja funcionaba tal y como la describían los periódicos suizos? ¿Era verdad que en todas partes se veían retratos monumentales de Lenin? ¿Era verdad que funcionaban checas donde cerraban y asesinaban a centenares de ciudadanos inocentes?[82]

Anna procuraba responder a todas estas preguntas a medida que el joven las formulaba. Lo que más interesaba a Maurici era saber si, por encima de todo, los rojos perseguían a los aristócratas.

—Los rojos han asesinado a capellanes y a industriales, pero no atacan precisamente a la aristocracia. No creo que se pueda comparar a la revolución francesa, en la que vos pensáis.

Maurici no le creía del todo. Pensaba que, por un motivo u otro, Anna no quería que fuera dicho que perseguían a los aristócratas.

---

82 Las checas o chekas (o el terror rojo) eran unos centros de detención comunistas que durante la guerra civil española funcionaron, en la zona republicana, para detener, interrogar, torturar, juzgar de forma sumarísima y asesinar a los sospechosos de simpatizar con el bando franquista.

—Vos traéis un nombre ilustre, ¿verdad?
Ella sonreía, divertida.
—Honrado y gracias.
Medio decepcionado y todavía incrédulo, Maurici insistió:
—No puede ser, Anna. Queréis escondernos vuestros orígenes, vuestros títulos nobiliarios. Se ve de tres horas lejos que sois una aristócrata.

Esperaba que ella rectificara, pero Anna se limitó a sonreír. Maurici, insistió:
—No tengáis miedo. Aquí todavía no se asesina a nadie por rico o por noble que sea.
—Allí tampoco, os lo aseguro. Tienen otras preocupaciones.
—Y de parte de vuestra madre, ¿cómo os llamáis?
—Vilaró. Anna Valls y Vilaró. Nada más.
Se reía.
—Lo lamento por vos, pobre Maurici, ¡qué decepción!
Raoul intervino. Suplicó:
—No seáis cruel amiga mía. A Maurici *no debemos* escondérselo.
Le Brieu levantó vivamente la cabeza. Fijó la mirada anhelante en Raoul, después en Anna. Ella había dejado de sonreír. No adivinaba dónde quería ir a parar Morienne.
—Te lo confesaremos pero no lo divulgues. Nuestra amiga Anna Valls es condesa de Olivares.
—¡Ah!
Maurici se precipitó encima de la mano de la noble dama. La besó repetidas veces. Seguidamente quiso saber cuáles eran las señales y figuras de su blasón.
—*Parti, coupé, tranché? Olivier sur fond d'azur, gule, pourpre?*[83]
Raoul afirmaba con toda seriedad.
—Rama de olivo sobre horizonte de oro.
De pronto Morienne dejó de interesarse por los blasones y el armorial imaginario de Anna[84].
—¡Swenca, ven, y tú también Georges! Vamos a preparar el aperitivo.
Anna se sentó en la silla de Luís XVI, Maurici Le Brieu a sus pies. Gal.la y Philip volvieron al diván. Pero ya no flirteaban. Escuchaban

---

83   ¿Partido, cortado, dividido? ¿Olivo en un fondo azul, amarillo, púrpura?
84   El armorial es el conjunto de publicaciones dedicadas a la descripción sistemática de emblemas heráldicos.

a Maurici hablar de heráldica. Era un apasionado de esta ciencia. Proponía a Anna que le explicara las características exactas de su blasón. Él le pintaría un escudo digno de su nobleza. Anna disimulaba su turbación. ¿Qué había dicho Morienne, rama de olivo sobre oro? Maurici ambicionaba más detalles.

—¿Cómo queréis que una persona que ha pasado por las dificultades que yo he pasado me acuerde de estas cosas?

—La mayoría de los nobles auténticos han pasado por las mismas dificultades y no olvidan sus blasones. Veamos, Anna, ¡un pequeño esfuerzo!

Con la esperanza de distraerse Anna comentó:

—Raoul de Morienne, por bien que noble, no ha sufrido lo que yo he sufrido. Él puede todavía vivir en un castillo y pasearse en automóvil.

—El castillo está en ruinas y el automóvil es una carraca.

Insistía cerca de Anna:

—Hala, hala, habladme de vuestro escudo.

Se giró hacia Seyin:

—Descríbelo tú, Philip.

—Si ella no lo quiere...

Gal.la no había escuchado hablar de Anna. Ignoraba, entonces su existencia. Al descubrir que era la mujer de Seyin y condesa, habría querido fundirse. No arrancaba a correr escaleras abajo porque se sentía las piernas flojas y la voluntad paralizada. Rechazaba permitir que Philip jugara con su mano. Él se obstinaba en cogérsela.

—¿No tocas el piano?

—No.

—¿Ni la guitarra?

—Ni piano, ni guitarra, ni nada.

—¡Qué lástima con estas manos! ¿No lo sabes, que tienes manos de arpista?

Maurici había cambiado de tema. Ahora se las tenía con la morfología. Había estudiado provenzal en la Sorbonne. Pretendía que Anna le hablase en catalán.

—Estoy seguro que puedo comprenderlo.

Swenca, Georges y Raoul servían las bebidas. Morienne deseaba conocer la opinión de los bebedores sobre la complicada mezcla de alcoholes que acababan de confeccionar.

Philip bebía ávidamente.

—Sí, chico, exquisita.

Saboreando la mezcla, Maurici seguía con obstinación sus digresiones lingüísticas.

Georges se abandonaba a la suavidad de los cojines: la copa a medio vaciar, la mirada vaga y melancólica.

Raoul se acercó. Le acarició una mejilla, le desgreñó la cabellera.

—¡*Marcel Darling*!

Al ver a Raoul inclinado encima suyo, Georges puso los ojos en blanco y miró hacia el lado de Anna. Esta giró rápidamente la mirada. Raoul seguía desgreñando los cabellos de Georges.

—Hala, hala palomito mío. Abre el pico. Mueve las alitas. ¿Quién vendrá con el papá a Frangy?

Ducrest se hinchaba de satisfacción.

—¡*Papá*! ¡Apenas tienes diez años más que yo!

—Tengo quince más. Y, por la experiencia, te podría ser abuelo.

Seyin preguntó bostezando.

—¿A qué hora nos vamos a Frangy?

—Ahora mismo. Venga, niñas, apuren las copas.

Se giró hacia la esposa de Seyin.

—*You are not drinking enough, Anna*.

Gal.la y Georges dejaron el diván con pesar. Él fue a peinarse al lavabo. Se mojaba los cabellos, se los alisaba hasta formar una masa bien unida con un rizo delante. Se pasaba un dedo mojado de saliva por las cejas y las pestañas. Se mordía los labios para hacerlos enrojecer. Todas estas prácticas, Raoul se las había enseñado. En poco tiempo el verdulero se había acostumbrado y ahora devenía maestro en el arte de favorecer el físico.

Swenca y Gal.la remoloneaban, Raoul se acercó.

—Perdonad *monaditas*. Os había prometido invitaros a cenar a Frangy. Pero no tengo lugar en el coche. Vendréis otro día. ¿No os importa?

Swenca aseguró que *no le importaba*. Gal.la no contestó. Su mirada acusadora y decepcionada estaba fija en Philip.

—¿Y Maurici?

Seyin había formulado la pregunta con ansiedad.

—Lo siento. Para Maurici tampoco hay lugar.

—Yo no habría venido con vosotros. Mi padre da una cena esta noche. Me ha pedido que no falte.

Raoul pidió:

—En marcha, hijos míos.

Se había apoderado del maletín de Anna. Él y Seyin apagaban las luces. Cerraban con llave la puerta de salida.

Bajaban la escalera en grupo. Le Brieu conducía a Anna por el brazo.

—¿Cuándo nos volveremos a ver, condesa?

—No lo sé. Ninguno de mis movimientos dependen de mí. Voy allá donde los otros me llevan.

—Os había imaginado más independiente.

—No se trata de independencia. Se trata de *inteligencia*. Para almorzar con Philip he gastado todo el dinero que llevaba. ¿Cómo quiere que haga gala de independencia?

—Vengan mañana a almorzar a casa, vos y Philip. Mis padres salen de viaje a primera hora de la mañana. No volverán hasta muy entrada la noche. Estoy solo. Dispongo de la bodega de papá. No sé lo que comeremos, pero sí lo que beberemos.

Anna movía la cabeza.

—Os lo agradezco, Maurici; pero en ausencia de vuestros padres no me placería para nada comer en vuestra casa. Podrían volver a la imprevista. ¿Qué pensarían de nosotros?

Raoul intervino:

—Mañana, al mediodía, Anna y Philip estarán todavía en Frangy.

Maurici se inclinó delante de Anna.

—Me rindo y lo lamento.

XXIII

Habían llegado a Frangy.
Raoul saltó a tierra. Abrió la puerta del auto por el lado de Anna. Le ofreció la mano para ayudarle a bajar. Después, le cogió por el brazo, le guió en la oscuridad a través del parque del castillo.
Philip y Georges les seguían conversando con animación.
Anna escuchaba, distraída, la voz del castellano de Frangy[85]. Le hablaba de la época del castillo, del papel que en la historia de la Saboya había representado uno de sus antepasados: Beltram de Morienne.
Anna no podía interesarse por ninguno de aquellos detalles. Su pensamiento estaba en Satigny cerca de los papás, en Barcelona, cerca del Agustí Bruguera. ¿Qué decía Raoul de Morienne? «¿La fracasada conquista de Ginebra por los saboyanos?» ¿Aquel antepasado suyo había intervenido? ¿En qué época había dicho que ocurría? ¿En 1260? No. ¿En 1602? Era necesario responder alguna cosa. Lo hizo. Dijo:
—*C'est extraordinaire*.
No había acertado la respuesta. El repentino silencio de Raoul se lo probaba. Raoul callaba como si hubiera comprendido que no valía la pena esforzarse por un interlocutor tan indiferente.
El silencio y las sombras señoreaban en el ala del castillo que habían seguido por la parte de afuera. Anna dedujo que aquel lado no estaba habitado. Recordó: los hermanos de Raoul, estaban casados o en el extranjero. Solamente él vivía en aquel castillo con su madre.
Habían llegado delante de una gran portalada abierta.
—Entrad, Anna.— Y se detuvo un momento para dejarle pasar.
Pasadizos inacabables. Escaleras anchas y frías. Iluminación lúgubre. Nadie para recibirles.
Una vez arriba, Raoul había encendido una luz de bolsillo. Se detuvo delante de una puerta ancha y alta, pintada o, quizás, tapizada de rojo. La abrió con una llave grande que había buscado y encontrado bajo una esterilla.

---

85   Aquí castellano se refiere al señor del castillo.

Las bisagras chirriaban. Raoul explicó.

—Es mi apartamento.

Había hecho girar el interruptor. Una electricidad intermitente y débil iluminaba ciertas zonas de la habitación. El resto quedaba a oscuras.

Era imposible hacerse una idea del mobiliario, del cortinaje, de la tapicería.

Entre aquellas paredes reinaba un frío siberiano, se respiraba hedor a humo y a moho.

Raoul se lamentó:

—¡No han encendido la chimenea!

Pero ninguno de los tres dio crédito a la sinceridad de aquel lamento. Seyin y Ducrest sabían, y Anna lo sospechaba, que el castellano de Frangy no anunciaba nunca la hora, y a menudo, ni el día de su vuelta. Como es natural, suponiendo que hubiera alguien a su servicio, nadie se preocupaba de encender el fuego en aquellas habitaciones, generalmente abandonadas. Quizás nadie se había preocupado tampoco de hacer la cena. Cada uno de los tres se lo preguntaba con alarma.

—Encenderemos la chimenea ahora mismo.

Seyin y Ducrest se habían subido el cuello del abrigo y metido las manos en los bolsillos. Anna, toda encogida, se las fregaba la una con la otra.

—Voy a ver si madre está levantada todavía, y a dar órdenes de la cena.

Philip propuso:

—Mientras tanto, Georges y yo podemos encender la chimenea.

—Bien pensado.

Desde el apartamento de Raoul al de Angelique de Morienne, hacía falta recorrer una serie de pasadizos. El castellano de Frangy se fue directamente a la *office*. Encontró la vieja criada, dormida. Al oírle se puso de pie con un chillido y después suspiró. Él le preguntó:

—*Savez-vous si Madame est levée?*[86]

—*Oui, Monsieur, elle n'a pas encore pris son te*[87].

Raoul llamó ligeramente a la puerta.

—Entrad.

---

86 ¿Sabe si la Señora está despierta?
87 Sí, Señor, todavía no ha tomado su té.

Angélica de Morienne vivía sola en su apartamento. Ninguno de sus hijos, tenía cinco entre chicos y chicas, entraba nunca sin pedir permiso. Y sólo pasaban tres comidas al año en familia: Navidad, el día de Todos los Santos y la Pascua Florida.

—Buenas noches, madre.

La voz de Raoul, tan atrevida e irónica en la vida actual, se volvía sorda y respetuosa en presencia de Angélica de Morienne.

—Hola hijo. ¿Ya habéis llegado de Ginebra?

Los Morienne se trataban de vos entre madre e hijos, entre hermanos y hermanas, entre maridos y esposas.

—He venido con Philip Seyin y su esposa.

—¿Quién es Philip Seyin?

—¿Ya no os acordáis, madre? Aquel encantador inglés alto y rubio que os presenté. Mi mejor amigo.

Angélica movía la cabeza.

—¿Su esposa es también inglesa?

—No, española. Querría presentárosla. Es una mujer distinguidísima.

—¿Presentármela? ¿Ahora?

—Si no tenéis inconveniente...

—Estoy a punto de tomar el té.

Él suplicó:

—Solamente unos minutos, madre. El tiempo de saludaros. Ha venido de Ginebra únicamente con esta intención.

—¿Para saludarme?

—Yo se lo he rogado. ¿Verdad que puedo hacerle entrar un momento?

Angélica de Morienne movía los hombros y la cabeza con pesadumbre. No tenía ganas de conocer a nadie y tampoco tenía ganas de discutir con su hijo. Sólo tenía ganas de tomar el té. Vacilaba entre recibir a aquella extranjera y terminar de una vez o negarse. Para negarse era necesario gastar demasiada energía. ¡Y Angélica tenía tan poca! Quizás sería mejor consentir. Estaba esperando el té ansiosamente. Esta comida frugal era la única que tomaba después de las doce de la mañana. En aquel momento se sentía patológicamente hambrienta.

Raoul esperaba en silencio, un poco inclinado delante de ella.

—¿Qué decidís, madre?

—Bien, que entre.

Raoul corría casi a lo largo de los pasadizos para anunciar a Anna que Angélica le esperaba.

Entre tanto, Georges y Philip encendían el fuego, agachados delante de la chimenea. Todo estaba lleno de estallidos de leña y humo.

Anna paseaba arriba y abajo de la habitación, se secaba los ojos y tosía.

—Venid, Anna, mi madre os espera. Vosotros dos seguid encendiendo el fuego.

Philip se enderezó. Tenía las manos llenas de polvo negro y de manchas de tizón.

—Yo también querría saludar a tu madre. Es una mujer tan extraordinaria. No me cansaría nunca de contemplarla.

—Sí, pero ahora tienes las manos sucias. Te apestan a humo y vas despeinado.

Philip se resignó. Volvió a agacharse delante de la leña a medio encender.

Cuando Anna y Raoul estuvieron lejos, Georges suspiró:

—Dios sabe a qué hora cenaremos. Yo ya tengo el estómago en los tobillos.

Anna se sentía cohibida en presencia de la castellana: una mujer realmente impresionante. Sus mejillas hinchadas, sus tres papadas, el grosor del cuello y de los brazos, sus ojos hundidos en verdaderas morcillas de carne grasosa, le daban el aspecto de un globo grotesco a punto de levantarse.

Con todo, la noble dama llegaba a imponer por la dignidad con que estaba sentada en la poltrona, por la majestad con que sostenía la cabeza derecha encima del cuello y con la orgullosa y altiva forma de fijar la vista en la jovencísima dama extranjera.

A duras penas le había alargado la mano, cada dedo de la cual representaba el grosor de un brazo de criatura. Anna no se atrevía casi a tocársela.

—*Madame*...

Angélica decía discreta:

—*Very pleased*.

Anna sentía un deseo inmenso de salir de la habitación, de reunirse con Philip y Georges en aquella sala llena de humo y fría. Pero Raoul le había acercado una silla y le obligaba a sentarse.

—Madre tomará el té delante vuestro si lo permitís, Anna.

—No faltaría más…

Se dirigió a Raoul:

—¿Pero quizás prefiere que me vaya?

Condescendiente, Madame de Morienne sonreía.

—Me lo tomaré y me iré enseguida a la cama. ¡Estoy tan cansada!

Y dirigiéndose a Raoul:

—¿Quieres pedir a la sirvienta que me lo traiga?

Levantó los pesados párpados. Fijó la mirada delgada en Anna.

—¿Creo que vuestro país está en guerra?

—Sí, señora. Una terrible guerra civil.

Anna iba a darle algún detalle, contenta de haber encontrado al fin un tema de conversación. Pero la mirada de Angélica estaba ansiosamente fija en la puerta por donde su hijo acababa de salir en busca de la sirvienta y la cena. Anna comprendía que nada le interesaba a la noble dama excepto de su té completo. Hasta parecía haber olvidado que la forastera estaba allí, sentada al borde de la silla, cerca de su poltrona.

Raoul llegó seguido de la sirvienta: una mujer vieja y enjuta, rígida como un palo. Vestía enteramente de negro, con cofia y delantal blanco de randas. Colocó una mesita cerca de la noble dama. Le sirvió el té en un bol decorado, auténticamente y exquisitamente Luís XVI. En la bandeja se veía una azucarera, un jarroncito de leche, un plato con una montaña de rebanadas de pan, otro plato con una tableta de mantequilla de vaca de unos dos cientos gramos y una compotera colmada de confitura de grosella[88].

Sin perder un segundo, Angélica comenzó a embadurnar la primera rebanada. Clavó los dientes y se dedicó con deleite a mordisquear. La masticaba y se la tragaba de prisa. Al hacerlo, sus labios, de tipo glotones, se le alargaban temblorosos hacia el pan. Las pupilas se le dilataban. Toda ella parecía agitada por una ansia devoradora.

Anna se sentía incómoda, como avergonzada de presenciar aquel espectáculo, a la vez repugnante y fascinador.

Raoul, de pie en frente de las dos mujeres, procuraba sostener un ambiente de conversación. Pero la pretendida conversación resultaba monólogo. Su madre ni le escuchaba ni le oía. Anna no podía interesarse y, todavía menos, contestar.

---

88   Una compotera es una vasija, comúnmente de cristal, con tapadera, en que se sirve compota o dulce de almíbar.

Al fin, cuando todavía quedaban rebanadas de pan sin mantequilla untada y confitura, la misma sirvienta volvió a aparecer. La primera vez no había ni tan sólo mirado a Anna. Ahora se le plantó delante, le dijo con voz casi desafiadora.

—*Madame est servie*[89].

De momento Anna no comprendía. Miró a la vieja señora, después a Raoul. Este se había acercado a ella, le cogió por el brazo.

—¿Vamos a cenar?

Anna no sabía cómo despedirse. No podía ser la primera a alargar la mano. Era demasiado joven, y en el *gran mundo* uno tiene que esperar que las personas mayores inicien cualquier tipo de salutación. Pero Angélica tenía las manos ocupadas, la boca llena, los labios chorreando confitura.

—Vayan, vayan,– dijo con voz pastosa.

Mientras caminaban por el frío y largo pasadizo. Raoul preguntó a Anna.

—¿Verdad que mi madre tiene una gran personalidad?

—¡Extraordinaria!

Al sentarse a la mesa entre Georges y Raoul de cara a Philip, Anna se sintió un momento feliz. El fuego de la chimenea, detrás de su asiento, calentaba y alegraba con sus reflejos. La crema de espárragos era excelente. Ni la leche ni la mantequilla de vaca habían sido escatimadas, y la verdura, como todos los ingredientes de la sopa, eran de primera calidad. El vino que la acompañaba, así como el que acompañaba al asado eran viejos borgoñas, los mejores que Anna había probado en mucho tiempo.

—¡Qué país para los golosos, la Saboya, Raoul!

—¿No te parece, Anna? Todo es excelente menos los vinos. Para los vinos es necesario la colaboración de la Borgoña y del Bordelés.

Los tres amigos comenzaban a sentirse lasos. Georges se abandonaba en una poltrona, cerca de la chimenea. Raoul sentado en el brazo de la misma poltrona, le acariciaba la frente y los cabellos.

—Hoy estás más *Marcel Darling que nunca*.

Philip, todavía en la mesa, seguía fumando y bebiendo. A través de la nube de humo de la habitación y del empañamiento de las gafas, fijaba la mirada en Anna.

—*Maurice is a pretty thing. Isn't he, Anna?*

---

[89] La señora está servida.

XXIV

La primavera resplandecía en cada árbol, en cada planta, en cada matorral. Las cepas mostraban también diminutas hojas verdes. En los árboles frutales, los brotes habían sucedido a las flores. Los nabos y las patatas florecían. Los márgenes y los bordes de los caminos, alfombrados de hierba tierna y olorosa, ostentaban una gran cantidad de florecitas. Anna no sabía sus nombres. ¡Pero no importaba! Sin nombre resultaban igualmente deliciosas. Eran de un amarillo de yema de huevo más o menos intenso; eran de un azul de miosotis o de genciana[90]; eran de un carmín pálido como de pétalo de rosa y también las había de color magenta. Las formas y el tamaño variaban. Unas eran como ojitos de niño, otras como cabezas de aguja de picar. Estas, con las hojas separadas; aquellas recogidas en forma de cáliz o de campanita. Todos los dibujos, todos los colores estaban representados en aquellos márgenes.

En el aire, todavía fresquito de la mañana, todo parecía bañado de inocencia, de esperanzas indefinibles... El azul del cielo era limpio y brillante; la nieve de las montañas lejanas, de un blanco nítido, deslumbrante; el verde de los cerros vecinos, como recién barnizados.

El Ròdan, escondido entre sierras y colinas, rumoreaba trajinante y alegre y en los boscajes que Anna recorría paseando, se escuchaban gorjeos y voladas de pájaros.

De vez en cuando, el canto de la merla pasaba por el espacio y de pronto, a lo lejos, respondía el canto del mirlo.

Anna comparaba el paisaje de Satigny, que tenía delante, con el de la región de la Alta Saboya donde pasó una noche y un día. La naturaleza que rodeaba el castillo de Frangy resultaba más severa, más dramática. Las selvas en pendiente cubrían el país de anchas manchas os-

---

[90] Miosotis o Myosotis es un género de plantas perteneciente a la familia Boraginaceae. Simbólicamente se conoce como la flor del amor desesperado o el amante eterno. Comúnmente se conoce con el nombre nomeolvides. Genciana, o en latín Gentiana acaulis, es una planta de pocos centímetros de altura, con flores grandes y corola azulada en forma de campana. Suele crecer de forma espontánea en los países mediterráneos.

curas. Contrastaban con las altas cimas nevadas bajo el cielo gris. Y, salvo estos tres colores: blanco, verde oscuro, gris, ningún color más aparecía en todo lo que la mirada abastaba. En Frangy todavía señoreaba el invierno. El olor de humo llenaba el valle. Una ligera neblina flotaba entre las dos vertientes, borraba, en parte, el perfil de las casas aisladas que se arrapaban a la pendiente.

La atmósfera del castillo de Morienne, de una parte medieval, de otra parte moderna, había impresionado a Anna sin llegar a seducirla. La grandeza de las habitaciones y la altura del techo, el del comedor de Raoul, artesonado y policromado, la anchura y la alargada de los pasadizos, el grosor de las paredes exteriores aspilladas y almenadas, todo daba al castillo una auténtica majestad de edades lejanas. En cambio, la música jazz del toca-discos, de la que Raoul no podía privarse, la nevera eléctrica, descaradamente instalada cerca del clavecín, el teléfono comunicando con Londres y Lausanne, herían por su anacronismo. El tractor chasqueaba y trepidaba en el campo cercano. Un avión zumbaba y espejeaba un instante encima de la carena de montañas.

Mientras Angélica de Morienne encarnaba el tipo perfecto de la señora medieval: su corpulencia era medieval, su hambre era medieval, su supremo menosprecio hacia los pigmeos que la rodeaban era medieval; Georges Ducrest representaba, igualmente a la perfección, el tipo de *zazou* a la moda[91], creación reciente de la estética intersexual: pantalones cortos y estrechos, chaqueta larga y ancha, cabellera desbordante por la nuca y peinada en bucle por la parte de la frente.

Raoul se movía perfectamente en esta mezcla de épocas y estéticas. Desbordaba vitalidad y placer de vivir. Su hambre, su sed, su avidez sexual, donde el sexo de la pareja resultaba un detalle, le hacían palpitar constantemente las cavidades nasales a la persecución de una sensación más y más excitante.

Necesitaba un gran espacio para expeler su voz, proyectar su cuerpo robusto, hacer volar sus brazos de atleta mientras hablaba. Necesitaba carreteras anchas y rectas para lanzarse a gran velocidad con su automóvil.

Anna seguía paseando mientras evocaba los amigos de Philip y los

---

91   Los jóvenes Zazou (o Zazú en español) eran los que seguían la moda francesa de los años 40' con chaquetas extra-grandes, pantalones muy estrechos y ceñidos, corbatas de algodón o lana densa, cuellos de camisa altos, zapatos de ante de suela gruesa, con calcetines blancos o de colores brillantes y el pelo peinado con fijador dando un aspecto de cabello graso.

lugares donde se movían. Recordaba la última velada que pasaron en *Winkelried* a la vuelta de Frangy. Maurici Le Brieu había traído algunas botellas de la bodega de su padre. Todos, menos ella se habían embriagado. Anna habría deseado que Maurici no lo hubiera hecho. Pero el noble joven había cogido una mona de las más espectaculares. Una mona de tipo *verbalista*. Lanzaba retumbantes discursos sobre heráldica, en francés y en inglés.

Al cabo de un rato, abandonaba la inspiración heráldica y se ponía tierno. Declaraba su amor a Anna. Juraba, con lágrimas en los ojos, que él no era invertido. Quería casarse con ella, enseguida.

Anna se esforzaba en seguirle la corriente.

—¿Y qué haremos con Philip?

—Pero si Philip es... Si Philip no es...

Reía y sollozaba a la vez.

—¡Qué marido, estimada condesa, qué marido!

Le cogía una mano.

—Aceptadme. Casémonos mañana mismo.

—No estoy suficientemente enamorada de vos, Maurici.

Él había estallado en sollozos.

—Oh...Oh...

Se arrodillaba a los pies de Anna.

—*Don't be cruel, please, don't be cruel*!

Lloraba, cambiaba de lenguaje.

—*Je vous en prie, comtesse, je vous en prie...*[92]

—Levantaros, por favor, Maurici.

—No me levantaré hasta que me deis una pequeña esperanza.

—Quién sabe. Quizás un día... Si Philip...

Maurici se había enderezado. Volvía a exaltarse.

—Le desafiaré. Manejo la espada y la pistola a la perfección. Le dejaré escoger el arma. Le mataré con legalidad. Nos podremos casar enseguida.

Se afligía.

—No le tengo ningún rencor, ¡pobre Philip! Es una criatura adorable. Pero...

Arrugaba el entrecejo, apretaba los puños.

—Pero me estorba. Es *uno de esos*. ¿Qué hace en el mundo *uno de esos*?

---

92 Por favor, condesa, por favor...

Se había quedado de repente dormido. Dormido, todavía parecía más joven, casi un niño. Y, a pesar de todo, era más hombre que cualquiera de los otros. Anna habría querido arroparlo, dejarle pasar la noche en el estudio. No exponerle a que sus padres le regañaran.

Pero no había suficientes camas. Ella también empezaba a tener sueño y no sabía donde tendría que acostarse. Al recordar aquellos dos divanes en los que dormían ahora uno ahora el otro; ahora solos ahora acompañados, todos los del grupo, Anna se horrorizaba. No estaba nada embriagada y no le daba igual dormir aquí o allí, sola o en compañía. Añoraba a los papás y Satigny. Lamentaba haberse ido.

Philip y Raoul, bastante embriagados, discutían sobre un cierto actor amigo de ellos. Reían y le ridiculizaban. Imitaban su voz y sus gestos.

Georges, harto de *minestrone* y de vino[93], se acostaba en el otro extremo del diván. Medio soñaba que era un nuevo Dorian Grey. Raoul de Morienne iba a inmortalizarlo y a inmortalizarse pintando su retrato. De vez en cuando recibía una especie de aviso sobrenatural. Alguien, quizás un ángel *zazou*, le susurraba a la oreja: «Arréglate el peinado». Entonces, Georges, a la manera de un sonámbulo, introducía un dedo en el tirabuzón del cabello que le guarnecía la parte alta de la frente. Lo enroscaba y lo re-enroscaba con insistencia, aunque con cierta lasitud. Se mordía los labios para tenerlos más rojos y... volvía a dormir.

Anna se había decidido.

—Escucha Philip. Ya es hora de pensar en ir a acostarnos. ¿No te parece?

Seyin se había dirigido a Raoul.

—¿Te quedas a dormir aquí?

—Me voy a Frangy ahora mismo.

Se había puesto de pie, Seyin le imitó. Sacudían los hombros de Ducrest.

—¿Y tú, Georges?

—¿Yo... qué?

—¿Dónde dormirás?– Quería inquirir Philip.

Georges miraba a Raoul interrogativamente.

Raoul decidió:

---

93 Minestrone (o minestrón en español), es una sopa italiana elaborada con verduras de la estación del año, normalmente zanahorias, cebolla, judías, apio y tomate. Se suele añadir también arroz o pasta.

—*Marcel Darling* viene a Frangy conmigo.

Philip, entonces, se había preocupado por Le Brieu.

—¿Qué haremos? Está borracho como una sopa.

—Le llevaré a su casa con el coche– decidió Raoul.

Pero Maurici, despertado bruscamente, se había puesto a renegar y a jurar.

—Dejadme tranquilo, hijos de treinta y seis mil padres.

—Hala, hala, espabílate, tenemos que irnos.

—No quiero irme. ¿Quién puede obligarme?

—Nos vamos todos. Te cerraremos con llave.

—¡Largaros de una vez!

De pronto se dio cuenta que Anna estaba cerca.

—Perdonad. Os amaré hasta la muerte. Perdonad.

—Anna también se va,– dijo Seyin.

Maurici suplicó:

—¡No, Anna!

Raoul le estiraba con fuerza por un brazo. Seyin por el otro. Le obligaron a ponerse de pie. No se aguantaba sólo. Si le dejaban se desplomaba. Philip trataba de sostenerle.

—¡Déjame de una vez, hembrilla!

Seyin suplicaba:

—Vamos, vamos por favor. Maurici, querido.

Le Brieu se deshacía de Seyin de una revolada. Volvía a caer encima del diván.

Georges acudía, le cogía por los brazos, le estiraba. Le Brieu gritaba con asco:

—*En bas les pattes, espèce de grue!*[94]

Anna había propuesto.

—Quizás a mí me seguirá. *Allons, Maurice?*[95]

Pero ella no tenía fuerzas para sostenerle. Acudían otra vez los tres compañeros. Anna le volteaba los hombros. Los otros le empujaban por detrás.

Había sido necesario bajar a Maurici hasta la calle. Subirlo al automóvil, después volverlo a bajar como si fuera un saco de patatas. No era nada fácil encontrarle la llave de la *villa* en uno de los bolsillos ni introducirla en la cerradura sin hacer ruido y acompañarlo pasillo

---

94   ¡En las patas inferiores, especie de grulla!
95   ¿Vamos, Maurice?

adentro. No podían encender la electricidad porque no sabían dónde estaban los interruptores. Se guiaban por la claridad de la luz de bolsillo de Raoul[96].

Iban a dejar a Maurici en el primer canapé o poltrona que encontraran, cuando de un lugar impreciso de la casa, había surgido una voz de mujer.

—*C'est toi, Maurice?*[97]

Asustados, le habían abandonado en medio del pasillo. El muchacho se había desplomado. Huyeron todos como ladrones, dejando la puerta abierta. (Al recordarlo, Anna se sentía todavía avergonzada). Subieron bien de prisa al coche de Raoul, se fueron calle abajo a todo gas.

Al pasar cerca del hotel *Les Bergues*, Morienne había dejado a Philip y a Anna en la acera del puente del *Mont-Blanc*. Había desaparecido como una centella.

Anna y Philip, cogidos del brazo, se dirigieron a *Winkelried*.

Al llegar al número cuatro, Seyin había pasado de largo.

—¿Dónde vamos, Philip?

—A beber una cerveza. Tengo una sed abrasadora.

—Yo ya no tengo dinero.

—Yo tengo.

—¿Tú? ¿De dónde los has sacado?

—Le he hecho la pata a Raoul.

—¡Philip!

—Qué quieres, hijita, es necesario espabilarse. Suerte que de vez en cuando me envía a comprar alguna cosa. Más de una vez como gracias a eso. Y ahora beberemos cerveza.

—Yo no tengo sed; puedes ahorrarte la mía.

—Cuando estarás en el bar, cambiarás de opinión.

—Todos estarán cerrados a esta hora.

—Este no. Es uno muy especial. No cierra hasta la madrugada.

Era una tabernucha de la *rue du Cendrier*. Sólo había invertidos. Al ver a Philip acompañado de una mujer, todos le miraban con extrañeza, con curiosidad. Él les saludó familiarmente.

—*Hallo, Michel. Bon soir Franky*.

Se sentaban en una mesa libre.

—No me gusta este tipo de gente,– decía Anna.

---

96   La luz de bolsillo se refiere a una pequeña linterna.
97   ¿Eres tú, Maurice?

Philip se reía.

—Son de lo más inofensivos. Sobre todo para ti.

—Así y todo. Se respira una atmósfera incómoda.

—Es el humo.

—No es solamente el humo. Son las personas.

—Ya te lo he dicho. Todos son especiales. Aquí no viene nadie que no lo sea. En todo caso, algún despistado.

Pidieron dos cervezas.

Anna seguía enojada.

—No sé por qué me has hecho venir.

—Pensaba que te gustaría. Es una curiosidad. Conozco otro lugar, de mujeres solas.

—¿Mujeres públicas, quieres decir?

—No. Estas van a los lugares donde hay hombres. Quiero decir mujeres invertidas.

—¡Oh, Philip!

—Siempre he creído que eres una muchacha con un espíritu libre.

—Lo soy, sí, hasta cierto punto. Pero me atrae más las normalidad.

—¿Qué es la normalidad? ¿Existe, la normalidad? Y si existe, ¿qué tipo de gente pertenece? Quizás algún tarugo, alguna salvaje, algún negro africano, más cerca de las bestias que de las personas. Los santos mismos no son normales.

Se había bebido toda la cerveza.

—Ahora pediría otra, si tuviera suficiente dinero. Pero Raoul me lo ha dado tan justo que apenas he podido sustraer esta miseria.

—Bébete la mía. Yo no tengo sed.

—¿De veras, Anna?

Ella empujaba el vaso hacia él.

—Te lo aseguro.

Un rato después, ya en *Winkelried*, Philip le daba a escoger entre la cama de Raoul y la suya.

—La cama me da igual. Lo que me gustaría es tener sábanas y fundas de almohada.

—No puedo ofrecértelas. Tienes que dormir con las de Georges o con las mías. Escoge.

Se reía.

—¿Quién te da más asco: *Marcel Darling*, o yo?

—Dormiré en las tuyas.

Anna sabía que las sábanas de Philip no habían sido lavadas desde Dios sabe cuándo. Las recordaba con claridad del día. Tenían un color de garbanzo. Y tampoco era seguro que Philip se hubiera acostado solo. Anna decidió ponerse en la cama medio vestida.

Philip se había desnudado delante suyo. Se ponía el pijama antes de irse al taller de Raoul.

—Buenas noches, *darling*.

Le había besado afectuosamente las dos mejillas; después, la boca.

Ella no pudo evitar de estrecharse contra él. Y, al verle desaparecer por la puerta del taller, se quedó como desamparada, triste, infinitamente sola.

Ahora, al recordarlo, se sentía nuevamente invadida por una ola de añoranza.

Quizás Philip acabaría por decidirse a ir a Satigny, en un momento u otro. «Vendré a pasar todo el día», le dijo. «Te telefonearé el día antes. Iremos a pasear por los campos y los viñedos».

Ya hacía más de dos semanas que había dicho eso, y todavía no había telefoneado. Pero desde aquella promesa, campos y viñas habían tomado otro cariz. Ella paseaba a menudo sola, como esperándole. Philip era un entusiasta de cualquier aspecto de la naturaleza. Capaz de comentar y animar las cosas más insignificantes que se encontrasen. El campo o la viña, con Philip sería otro campo, otra viña. No se parecerían en nada a los que Anna había observado hasta entonces con sus propios ojos, a través de su propia sensibilidad. El cielo, las nubes, el perfil de la cordillera, los prados, las flores, los riachuelos, tomaban, a través de la palabra de Philip, un aspecto diferente, más vivo, más variado, más penetrante y, también, más indeleble[98].

Anna recordaba la *Île Rousseau* y el trozo de lago visto desde el muelle *des Bergues*, con los cisnes hieráticos y los barquitos blancos que contemplaba, sola, a su llegada de Satigny, *antes* de ir a *Winkelried*. Y las recordaba, *después*, cuando pasó, a mediodía, con Philip. Aquel paisaje banal, de tarjeta postal ilustrada, quedaría para siempre grabado en su imaginación como si no lo hubiera visto nunca, hasta entonces; únicamente porque Philip le había puesto los ojos, mientras pasaba del brazo con ella.

---

98 Indeleble, algo que no se puede borrar o quitar.

XXV

Acababan de almorzar. Estaban tomando el café. Anna había bebido dos o tres traguitos. La voz de Monique Thorens subió por la caja de la escalera.

—*Anne! Anne! On vous appelle au téléphone!*[99]

Anna dejó la taza. Se precipitó escaleras abajo. Sería Philip, naturalmente. Al fin se decidía a venir a Satigny. Seguro que le avisaba para mañana. Mientras hiciera un día de sol... Le llevaría por aquel caminito que atravesaba la vía del tren; va casi directo al Ròdan. Si no estaba demasiado nublado se podrían llevar el almuerzo. Pero mamá...

—*Hallo. C'est toi, Philip?*[100]

Una voz desconocida de hombre, preguntaba.

—*Est-ce que vous êtes madame Philip Seyin?*[101]

—Sí, soy yo misma. Diga.

—Lo lamento, señora...

—Diga. Diga.

—Lamento tenerle que dar una mala noticia.

—¿Qué pasa? Hable, por favor. (Agustí estaba muerto. Pero, ¿cómo lo sabía aquel desconocido?)

—Su marido ha sido víctima de un accidente de auto.

—¿Mi marido, dice?

—Philip Seyin. ¿No es su marido?

—Sí... Sí...

—Está gravemente herido. ¿Me escucha, señora?

—¿Herido? ¿Dónde?

—En el Hospital Cantonal. Preséntese lo antes posible.

—Bien. Bien. Gracias, muchas gracias.

Habría querido preguntarle algún detalle más, pero el otro ya había cortado.

---

99 ¡Anna! ¡Anna! ¡Le llaman por teléfono!
100 Hola. ¿Eres tú, Philip?
101 ¿Es usted la señora Philip Seyin?

Anna permanecía inmóvil, apoyada a la pared.

Monique acudió.

—Philip está en el Hospital Cantonal gravemente herido. Tengo que irme enseguida. ¿A qué hora hay un tren? ¿Lo sabéis?

—No. No lo recuerdo. Os acompañaré con el auto hasta la estación. Si no hay ninguno os llevaré hasta el Hospital.

—Gracias Monique.

Subió la escalera. Entró en el comedorcillo. Pere fumaba la pipa. Francesca leía el periódico. Levantó la cabeza.

—¿Quién era, Philip?

—No. Philip ha sufrido un accidente. Está en el Hospital Cantonal. Tengo que ir enseguida.

Francesca y Pere rodearon a Anna. No sabían qué decir. Anna miró un momento su taza de café, casi llena. Maquinalmente la agarró y se la acercó a los labios. Recordaba sus pensamientos en haberla dejado unos momentos antes. Unos pensamientos esperanzadores, llenos de la ilusión de escuchar la voz de Philip; y Philip estaba en el Hospital. Quizás ya no hablaría nunca más.

Había vaciado el contenido de la taza, de un solo trago.

—¿Quién te lo ha comunicado? ¿Cómo sabía dónde estabas?

—Philip debía llevar alguna carta mía en el bolsillo, con la dirección del remitente: *Granja Thorens*.

Se giró hacia Pere Valls.

—Papá. ¿Puedes darme algún dinero? Quizás tendré que alquilar un coche para llegar más pronto. Monique me acompaña a la estación. ¿Lo sabéis, vosotros, si hay algún tren?

En aquel momento Monique gritaba:

—¿Anna, estáis a punto?

—Bajo enseguida.

Cogió los billetes que papá había ido a buscar. Quería darle las gracias, Pero así que tocó aquellos papeles sintió que el llanto le ahogaba. ¡Qué comida de restaurante, qué hartón de cerveza se habría hecho Philip, con aquel dinero! ¡Pobre Philip!

Francesca había ido a prepararle el maletín. Anna se lo arrebató de las manos. Corría escaleras abajo.

—El abrigo. Te dejas el abrigo, Anna.

El auto ya estaba fuera del garaje. Anna subió. Monique lo puso en marcha. Desenfrenó. Arrancaron.

—Primero iremos a la estación. Si hay un tren dentro de pocos minutos, es mejor que lo cojáis. Iréis más de prisa. En coche, es más de una hora. Sobre todo si conduzco yo, que no sé mucho.

Anna no decía nada. Escuchaba la voz de Monique como si le viniera de muy lejos. Y tampoco no captaba el sentido de sus palabras. Sabía, pero, que se trataba de llegar a la estación y coger un tren. Todo le parecía irreal. Como partiendo de un punto erróneo. Comenzaba a dudar de haber realmente comprendido las palabras del desconocido. *Podía* haber ocurrido un accidente y un hombre haber resultado herido y no ser Philip. Pero, si no era Philip, ¿por qué le habrían telefoneado, a ella? Quién sabe si Philip estaba herido, pero no de gravedad. Philip era un hombre suertudo. Se había escapado de la justicia anarco-sindicalista; del fracaso pecuniario de Londres. Siempre encontraba a gente disponible a sacrificarse en beneficio suyo. ¿Y todo esto iba, ahora, a truncarse porque Raoul de Morienne, u otro corrían demasiado por las carreteras?

Anna no llegaba a creerlo. Si al bajar a Ginebra se dirigía directa a *Winkelried* en vez de dirigirse al hospital, *casi* estaba segura de encontrar a todo el grupo reunido. *Todo* seguiría igual que quince días atrás... No era posible que Philip estuviera a punto de morir. No era posible que Philip desapareciera del mundo tan pronto...

Ya estaban en la estación. Monique frenó. Abandonó el volante. Corría hacia la ventanilla de los billetes. Anna le había seguido maquinalmente, poco a poco.

—Venid, venid. Hay un tren para Ginebra, dentro de unos minutos. Os he comprado un billete.

Se lo puso en la mano.

—El tren está a punto de llegar. ¿Qué suerte, eh?

Parecía contenta.

—¿No os importa que no os acompañe hasta Ginebra? ¡Tengo tanto trabajo! Y Roger no sabe nada.

—Oh, no. Faltaría más. Gracias, Monique.

Permanecieron inmóviles, calladas. Anna sentía que tenía que hacer algo o decir alguna cosa. No sabía qué. Lo comprendía en la actitud de Monique. Reflexionaba: «¿Qué le tengo que decir?»

—Volved a la granja. Ya os he hecho perder suficiente tiempo.
Añadió:

—Y mil gracias. Sin usted, este tren se me habría escapado.

Todavía *era necesario* incluir algunas palabras.

—Os debo el billete. Os lo pagaré a la vuelta. (¿Cuándo sería la vuelta, y dónde estaría Philip entonces?). Ahora sólo dispongo de papel moneda.

—No tiene importancia, Anna.

El tren entraba a la estación. Monique cogió a Anna por el brazo.

—Hala, subid.

Desde la andana le dijo:

—Os quisiera acompañar, pero realmente, no puedo.

Le gritó:

—Telefonead esta noche mismo. ¡Adiós!

Anna se había sentado enfrente de una mujer corpulenta, cerca de la ventanilla. Las dos mujeres se miraron brevemente. Se saludaron con la cabeza. Anna le envidiaba. Ella no iba, seguramente, a Ginebra a ver a su marido gravemente herido, al hospital. Al evocar el hospital, Anna recordó que no sabía dónde estaba. No había pasado nunca, por delante.

La lentitud del tren le desesperaba. Apenas habían rodado cuatro minutos y ya no podía más de impaciencia. El paisaje que desfilaba por la ventanilla no conseguía interesarle.

Volvía a mirar a la mujer de enfrente. Sabía que si le hablaba, una parte de su sufrimiento se aliviaría. Se inclinó hacia ella.

—Perdonad, señora. ¿Sabéis dónde cae el Hospital Cantonal?

La viajera parecía no haber comprendido. Anna repitió la pregunta:

—¿En qué calle, queréis decir? Me parece que se llama *Michaelle Ducrets*. O quizás *Boulevard de la Cluse*. No lo sé seguro. Podría ir sin perderme, pero no recuerdo la dirección exacta.

—¿Por dónde se va? ¿Queda muy lejos de la estación?

—Oh, sí. Bastante lejos. Al otro extremo de la ciudad.

—Cogeré un taxi.

La mujer desconocida movía la cabeza, desaprobadora.

—Os costará un ojo de la cara. Los taxis son ruinosos en nuestro país.

—¡No importa! Tengo que estar allí lo antes posible. Mi marido ha sufrido un accidente.

La otra se le acercó interesada.

—¿Qué tipo de accidente?

—De auto. Me lo han dicho por teléfono.

El interés de la mujer crecía.

—¿Está grave?

—Supongo que sí.

—*Pauvre madame*!

Por el solo hecho de haberlo comunicado a aquella desconocida, Anna sentía, ahora, que el accidente era cierto. No podía haber equivocación posible. «¿Sois la señora Philip Seyin?» Una carta de ella no podía encontrarse más que en el bolsillo de Philip.

Se sacó el pañuelo de la bolsa y comenzó a machucarlo. Unas lágrimas escasas y ardientes le mojaban los ojos. No le resbalaban mejillas abajo. Le quemaban las pupilas como un ácido.

La otra viajera trataba de animarle.

—Quizás no es tan grave como pensáis.

Anna no contestó. Si Philip estaba muerto, ya no hacía falta que cogiera un taxi. Necesitaría dinero para el entierro, y papá decía que lo tenía justo.

Se dirigió a la pasajera.

—¿Hay algún tranvía o autobús que vaya hacia el hospital?

La mujer corpulenta explicó.

—Coged el número 1. Pasa por la plaza de la estación. Bajad a la *Place Claparède*. De allí, estaréis bien cerca.

¡Dios mío! ¿Cómo pasaría el tiempo hasta que el tren llegara a Ginebra? Anna miraba con angustia a la mujer corpulenta. Esta le sonreía. Ella trató también de sonreírle, pero estalló en llanto.

Su compañera de viaje le tocó afectuosamente la mano.

—*J'aimerais tant pouvoir vous aider*![102]

¿Ayudarle? Sí. Podía ayudarle a llenar de cualquier tipo de palabras y gestos aquella horrible espera, aquella escalofriante incertidumbre.

Anna le empujaba a hablar. Le hacía preguntas y no escuchaba las respuestas.

Mientras la otra hablaba y hablaba, ella trataba de imaginarse cómo sería Philip, muerto. No podía imaginárselo. Al evocar a su marido, le *veía* vivo, alegre, sonriente. Caminaba o estaba sentado. Comía, hablaba o bebía. Levantaba los hombros. «¿Quién to lo ha contado que estaba grave? Sólo tengo un brazo roto y todavía es el izquierdo. ¿Ves? Puedo abrazarte» (Lo hacía) «¿Has sufrido mucho pensando en mí?»

Un brazo o una pierna rotos, es cuestión de paciencia. Philip podía

---

[102] ¡Ojalá pudiera ayudarle!

curarse tranquilamente en Satigny. ¡Qué felicidad, asistir a su convalecencia!

La mujer corpulenta estaba hablando de una enfermedad terrible. Parecía como si se tratara de su propio hijo. Anna no había comprendido si este hecho lamentable pasaba ahora o tiempo atrás. Si el mencionado hijo estaba ya curado o si todavía estaba enfermo. La mujer corpulenta le tenía los ojos clavados en el rostro y había parado de hablar. Anna comprendió que hacía falta decir alguna cosa.

—Y... i... ¿qué ocurrió, después?

—¿Después? Le enterramos en *Saint Georges*. En nuestra casa no incineramos nunca a los muertos.

Ya no hablaba. Como si se le hubiera agotado la elocuencia. Debía pensar en su hijo muerto. Anna sufría de este silencio. Mientras la mujer hablaba ella no se sentía tan sola.

—¿Tenéis otros?

—Una muchacha. Ya os lo he dicho. Es dependienta de un gran almacén de Ginebra. ¿Quizás lo conocéis? *Le Printemps*. Trabaja en la sección de guantería. Un trabajo bonito, pero mal pagado. Tiene que ir cada día, desde las ocho de la mañana hasta las seis de la tarde. Los sábados y todo, y sólo cobra el uno por ciento.

—¿Vais a verla?

—No. Voy a casa del oculista. Ya tengo hora.

Examinó su reloj de pulsera.

—A las tres y media.

Anna también consultó el suyo. A las tres y media, ella ya sabría si Philip estaba muerto o vivo.

—Pero, al salir de casa del oculista, ¿iréis a verla?

—¿A quién?

—A vuestra hija.

—Oh, no. Ella tiene trabajo, yo también. Quiero hacer unas compras y volver con el tren de las seis. Tengo que preparar la cena para los hombres.

—¿Tenéis más de uno en casa?

—Mi marido y el mozo. Somos campesinos, nosotros, ¿sabéis? Cenamos a las seis y media. Suerte que ya lo he dejado todo preparado.

Anna volvió a mirar el reloj de pulsera.

—Ahora son las tres y cinco. Ya llegamos,– dijo la mujer corpulenta.

Las primeras casas del barrio de *Saint Jean* desfilaban ya a derecha e izquierda del tren. Unos minutos más tarde atravesaba la parte baja de *La Servette*, el barrio donde vivía Maurici. Anna esperaba vagamente encontrarle en la estación. Pero, ¡qué absurda idea! Maurici no sabía con qué tren llegaba y… quién sabe, quizás también estaba en el coche con Philip y, probablemente, Raoul y, posiblemente, Georges se habían lastimado.

—*Au revoir, Madame*.

Estrechó la mano de su compañera de viaje. No era fácil que le olvidara nunca más.

—Espero que las heridas de vuestro marido no sean graves.

—Gracias, señora. Y gracias también por vuestra compañía.

En la salida vio a un taxi parado. Se precipitó.

—*A l'Hôpital Cantonal. En vitesse!*[103]

Pronunció el nombre:

—¿Philip Seyin?

Lo hizo con voz demasiado baja. La secretaria se lo tuvo que hacer repetir. Se puso a consultar la lista. Anna esperaba todavía que respondiera: «No ha ingresado ningún Philip Seyin, en el hospital». Pero la otra levantó la cabeza. La miró unos instantes con profesional indiferencia.

—Habitación 42. Tercer piso.

Anna se dirigió al ascensor. No terminaba de creer a la empleada. No podía imaginarse a Philip en una cama de hospital, herido.

Una vez arriba, se puso a caminar con indecisión. Primero, hacia la izquierda. Después hacia la derecha. Se detuvo. Examinó el rótulo con los números de las habitaciones correspondientes en cada lado. No llegaba a comprender entre cuál se encontraba el 42.

Pasaba una enfermera. La detuvo y se lo preguntó. Con la misma profesional indiferencia que la otra empleada, esta le indicó el pasillo a seguir.

Había llegado. Se paró delante de la puerta 42. La miraba con fijeza. No la abría; no llamaba. El corazón le latía fuerte, la mano le temblaba con violencia.

Unos pasos se acercaban. Avergonzada de su indecisión se decidió a llamar. Esperó unos segundos. Nadie respondía. En el interior de la habitación señoreaba el silencio.

---

103   Al Hospital Cantonal. ¡Rápido!

Anna no se sentía con fuerzas de agarrar la manija y hacerla girar. Llamó con más energía. La puerta se abrió. Apareció Maurici Le Brieu, que se apartó para darle paso.

Ya no le quedaba ninguna duda. Era Philip el que estaba estirado en la cama. No se le veía ninguna herida, y tampoco llevaba ningún vendaje en ninguna parte. Su rostro había perdido aquella coloración rosada de anglosajón.

Permanecía quieto con los párpados cerrados. No parecía haberse dado cuenta de su llegada.

Anna se acercó.

—¡Philip!

Los párpados de Philip se abrieron con pesadez. Unos ojos, no parecían los de él, aparecían sin ninguna expresión determinada. No miraban. No veían.

Anna repitió:

—¡Philip!

Entonces él pareció reconocerla.

—¡Anna!

Aquella voz tampoco no era la suya. Era átona y lejana como la mirada.

Ella le había besado la frente. Le notó la piel fría, y viscosa. Anna se apartó. Sus ojos inquietos miraban alrededor de la habitación. Descubrían a Georges. Él estaba sentado en la única silla disponible. Se levantó. Cogió a Anna por el brazo. Le susurró a la oreja.

—Raoul está muerto. Iban juntos. Volvían de Frangy. Han chocado con un camión.

—Pss...– hizo Maurici.

Separó Anna de Georges. Le empujó fuera de la habitación, como si quisiera explicarle algo. Pero, una vez afuera, tampoco no le habló. Le miraba con fijeza moviendo la cabeza. Separaba los brazos con expresión de impotencia.

Anna había comprendido que Philip estaba perdido. No podía comprender que le dejaran morir sin que algunos médicos estuvieran en su cabecera, operando, inyectando, medicando...

—¿Por qué no tratan de salvar a Philip? ¿Por qué no hacen nada?

—No pueden hacer nada. Tiene el vientre y el pecho aplastados. Está enteramente deshecho por dentro.

—Pero no hacer nada es inhumano. ¡Es horrible!

En aquel momento un hombre joven, con camisa blanca, salía de otra habitación. Anna se precipitó.

—Por el amor de Dios, doctor; ¿no se puede intentar nada para salvar a mi marido?

El hombre giró el rostro hacia la puerta 42.

—¿Sois *su* esposa?

—Sí. Acabo de llegar de Satigny. Me lo han comunicado por teléfono apenas hace una hora. ¿No hay ninguna esperanza, doctor?

El hombre de la camisa blanca movía la cabeza.

—Por suerte, no sufre demasiado.

Entró a la habitación 42. Tomó el pulso a Seyin. Giró el rostro hacia Anna, que observaba angustiada.

—Voy a ponerle una inyección. Le reanimará un poco.

Anna volvió cerca de Philip. Habría querido coger una de sus manos, estrecharla entre las suyas, besarlas. No se atrevía. En aquel momento Philip le inspiraba un respeto infinito, casi sagrado.

Él abrió los párpados. Miró a Anna con expresión de angustia. Le costaba respirar. Su respiración se volvía más y más acelerada, más y más penosa.

Anna, enloquecida, corrió hacia la puerta. El hombre de la camisa blanca llegaba, con la jeringa. Dio la inyección a Philip. Volvió a salir. Antes pero, advirtió a Anna.

—No hará más que alargarle un poco la vida.

Los tres permanecían alrededor de la cama. Esperaban. Apenas osaban respirar.

Pasaron algunos minutos. De repente, Philip abrió los párpados. Les miró con expresión interrogadora. Sus mejillas habían adquirido una ligera coloración.

—¿Tienes un cigarrillo, Anna?

Anna registró, con prisa, su bolsa. No encontraba el paquete, pero ya Maurici encendía uno, lo ponía en la boca de Philip.

Seyin trataba de fumar. Y los tres alentaban a su alrededor, pendientes de aquel posible milagro.

Él chupó el cigarrillo una o dos veces. Abrió la boca y lo soltó.

Maurici lo había recogido al vuelo. Lo sostenía, lejos de él, entre dos dedos crispados. Philip volvió a mirar a Anna. Trató de sonreír.

—*I am going, Anna.*

—¡No, Philip!

Le besó los párpados, que él tenía nuevamente cerrados.
—¡No, amado!
Al cabo de unos segundos, Philip le miró nuevamente.
—No quiero que me enterréis.
Giró la mirada hacia Maurici.
—Quiero que me incineréis.
Le Brieu dijo, con firmeza.
—Sí, Philip.
—¿Me lo prometéis?
Anna también afirmó.
—Sí, amado.

A partir de aquel momento, Philip se desinteresó de todo. Cerró los ojos. Su respiración se volvió más y más dificultosa. Tenía la boca medio abierta, como con afán de coger el aire. De la garganta le salía una especie de gorgoteo parecido al de una cañería embozada. Poco a poco, el gorgoteo se convirtió en un ruido más suave, como el del aire que se escapa de un neumático. El color un poco rosado de su piel palideció hasta volverse de color de marfil.

Los tres estaban de pie cerca de la cama. Observaban, inmóviles, el rostro de Philip; escuchaban su jadeo.

Maurici le tomaba el pulso. De pronto giró la mirada hacia Anna.
—*Il n'est plus*[104].

Ni Anna ni Georges se movían. Todavía parecían dudar.

Le Brieu, suavemente, pasó una mano encima de los párpados, ya medio cerrados, de Seyin.
—¡Pobre Philip!

Georges, poco a poco, parecía comprender. Se lanzó encima de la silla. Se tapó el rostro con las manos. Sollozó.
—¡No! ¡No! ¡Los dos es demasiado!

Anna y Maurici le miraron con severidad. Georges calló, se secó el rostro. Pero nuevas, y más abundosas lágrimas le salían de los ojos a borbotones. Todavía sollozó:
—¡No, no, los dos es demasiado!

Le Brieu le regañó:
—¡Calla!

Fue a buscar al médico. Este examinó el pulso y los ojos de Philip. Movía la cabeza de un lado al otro.

---

104 Ya no está.

Estrechó la mano de Anna.

—Lo siento, señora.

Anna, de pie al lado de la cama, permanecía como fascinada. No apartaba la mirada de aquel rostro sin vida, rígido, indiferente, inhumano.

¿Dónde *estaba*, Philip? ¿En qué lugar, cercano o lejano, se encontraba *ahora*? ¿Qué le había sucedido? ¿Quién lo había querido?

Aquel objeto, estirado y amarillo, que ella contemplaba, no tenía ninguna relación con aquel Philip que ella quería y admiraba.

Sus ojos cambiaban de color según lo que él sentía o pensaba. Se oscurecían en la cólera, se iluminaban en la afabilidad. Centelleaban, penetraban, estimulaban... Todo justo ahora le miraban con una voluntad firme de ser obedecido. «No quiero que me enterréis. Quiero que me incineréis». Y, de repente, nada. Nunca más nada.

Era necesario telefonear a los papás. Le Brieu esperaba que ella terminase de mirar a Philip para extender la sábana encima de su rostro.

—¿Vamos, Anna?

Le cogió por el brazo. Le hizo salir.

Inmediatamente después del fallecimiento de Seyin, Georges Ducrest había abandonado el hospital. Se propuso trasladarse a Frangy, para asistir al entierro de Raoul de Morienne.

Maurici acompañó a Anna. Habían discutido con la administración del Hospital Cantonal algunos detalles referentes al traslado del cuerpo de Philip al horno crematorio. Después habían telefoneado a Satigny. También fueron a encargar unas flores para Philip.

Al fin, se separaron.

Anna había alquilado una habitación en un hotel de la *Place Cernavin*, cerca de la estación. Esperaría a sus padres que llegaran al día siguiente, con el primer tren. Lo hicieron en compañía de Roger Thorens. Y enseguida los dos hombres se fueron por su lado a preparar el traslado y la incineración del cuerpo de Philip.

Francesca y Anna fueron a encargar una misa de difuntos a *Saint Joseph*. Maurici Le Brieu les acompañó. Era el único católico del grupo de Philip. Uno de los vicarios de la parroquia *des Eaux Vives*, era amigo suyo. Al escuchar hablar de incineración, el joven sacerdote había mostrado un cierto desazón.

—¿No sería mejor enterrarle?

Le explicaron que era la expresa voluntad del difunto. El cual, por otro lado, no era católico sino protestante. Francesca se apresuró a aclarar:

—Yo soy católica practicante. Deseo vivamente que mi yerno se beneficie de unas plegarias y de unos sufragios católicos. ¿Supongo que no habrá ningún inconveniente?

—Ninguno, señora. Al contrario. Todos rezaremos por él con fervor.

Francesca le había cogido la mano. Y, en vez de estrechársela se inclinó y la besó.

El joven sacerdote no había estado a tiempo de retirarla. Las mejillas se le cubrieron de rubor. Era la primera vez que una mujer le basaba la mano.

La ceremonia de incineración tuvo lugar en *Saint Georges*, aquella misma tarde. En la capilla del crematorio, y delante del cuerpo de Philip, hubo un pequeño concierto de música sacra ejecutado por un cuarteto. Inmediatamente después, Pere Valls, Roger Thorens y Maurici Le Brieu acompañaron el cadáver hasta la puerta de la cámara incineradora. Francesca y Anna se quedaron en la avenida central, sentadas en un banco bajo los árboles.

Hacía un tiempo propiamente primaveral. Ancho y espeso ramaje de castaño sombreaba a las dos mujeres. Infinidad de pájaros gorjeaban, piaban y volaban de rama a rama. Brincaban atrevidamente cerca de sus pies.

Anna los seguía con la mirada.

—Se ve que la gente que se sienta aquí les da migajas de pan. Fíjate como nos miran interrogativos y expectantes.

Francesca lamentó.

—¡Tanto pan que ha quedado en la mesa!

Se sentía crujir la grava de la avenida. Un grupo de personas salían del edificio crematorio. Venían, seguramente, de otra incineración. Se acercaban en silencio. Pasaban sin llorar, sin suspirar, sin mirar a las dos mujeres sentadas bajo los castaños.

Anna y Francesca les seguían con la mirada. Les veían alejarse siempre igualmente silenciosos.

Anna vigilaba la chimenea. En aquel momento no humeaba. Recordó que, un rato antes Maurici le había regalado una cajita de sándalo[105].

---

105 El sándalo es un árbol similar al nogal, con fuertes hojas elípticas, flores en ramos, frutos carnosos y globosos. La madera es de color amarillo y muy olorosa.

—Para que guardéis las cenizas de Philip,— le había dicho.

Anna llevaba todavía la cajita en la mano. Sabía que cuarenta y ocho horas después de la incineración, se las entregarían en una cajita de zinc soldada. La de madera perfumada, serviría para meter la otra.

Francesca le había preguntado:

—¿Ya has decidido qué harás con las cenizas de Philip, Anna?

—No. Todavía no lo he decidido.

Lamentaba que Philip no lo hubiera decidido antes de morir, como lo había hecho en exigir que le incinerasen. Podría haber añadido: «Mis cenizas, dispersadlas, o conservadlas, o...» ¿Qué otra cosa se podía hacer, con las cenizas de un familiar? Este problema se presentaba en su mente por primera vez. Nunca ningún pariente ni amigo de los Valls había sido incinerado.

Seguía observando la chimenea. Todavía no salía humo. Quería imaginarse la destrucción del cuerpo de Philip por las llamas y no acertaba a *verle* de otra forma más que vivo. Le veía en el laúd *Riteta* o tumbado en la arena, el cuerpo tostado por el sol, la cabellera toda dorada. Fumaba cigarrillos discutiendo con Briget y Marià, reía, bebía cocktails...

De pronto veía a Philip dentro del delgadísimo ataúd de madera donde le habían metido para ser quemado más fácilmente. Y unos segundos más tarde se le aparecía el Philip de la caleta de Sant Roc, con el cuerpo lánguidamente apoyado en el de ella mientras con la mirada hipnotizada, seguía a Esteve Batlle...

Comenzaba a salir humo de la chimenea. Primero, leve, transparente, azulado... Después, amarillo, denso... Aquel humo era la substancia de Philip. Era el propio Philip transformándose en llamas, brasas, cenizas... La piel rosada y transparente de Philip, su cabellera tan abundante, sus ojos color gris verde, sus labios delgados y sensibles, sus hombros anchos y erguidos, su cadera estrecha y fuerte, todo, todo se volvía cenizas en aquel momento. Y ella no había satisfecho todavía aquella eterna sed de Philip, aquella atormentadora sed de amor *en Philip*.

Subió su mano hasta el cuello. Los dedos se le crispaban encima de la piel.

Francesca se inquietó:

—¿Qué tienes, Anna?

—Nada.

Seguía contemplando el humo. Comenzaba a aclararse. Se esparcía por la atmósfera. Flotaba ligero, transparente, iba arriba y hacia allá en el cielo azul, primaveral.

Francesca cogió y estrechó una de las manos de su hija.

—¡Pobre Philip!

Cambió rápidamente de tono.

—Pero tú todavía no has cumplido veintidós años. Tienes que rehacer tu vida.

—Sí, mamá.

—¿Supongo que no piensas volver a Barcelona cargada con las cenizas de Philip?

—No, mamá.

Al cabo de un rato llegaron los tres hombres. Sin una sola palabra, las dos mujeres se levantaron. Les siguieron avenida abajo.

A diez minutos del cementerio se encontraba la parada del tranvía. Los dejó cerca de la estación de Cornavin.

Maurici y Roger se despidieron de los Valls hasta el día siguiente. Estos se quedaron en Ginebra para asistir a la misa de difuntos. Roger prometió volver con Monique quien asistiría también. Maurici avisaría a los amigos de Philip para que tampoco faltaran.

Los Valls fueron a cenar a un restaurante. Anna llevaba en las manos la cajita de sándalo que le había ofrecido Maurici. La fragancia deliciosa de la madera perfumaba el ambiente. Pero les recordaba en todo momento el objetivo al que iba destinada.

Mientras cenaban, Pere preguntó a Anna al respecto:

—¿Te cabrá, en el maletín?

—Me parece que no. La llevaré en la mano.

—¿Incluso cuando haya las cenizas de Philip?

—Claro, papá, si no me cabe en ninguna parte...

Añadió:

—De aquí a Satigny no hay problema...

Pere se preocupaba.

—Una vez que las tengas en Satigny, será necesario encontrarles un lugar definitivo.

—¿Cuál?

—Podríamos enterrarlas en el jardín de Roger. En aquel ángulo de abajo de todo. Allí donde crecen las dalias y las margaritas.

—Philip no quería ser enterrado.

Francesca propuso:

—Confiémoslas a Roger y a Monique. Nos las guardarán hasta que volvamos.

—¿Volver?

Pere sonreía tristemente.

—Si me devuelven la fábrica, trabajo tendré en rehacerla. Dedicaré todo lo que me queda de vida. Se han terminado los viajes para mí.

Anna había llegado de Satigny a primeras horas de la tarde. No había querido que sus padres le acompañaran. Demasiado disgusto y demasiado trajín. Demasiados gastos también. No necesitaba a nadie para ir a recoger las cenizas de Philip. Más bien dicho, sólo necesitaba a Maurici Le Brieu.

Ya le esperaba en la estación. En seguida se habían encaminado a *Saint Georges*. Como todavía faltaba bastante tiempo para la hora que les habían indicado en la administración del crematorio, decidieron ir a pie, paseando. Maurici le propuso seguir la ribera del Ròdan. Darían más vuelta pero, también disfrutarían de un espectáculo natural, delicioso.

—La primavera perfuma aquellos parajes románticos y poéticos.

Anna aceptó.

A medida que se separaban de las calles urbanas para seguir un camino de bosque, el ruido de los tranvías y de los motores de todos tipos se desvanecían detrás de ellos. Se convertía en una especie de zumbido de colmena. Y, de pronto, se escuchaba el rumor suave del agua, que chapoteaba y gorgoteaba al fondo del congosto. Deslizándose por cualquier cárcava se llegaba cerca del Ròdan. Encajonado en otros márgenes, el río, verde y espeso, seguía su marcha rápida y sordamente gruñidora como de bestia fiera medio domada. Indecisos y deslizantes senderillos surcaban las arboledas en todas direcciones. Los había sesgados y en zigzag, los había rectos y empinados, a la orilla del agua, a media altura, y arriba de todo, para los que no querían adentrarse en aquellos túneles de sombra. No eran caminos cantonales o forestales; eran caminos caprichosos, labrados por el paso poco frecuente, pero constante, de los devotos del Ròdan. El Ròdan, Anna lo comprendía, tenía a sus devotos, como el Léman. Una mujer cosía toda acurrucada entre el follaje. Más allá, tumbado boca a tierra, un muchacho leía o estudiaba. Todavía más lejos, una pareja de enamorados perdían el mundo de vista silenciosamente.

Anna evocaba el día cuando Philip y ella fueron a comer juntos. Anna no deseaba volver enseguida a *Winkelried*. Habría querido ir a pasear a un parque o allí, justamente allí donde ahora se encontraba con Maurici Le Brieu. Le habían hablado mucho de los alrededores del Ròdan. Si hubiera ido con Philip, ahora conservaría un recuerdo maravilloso.

Al pensarlo suspiraba con pesar.

—*Ça ne va pas, Anna?*[106]

—*Oui, Maurice.*

Recordaba la misa de difuntos. Habían acudido los Thorens, marido y mujer, Maurici, Georges, Swenca, y Gal.la. Excepto de Le Brieu, ninguno de ellos era católico. Pero todos habían seguido la ceremonia religiosa con devoción, arrodillándose y levantándose cuando el ceremonial de la misa lo pedía.

Maurici se sentaba en el primer banco al lado de Pere. Anna se lo había pedido. Los otros, inmediatamente detrás.

El agua del Ròdan seguía llenando el silencio con su monótono chapoteo.

—¿En qué piensas Anna?

—Recuerdo la ceremonia de *Saint Joseph*. ¡Qué simplicidad! ¡Qué belleza!

Le Brieu examinaba su reloj.

—Todavía es demasiado pronto para ir al crematorio. No nos darán las cenizas de Philip hasta la hora exacta que han indicado.

Propuso:

—Podemos sentarnos un rato cerca del agua.

Anna sonreía con melancolía.

—Nos tomarán por dos enamorados.

Maurici también sonrió.

—Y no irán del todo desencaminados en lo que se refiere a uno de nosotros.

Anna no respondió. No parecía haber escuchado las últimas palabras de Maurici. Hacía todo justo cuarenta y ocho horas que el cuerpo de Philip había sido incinerado. Desde entonces y ya antes, pero con menos agudeza, Anna no hacía más que dar vueltas y más vueltas al asunto: ¿Qué haría con las cenizas de Philip? Lo había vuelto a discutir con los Valls y los Thorens. Estos últimos estaban de acuerdo.

---

106   ¿Está bien, Anna?

Según ellos podían enterrarlas en el jardín de la Granja. Pero Anna se empeñaba en no aceptar esta solución.

—Philip no quería ser enterrado,– repetía.

Por otro lado, si los nacionales ganaban la guerra de España, como los últimos acontecimientos políticos y bélicos hacían prever, los Valls volverían enseguida a Barcelona. Decididamente las cenizas del pobre Philip tendrían que quedarse en Suiza. Anna no se veía capaz de hacerlas cruzar la frontera de España de una manera legal, es decir, declarándolas a la aduana. Se imaginaba la cara de los aduaneros al decirles, refiriéndose a la caja: «Son las cenizas de mi esposo». No, esta posibilidad tenía que ser descartada.

Miraba a Maurici con expresión interrogadora.

—¿Dónde las pondremos, Maurici?

—¿Supongo que habláis de las cenizas de Philip?

Ella indicó que sí, con la cabeza.

—Hace un momento, mientras observábamos correr el agua, he tenido una idea: ¿Por qué no las lanzamos al Ròdan?

Anna reaccionó enseguida.

—¡Oh, no!

—¿Por qué, no? El Ròdan es un río profundo, limpio, viajero…

Ella exaltó.

—Precisamente por eso: *viajero*. Me imagino la cajita corriendo anhelosa en aguas tumultuosas, mojándose en estancadas, volteando en espumosos remolinos, encallándose en pedregosos arenales. Volviendo a flotar, volviendo a navegar hasta llegar al Mediterráneo y, allí, perderse.

—Perderse no– dijo Maurici como sugestionado por la evocación. –Navegaría hacia países en los que *él* soñaba: Sicilia, Grecia, Alejandría…

Anna suspiró.

—Yo querría, para Philip, un lugar más tranquilo; más confortable.

La mirada de Maurici seguía sumergida en el fondo del congosto.

—El mar es una magnífica sepultura. Quizás la más magnífica de las sepulturas. Todos los que allí duermen el sueño eterno son grandes o pequeños héroes: marineros, soldados, pescadores; víctimas de guerra o del trabajo. Serían unos compañeros dignos de Philip.

Ella replicó:

—Philip no era ni un héroe ni un trabajador.

—No, Philip era un artista.

Dejó de mirar el agua. Fijó la mirada en Anna.

—Le conviene más el Léman. ¿Qué opináis, del Léman?

Ella no respondía.

Maurici continuó:

—Es un lugar como vos deseáis: Sobre todo en medio del *Gran Lago*. Del medio del *Gran Lago*, no se ha escuchado nunca decir que nada de lo que se ha hundido: hombres, barcas u objetos, haya vuelto a la superficie.

Anna recordaba, en aquel momento, que los ginebrinos nombraban *Pequeño Lago*, el trozo más estrecho del Léman, el que va de Versoix a Bellerive, y *Gran Lago*, el que se extiende y se ensancha entre la costa suiza y la francesa, hasta la embocadura del Ròdan, al pie de los Alpes.

Maurici seguía mirando a Anna.

—Hay otro motivo favorable: Philip sentía una verdadera pasión por el lago. Siempre que podía iba a navegar a vela o a remar. Decía que a veces le recordaba el Mediterráneo.

Anna preguntó:

—¿Entonces, Philip, quería mucho el lago y la navegación lacustre?

—Mucho. Yo mismo le había acompañado a menudo. Alquilábamos una barquita en Janteau. Georges también venía.

Maurici volvió a consultar su reloj.

—¿Vamos?

Se levantaron y comenzaron a subir por el sendero que conducía al barrio de *Saint Georges*. Maurici iba delante para guiar. De repente, Anna le detuvo cogiéndole por una manga. A la mirada interrogadora de él, Anna respondió:

—De acuerdo con el lago, Maurici.

Hacía ya más de una hora que remaban sin parar ni decir nada. Maurici se quitó la chaqueta.

—Con vuestro permiso, Anna.

Ella le imitó.

—Yo también me la quito. Estoy bien sudada.

Se miraba las manos con atención.

—¿Se os han hecho ampollas?

—No. Pero comienzan a escocer.

Volvían a remar. Quizás una hora más sin decir ni una palabra. Anna comenzaba a estar fatigada. Los músculos de los brazos y de la espalda le dolían. En las palmas de las manos se notaba un escozor cada vez más agudo.

Maurici decidió:

—Descansemos.

Ofreció a Anna un cigarrillo. Se lo encendió.

Anna fumaba, refrescándose las manos en el lago.

—¿Ya han aparecido las ampollas?

Ella sonreía.

—Todavía no.

El agua, lisa y refulgente, aparecía cubierta de embarcaciones veleras de diferentes tamaños y tonelajes, gasolineras, vapores, chalanas de transporte y cantidad de barquitas de remo.

Volvían a remar con renovado ánimo. Ya no les faltaba mucho para llegar al *Gran Lago*. A lo lejos, los verdes montes y los conreados valles de la costa saboyana comenzaban a colorearse de la luz declinante de la tarde. Aquí y allá, entre el verde oscuro de los bosques, se destacaba la mancha ocre de algún castillo. Para Anna y Maurici era la triste evocación del de Frangy, escondido entre cordilleras montañosas, donde reposaba ya para siempre, Raoul de Morienne.

Maurici puso los remos a lo largo de la barca. Estaban en el medio del *Gran Lago*, aproximadamente a igual distancia de la costa suiza y francesa. Maurici fijó la mirada en la profundidad del agua. Después, en Anna. Su voz era ligeramente ronca al preguntar:

—¿Os parece bien, aquí?

La de ella era casi un suspiro.

—Bien.

Abandonó los remos. Se inclinó y cogió la cajita. La conservaba entre las manos. De pronto la suspendió encima del agua. No la soltaba. Maurici dijo:

—¡Ánimo!

La cajita cayó. Se hundió. Volvió a emerger. Flotaba un poco inclinada hacia un ángulo. Maurici la empujó con la pala del remo. Anna suplicó:

—¡No, Maurici!

La cajita seguía flotando. Y los ojos de Maurici y los de Anna la seguían fascinados. Parecía como si los restos de Philip se animaran, comandaran el frágil objeto. Este navegaba por su propia cuenta. Independiente, como liberado definitivamente de los humanos.

Un vapor atravesaba el lago, d'Evian a Nyon. Pasó a cierta distancia de la barquita. No suficientemente lejos para evitar que las olas que levantaba la hélice la sacudieran, le imprimieran un peligroso balanceo.

Anna se cogió, con las dos manos, al borde de la barca. Maurici, rápido, cogió los remos, comenzó a moverlos para alejarse, con listeza, de la marejada.

Cuando las aguas del lago volvieron a la placidez primitiva, la cajita con las cenizas de Philip había desaparecido.

Sin un comentario, Maurici puso la proa a Ginebra.

En medio del lago todavía permanecía bastante luz del día. Pero, en la costa francesa y suiza, comenzaban a aparecer uno que otro puntito luminoso, anuncio de la noche cercana.

Anna remaba al mismo ritmo que Maurici. No decían nada.

Un buen rato después, en el horizonte azulado del atardecer, aparecían, como estrambóticas constelaciones, los anuncios luminosos de Ginebra: verde, azul, rojo, amarillo…

Ya no se distinguía el límite de la tierra y el agua. Sólo a lo lejos, la iluminación de las poblaciones costeras, francesas y suizas. Y, al frente, la sospecha de Ginebra con sus destellos comerciales.

Por el lado del lago no se escuchaba ningún rumor. Como si a un señal, convenido, vapores, chalanas de transporte, lanchas motoras, embarcaciones de remo y veleros hubieran sido tragados por la costa. El agua misma, color de plomo, parecía haberse reducido a algunos metros alrededor de la barquita.

Cuando estuvieron cerca de Janteau, distinguieron la luz giratoria del pequeño faro ginebrino medio perdido en el azul vespertino.

De la tierra, ahora cercana, venían ruidos mortecinos: un motor trepidaba en la carretera internacional; una radio maullaba entre risas apagadas… un farolillo amarilleaba o enrojecía entre negros follajes.

Maurici recogió los remos. Se inclinó, tomó una mano de su compañera.

—¿Y ahora qué haréis, Anna?

—Iré a cenar a un restaurante. Y, seguidamente, al hotel a dormir. Mañana, a primera hora, cogeré el tren de Satigny.

—¿Y luego?

—Me quedaré en Satigny, con los papás.

—¿Y después?

—Después…

Vaciló un instante.

—Volveré a Barcelona. Me casaré con Agustí Bruguera. Tendré hijos del Agustí Bruguera.

Maurici le soltó la mano. Volvió a coger los remos. No sabía quién era Agustí Bruguera. Nunca había escuchado hablar de él. Seguramente un hombre joven, atractivo, inteligente...

—Os deseo mucha felicidad, Anna.

—Gracias Maurici.

Fin

Aurora Bertrana
Llúria 4
Tel: 231-39-66

Dosier Pedagógico

Comprensión del texto y análisis literario

1 . ¿Cómo interpreta usted el título de la obra?

2 . ¿Quiénes y cómo son los protagonistas?

3 . Describa el hilo dramático de la historia.

4 . ¿Quién narra la historia? Indique el tipo de narrador y explique qué consecuencias tiene esta opción narrativa para el significado global de la obra.

5 . ¿En qué época ocurren los hechos? ¿Cómo lo sabemos? Explique.

6 . ¿En qué lugares se ubican los acontecimientos?

7 . En grupos, impriman un mapa de Barcelona y marquen las calles donde trascurren los hechos. Escriban un breve informe sobre la historia y los hechos importantes de las calles y examinen la relevancia de estos lugares en el texto.

8 . Haga una lista con los temas más importantes que se discuten en la obra y coméntelos.

9 . ¿Cuál es la crítica social que se observa en el texto? ¿Quién la hace? ¿Qué tono se utiliza?

10 . ¿Qué se elogia en la obra? ¿Qué se pondera?

11 . ¿Qué problemas se plantean? ¿Qué soluciones, si las hay, se ofrecen? ¿Qué solución ofrecería usted?

12 . ¿Hay alguna lección moral en la obra?

13 . En grupos, analicen las diferentes técnicas lingüísticas (signos de puntuación, el vocabulario, metáforas, comparaciones, etc.).

Interpreten el efecto que causan en la obra y en el lector.

14 . ¿Cómo recuerda Anna el día de su boda? ¿Cómo es el viaje de novios de Anna y Philip? ¿Cómo interpreta usted estos acontecimientos?

15 . ¿Son Anna y Philip una pareja ideal? ¿Qué concepto del amor tiene Anna? ¿Qué concepto del amor tiene Philip? ¿Existe el amor o la pareja ideal? En su opinión, ¿quién es una pareja ideal? ¿Cuál sería la suya?

16 . ¿Por qué Philip confiesa a Anna que no podrá hacer feliz a ninguna mujer? ¿Qué quiere decir con esto? ¿Cuál es el «obstáculo misterioso y sutil» que los separa? Explique.

17 . ¿Qué estrategias utiliza Philip para mantenerse alejado de Anna y no tener sexo con ella?

18 . ¿Qué opinión tiene Philip de las mujeres?

19 . ¿Es Anna inocente o se niega a admitir la realidad sobre Philip?

20 . Describa las clases sociales representadas en la obra. ¿Qué características se observan? ¿Qué tono se utiliza en la obra con respecto a las diferentes clases sociales? ¿Son estas clases sociales comparables a las de hoy en día?

21 . ¿Cómo se proyectan en la obra la vida bohemia de Philip y las costumbres aburguesadas de Anna? Explique.

22 . ¿Cuál es la distinción que se establece entre la mujer burguesa (Anna) y la mujer bohemia (Briget). ¿Cómo aparece esta comparación en la obra? ¿Quién la hace? ¿Qué tono se utiliza? ¿Qué características se comparan? Analice e interprete.

23 . Según la voz narrativa, a diferencia de Anna, Philip, Joaquim, Marià y Briget son artistas, seres libres de prejuicios. ¿Es esto cierto? ¿Es posible ser libre y no tener prejuicios?

24 . ¿Cómo se proyecta en la obra el adorno, el cuidado del cuerpo, el arreglo personal y la belleza? ¿Qué importancia tiene el énfasis en la belleza en la obra? Piense en los personajes masculinos y femeninos, y también en los objetos y las descripciones del entorno.

25 . ¿Cuál es su definición de lo bello? Incluya ejemplos. ¿Qué

efectos provoca lo bello? ¿Y lo no bello? ¿Se puede encontrar belleza en todo lo que nos rodea? ¿Puede ser lo bello un ideal unificador? ¿De qué manera es positivo o negativo el énfasis en la belleza a nivel individual?, ¿y a nivel socio-cultural? Razone su respuesta y explique.

26. ¿Qué concepto(s) del matrimonio y las relaciones de pareja aparecen en la obra? Según su opinión, ¿cómo debe ser un matrimonio ideal? ¿Existe un matrimonio ideal? Explique

27. ¿Qué tipo de vida ofrece Philip a Anna? ¿Qué tipo de vida le ofrece Anna a Philip? ¿Cómo sería la vida de Anna con Agustí? ¿Cuál es preferible? ¿Por qué?

28. Debate: ¿En qué nos basamos a la hora de elegir pareja estable? ¿Cómo hacemos la selección? ¿Utilizamos los mismos criterios los hombres y las mujeres? ¿Es indiferente la identidad sexual de uno al hacer esta selección? Razonen y expliquen.

29. En su opinión, ¿debe uno vivir un tiempo con su pareja antes de casarse? ¿Por qué sí y por qué no?

30. ¿Las parejas que conviven un tiempo juntos antes del matrimonio se divorcian menos o se divorcian más? ¿Qué indican las estadísticas? Haga una búsqueda, investigue y explique los datos que encontró y a qué conclusiones ha llegado después de su análisis.

31. ¿Qué es necesario para que un matrimonio funcione?

32. En su opinión, ¿el divorcio ha mejorado la vida de las personas? ¿Es el divorcio la mejor solución cuando un matrimonio no se lleva bien?

33. ¿Cómo reaccionan los padres de Anna cuando la protagonista abandona a Philip? ¿Por qué? ¿Reaccionarían igual los padres de hoy en día?

34. ¿Quién es Colombina? ¿Cómo reacciona Anna hacia este personaje? ¿Cómo hubiera reaccionado usted? ¿Qué debería hacer uno ante una situación similar? Razone su respuesta.

35. ¿Son los celos de Anna justificados? ¿Debería Anna ser más tolerante con el estilo de vida de Philip? Razone su respuesta.

36 . Debate: Utilicen las siguientes preguntas para debatir en clase la infidelidad y el matrimonio: ¿Es posible vivir felizmente en matrimonio y mantener al mismo tiempo una doble vida? ¿Pueden ser las relaciones extramatrimoniales legítimas? ¿Debería la sociedad ser más tolerante con la infidelidad si esta no se oculta o es consensuada? ¿Es la fidelidad en el matrimonio (o vida de pareja) imprescindible para ser feliz? ¿Qué consecuencias puede traer el total libre albedrío en el matrimonio a nivel social? Reflexionen y expliquen.

37 . ¿Qué quiere decir Philip cuando afirma que los derechos de esposa sobre el esposo son «un sentimiento desconsoladoramente burgués»? ¿Tiene un esposo derechos sobre su esposa y viceversa?

38 . ¿Qué quiere decir Briget cuando le dice a Anna que ella es la única del grupo que es «normal»: «Porque tú eres una mujer normal, indiscutiblemente normal. La única de nosotros.»? ¿A qué se refiere? ¿Qué importancia tiene que Briget describa a Anna de ese modo?

39 . Según Briget existen «[c]entenares y miles de parejas [que] viven separadas sexualmente y unidas socialmente y económicamente.» La protagonista parece aprobar este tipo de relaciones de pareja unidas por conveniencia social y económica. ¿Es este concepto de vida de pareja contradictorio con la opinión de Briget sobre la burguesía y el mundo materialista? ¿Le parece a usted una opción válida? ¿Es frecuente este tipo de relaciones?

40 . ¿Es la «dignidad del marido» a la que se refiere Anna, una idea burguesa, como indica Briget? ¿Qué quiere decir realmente esta afirmación? ¿Está usted de acuerdo?

41 . Analice este pasaje (capítulo XII) y explique: ¿qué le ocurre a Anna? ¿Qué nos revelan sus palabras? ¿Cuál es el contraste entre Anna y Francesca? ¿En qué basan su forma de pensar? ¿Está usted de acuerdo con la reflexión de Anna?:

> *Francesca, aunque no tan crudamente como Briget, también solía hablar del caso con su hija.*
> *—¿Cómo es posible que una muchacha tan joven, bonita e instruida, quiera tan enconadamente a un hombre que no le corresponde más que*

con frialdad, indiferencia, menosprecio?
—¿Cómo es posible, pregunto yo, que seas mujer y no lo entiendas? Los que así habláis del amor usáis el mismo lenguaje que los mercaderes. Ellos dicen: «Doy tanto, he de sacar tanto». ¿Qué relación tiene lo que él no me da, lo que él no me profesa, con el amor que me inspira? ¿Es el amor un negocio en el cual cada accionista espera ganar un tanto por ciento de su capital? ¿Se puede decir amor a la aceptación de homenajes, halagos y caricias? Más bien podríamos decir egoísmo o comodidad. Mi amor a Philip está por encima del sentido práctico y de mi instinto de hembra. Me refiero –aclaraba– al instinto que no se despierta más que con la actividad del macho.
Insistía:
—El amor verdadero, mamá, es el que, a pesar de toda correspondencia, persiste.
—Has leído demasiado, chica– comentaba Francesca sin comprender el discursillo de Anna.
Tenía una cierta fe en los sermoncillos. Creía que su deber era hacerlos.
—No veo donde puede conducirse esta maldecida pasión. Por más que busco una solución no la encuentro.
—Quizás la muerte– insinuó Anna con una sonrisa casi patética.
—¡Ay, hija, me asustas! Si aludes a la tuya es una blasfemia. Si a la de Philip...
—La de él o la mía, da lo mismo. La muerte, considéralo un momento, mamá, es la solución definitiva de todo.

42 . ¿Qué peligros trae la idealización de las personas, las cosas y las ideas? Piense primero en la idealización que hacen unos personajes de los otros y después transporte el concepto de la idealización al mundo actual y evalúe situaciones en las que se idealizan a las personas, cosas y/o ideas. ¿Cuáles son las consecuencias de la idealización? Aporte datos y ejemplos. Reflexione y analice.

43 . En grupos de tres, hagan una interpretación dramática del capítulo III con los personajes: Anna, Francesca y Pilar. Después analicen y discutan las opiniones y reacciones que tienen estos personajes. Hagan lo mismo con otro(s) capítulo(s) que les haya llamado la atención y deseen interpretar.

44 . ¿De qué manera se proyecta la homosexualidad en la obra? ¿Y el lesbianismo?

45 . ¿Cree usted que el tema de la homosexualidad fue el motivo por

el que los editores rechazaron publicar la obra? ¿Podían haber sido otros motivos?

46. ¿Si Bertrana hubiera conseguido publicar la obra, cómo cree usted que hubieran reaccionado los lectores de la época? ¿Es hoy en día El inefable Philip una novela provocadora y desafiante? ¿Por qué sí o por qué no?

47. ¿Quién es el personaje Esteve Batlle? ¿Por qué Philip le compara con Eros de Tespias y dice que es un Praxíteles?

48. ¿Cómo explica usted la obsesión de Philip por Esteve? Analice.

49. ¿Qué sentimientos tiene Esteve hacia Philip? ¿Son razonables? ¿De qué manera pueden ser comparables (si lo pueden ser) a lo que siente Anna hacia Philip?

50. ¿Son Anna y Esteve víctimas de Philip? ¿Hasta qué punto son estos personajes responsables de sus circunstancias? Razone su respuesta.

51. ¿Cómo interpreta la despedida de Esteve y Philip al terminar el verano en el capítulo X?

52. ¿Cuál es el problema generacional que se presenta en la obra? Piense en las generaciones de ambas familias, los Valls y los Seyin.

53. En texto existen dos fuerzas en conflicto: el conservadurismo versus la creatividad y formas más liberales. ¿Qué personajes representan cada uno de estos conceptos o formas de vida? Defina, aporte detalles y ejemplos.

54. Reflexione sobre la importancia y los beneficios que cada uno, el conservadurismo y el liberalismo, aportan a nivel social e individual. Piense por ejemplo en una pareja en la que uno sea más conservador y el otro más bien liberal o las tendencias sociales conservadoras y liberales. ¿Pueden ambas formas de vida coexistir? ¿Es posible encontrar un balance entre una y otra? ¿Es una forma más necesaria que la otra? ¿Puede uno de los conceptos existir sin el otro? ¿Debería uno de ellos desaparecer?

55. Analice la dualidad Campo/Ciudad que aparece en la obra. ¿Cómo se proyecta? ¿Qué aspectos se elogian? ¿Cuáles se cri-

tican?

56 . Escriba un pequeño informe con los datos y acontecimientos más importantes sobre la Guerra Civil española. Luego analice estos hechos históricos en la obra con la ayuda de las preguntas que siguen a continuación.

57 . ¿Qué ocurre con la familia Valls cuando estalla la Guerra Civil en España? ¿Por qué huyen? ¿Por qué están en peligro?

58 . ¿Cómo reacciona Philip ante la guerra? ¿Por qué huye a Inglaterra? ¿Por qué Anna no va con él? ¿Son comprensibles las posturas y caminos que cada uno adopta? Explique.

59 . ¿Cómo es la vida de Anna durante la guerra? ¿Cómo es la de Philip? ¿Qué características personales se ponen al descubierto de cada personaje en tiempos de guerra?

60 . ¿Qué tono se utiliza cuando se describe la guerra? ¿Cómo se proyectan los acontecimientos? ¿Qué lado de la guerra vemos? ¿Qué aspectos se omiten?

61 . ¿Qué opinión tienen los pescadores y la gente del pueblo sobre la Guerra y lo que ocurre en el país: requisa de fábricas, posesiones, persecuciones, lucha por las ideas? ¿Cuáles son estas ideas? ¿Qué nos revelan los comentarios de estos personajes secundarios? ¿Qué importancia tiene que sean estos personajes los que nos anuncian el estado de la Guerra?

62 . Analice e interprete el siguiente párrafo:

> « la C.N.T, el P.O.U.M. y la F.A.I. eran los amos de la situación. En los pueblos alejados de Barcelona el gobierno de Cataluña ya no mandaba. Nadie acataba la bandera catalana ni la de la república. Las banderas que prevalecían, las que ondeaban en la mayoría de los coches, eran la roja y negra de los anarquistas o la roja, con la hoz y el martillo, de los comunistas.»

63 . ¿Por qué la autora escribió los diálogos de los milicianos en castellano en la versión original (escrita en catalán) y destacó en subrayado? Interprete y explique.

64 . ¿Experimentan el conflicto de forma similar los milicianos y la gente común? ¿Mantienen una postura semejante sobre la guerra? ¿Cuál parece ser la opinión sobre los milicianos anar-

quistas, comunistas y socialistas que han tomado el mando? ¿Qué nos revela este contraste? Explique.

65. ¿Qué elementos dramáticos utiliza la autora para enfatizar el horror de la guerra y aportar veracidad a su relato?

66. En general, ¿qué aspectos se ponen al descubierto de la naturaleza humana durante la guerra?

67. ¿Qué diferencias se observan entre la Barcelona de pre-guerra y la Ginebra que visita Anna? ¿Qué le sorprende a la protagonista?

68. ¿Qué conocimientos de la Guerra Civil en España tienen en Ginebra cuando Anna llega a dicha ciudad? Según Maurici, ¿qué información publicaban los periódicos suizos sobre la Guerra Civil? ¿Qué eran las checas?

69. ¿Cuál fue la importancia de la Guerra Civil española a nivel internacional?

70. ¿De qué manera influyen los medios de comunicación en los acontecimientos de una guerra?

71. ¿Cómo es el encuentro de Philip y Anna en Ginebra? ¿En qué condiciones vive Philip? Explique.

72. ¿Cómo son los amigos de Philip en Ginebra? ¿Qué opina Anna?

73. ¿Quién es Madame de Morienne? ¿Cómo se describe? ¿Qué tono utiliza el narrador cuando se refiere a este personaje? Analice.

74. ¿Cómo consigue la autora crear suspense, intriga y emoción en el episodio del accidente de Philip?

75. ¿Cómo interpreta usted la muerte de Philip?

76. ¿Cómo es el final de la obra abierto o cerrado? ¿Es un final esperado o inesperado? ¿Optimista o pesimista?

77. En grupos, escriban un final alternativo para la obra y un destino diferente para cada uno de los personajes. Después, represéntenlos en clase.

78 . En grupos, seleccionen los 3 capítulos que les hayan llamado más la atención. Identifiquen los fragmentos más relevantes y escriban un pequeño ensayo.

Más allá del texto

Escriba una composición o prepare un informe oral sobre uno de los siguientes temas:

1. El concepto de belleza en el siglo XX y hoy.
2. La burguesía catalana en el siglo XX.
3. La homosexualidad en la literatura catalana o peninsular.
4. El concepto de pareja en el siglo XXI.
5. ¿Ascenso o declive de los principios y valores morales en el siglo XXI?
6. La arquitectura catalana en la literatura.
7. La historia de la ciudad de Barcelona.
8. Barcelona en la literatura catalana.
9. La II República y la Guerra Civil española.
10. Fascismo y comunismo durante la Guerra Civil en España.
11. La novela catalana durante el franquismo.
12. La narrativa de Aurora Bertrana.
13. Estudio comparativo sobre *El inefable Philip* de Aurora Bertrana y *La plaza del diamante* de Mercè Rodoreda (u otra obra a su elección).

www.ingramcontent.com/pod-product-compliance
Lightning Source LLC
Chambersburg PA
CBHW021356290426
44108CB00010B/268